ちくま学芸文庫

聖なる天蓋

神聖世界の社会学

ピーター・L・バーガー
薗田 稔 訳

筑摩書房

The Sacred Canopy

ELEMENTS OF A SOCIOLOGICAL THEORY OF RELIGION

Peter L. Berger

序

本書は、社会学理論の考察をめざしている。とりわけ宗教現象に対して、知識社会学から導かれた一般理論的な視角を適用しようと試みたものである。だから、ある点ではかなり抽象度の高いレベルで議論が展開することもあるが、それも決して（少なくとも私の意図に反して）社会学の実証主義の原則という基本的枠組みから外れるということはない。したがって、宗教の抱く世界《コスモス》に関する命題がはたして究極的に真か偽かといった議論に対しては、いかなる点でもきびしく一線を画さなければならない。本書の論旨には、表向きにも密かにも神学の入る余地はないのである。こうした視角が神学者にとってどんな意味をもち得るかという点について補論Ⅱでなされる短い論考は、必ずしも本論に不可欠なものではなく、また論理的にそこから展開するものでもない。これは、ひとえに神学者たちや彼らが行わんとする活動に対する私の個人的な好意から出たものであるから、神学に興味をもたない本書の読者を強いて煩わせるつもりはない。もっとも、きっと一部の社会学者たち、とくにアメリカの社会学者を当惑させるにちがいないが、議論のなかにやや哲学的考察めいたところがあって、それが社会学プロパーにとってやや余計なものと彼らには映るにちがいない。思うに、これは致し方のないところである。本書は、社会学理論と哲学との関係のありようを論じ尽すためのものではない。だから、私がせいぜいここでできることといえば、私の同志である社会学者たちの側にエキュメニカルな寛容の精神を懇請するほかはない（もしそうしてくれれば、たとえ随伴的にせよ、何らかの有益なものを近年の神学から彼らが学びとることができるはずである）。

また、ここで強調しておかねばならないが、本書は、いわゆる〈宗教社会学〉ではない。その名にふさわしい企画ならば、ここで触れることもない膨大な資料、たとえば、宗教と他の社会制度との関係、宗教が制度化する諸形態、宗教におけるリーダーシップの諸類型その他についても扱わねばなるまい。だが、さしあたっての議論は、社会学上の理論化の一習作として、もっとつつましい目標にとどめている。

そもそも私がここで試みたことは、一種の歴史的所産としての宗教を理解するにあたって、最終的にはこれを社会学の成果にまで推し進めるということである。古典的なマルクス、ウェーバーおよびデュルケーム諸学派の宗教研究に私が負うところ、また見解を異にするところは、それぞれにふさわしい場所で指摘するはずである。私は、ことさら原理的に社会学の立場から宗教の規定を提起する必要を感じたことはないので、一般的に宗教史および宗教学に共通する現象を慣習的な概念をもって処理してきただけである。その理由は、補論Ⅰで簡単に説明している。

本書の論考は二つの部分に分かれている。ひとつは体系論、他は歴史論である。厳密にいえば、前者だけがさきにいう理論的考察である。後者で私が試みたのは、近代の世俗化を論じながら、特有の社会的・歴史的状況を理解することによって理論的視角の欠けるところを〈補う〉ことができるのを示すことである。注には、どんな歴史上、実証上の資料が利用されたかを明らかにすると同時に、私の理論的根拠を明示するよう心がけている。私は周到に〈負債を皆済する〉ことに努めたつもりだが、だからといって注を宗教社会学の一般文献目録に仕立てあげるつもりはないこともまた明らかである。仮にそうであれば、本論の目論見からして本書にはまったくふさわしくないものとなってしまうであろう。

本書は、私がトーマス・ルックマンと共同で執筆した書物 *The Social Construction of Reality——A Treatise in the Sociology of Knowledge*, 1966（山口節郎訳『日常世界の構成』新曜社、一九七七年）に密接な関係をもっている。とくに本書の1章と2章は、知識社会学の理論的視角の点で同一のものを宗教現象に対してそのまま適用したものである。本書の全体にわたってこと細かにいちいち『日常世界の構成』を参照するのは大変わずらわしいので、ここでの一括した指摘にとどめておきたい。しかし、いうまでもないことだが、ルックマンは以下に述べる事柄については何の責任もない。盗人仲間にも誇りというものがあるとすれば、犯した罪には共犯もあれば単独犯もある。知識社会学者たちにしてもそれは同じことである。

考えてみると、私が近年やりとげた仕事に関連して個人的な謝意を表する必要を感じるたびに、いつも結局は同じ人物の名を連ねてしまうようである。これはいささかうんざりすることではあるが、同時にこのほうがやたら無節操な印象を払拭するのに役立つことも確かである。ともあれ宗教社会学に関しては、あらゆる点で恩師カール・メイアー先生に多大の学恩を賜わっている。またトーマス・ルックマンに負うところは、かつてわれわれ両人の共同執筆の際に生じた特別の尽力をはるかに超えるものであった。本書の論点や関連事項をめぐってブリジット・バーガーやハンスフリート・ケルナーと交わした対話の成果は、私の論考に深く刻み込まれている。はなはだ残念なことに今まで神学の分野に生きる人びととのあいだに私が築いてきた交友関係が、近年は狭いものになってしまっている。しかしながら、ジェイムズ・グスタフソンとジークフリート・フォン・コルツフライシュ両氏だけは、いつも私が社会学の考え方に対するすぐれてオープンな態度に接して一再ならず感謝の念を抱いてきた二人の神学者として、とくにその名を挙げさせていただきたい。

ニューヨークにて　一九六六年秋

ピーター・L・バーガー

目次

聖なる天蓋

I部　宗教と社会

1章　ノモスとコスモス

人間の社会はすべて一種の世界構築の営みである。宗教はこの営みのなかで、あるきわだった位置を占めている。当面のおもな目的は、この人間の宗教と人間による世界構築との関わり合いをめぐっていくつかの一般論を述べることである。しかしながら、これについて充分な理解を期するには、まずこのような社会の世界構築がどんな効果をもつかについて明らかにしておかねばならない。そのためには、社会を弁証法的に理解することが大切である。(1)

（1）〈世界〉という語は、ここでは現象学上の意味に解せられる。すなわち、その真に存在論的な地位が、カッコ内にとどめられたものとして問われるのである。用語の人間学的適用については、Max Scheler, *Die Stellung des Menschen in Kosmos*, Munich, Nymphenburger Verlagshandlung, 1947（亀井裕・山本達訳『宇宙における人間の地位』シェーラー著作集第十三巻、白水社、一九七七年）を参照のこと。知識社会学への適用については、Max Scheler, *Die Wissensformen und die Gesellschaft*, Bern, Francke, 1960; Alfred Schutz, *Der sinnhafte Aufbau der sozialein Welt*, Vienna Springer, 1960, および *Collected Papers*, Vols. I-II, The Hague, Nijhoff, 1962-64. 社会に適用されたものとしての〈弁証法〉なる語は、ここでは本来のマルクス主義での意味、とくに *Economic and Philosophical Manuscripts of 1844*（城塚登・田中吉六訳『経済学・哲学草稿』岩波文庫、一九六四年）において展開された意味である。

社会は一種の弁証法的現象である。その意味は、社会が人間の所産であり、人間の所産以外の何ものでもないのだが、しかも社会は、たえず造る者に働き返すということである。社会は人間の産物である。社会は人間の活動と意識によって与えられるもの以外を何ひとつもっていない。人間を離れて社会的現実はあり得ない。ところが、人間は社会の所産であるともいえよう。個人の生涯は社会史のうちのエピソードであり、社会史は個人史に先行し後続する。社会は個人が生まれる前から存在し、死んだあとにも存在し続ける。そればかりか、社会のうちにあって社会過程の結果としてこそ、人間は一人前に成長し、彼の生涯を形造るさまざまな目標に取り組むのである。人間は社会を離れては存在し得ない。この二つの表現、つまり社会は人間の所産であり、人間は社会の所産だという二つの言表は矛盾するものではない。むしろ、これは社会の現象が本来的に弁証法的性格をもつことを反映しているのである。この性格が認められてこそ、社会はその経験的実態にふさわしい表現をもって理解されよう。(2)

（2）われわれが主張しておきたいことは、人間と社会を相互の所産として弁証法的に理解することによって、ウェーバーとデュルケームによる社会学の方法を両者の基本的意図を失わしめずに理論的に総合することができるということである（私見によれば、かかる喪失はパーソンズの総合におこっている）。社会的現実を人間の意味づけによってたえず構築されるものとするウェーバーの理解と、同じ現実を個人に対抗するものとしての事実の性格をもつとするデュルケームの理解とはともに正しい。両者はそれぞれ、社会現象の主観的基礎と客観的事実性とを意図したのであり、事実上、主観性とその客体との弁証法的関係を指示しているのである。かかるところからみれば、この二つの理解はともにあってこそ正しいということになる。似而非《えせ》ウェーバー流が主観性のみを強調すれば社会現象を観念論的に混濁せしめるだけである。似而非デュルケーム流が客観性のみを強調すれば、社会学の即物化がすすむだけで、現代のアメリカ社会学がみせているいっそう破滅的な混迷におちいることになる。強調すべきことは、かかる弁証法的総合ならば当の二人の著者自身の同意を得られるだろうと、われわれが言っているのではないという点である。われわれの関心は解釈よりも体系にあり、過去の理論構築に対して折衷的な態度を許すような関心ではない。だから、それがそのような総合を〈意図している〉とわれわれがいう場合には、これら著者たちの歴史的な意図よりもむしろ理論的に内在する論理の意味でいうのである。

社会の基本的な弁証法的過程は、三つの契機または段階からなっている。それは、外在化（externalization）、客体化（objectivation）、および内在化（internalization）である。この三つの契機が一括して理解されてこそ、社会の経験的に妥当な視角が保たれる。外在化とは、人間存在がその物心両面の活動によって世界にたえず流れ出すことをいう。客体化とは、この（物心両面にわたる）活動の所産によって当初の生産者に外在し疎外する事実として彼らに対立する現実が成立することである。内在化とは、この同じ現実の人間による再専有をいい、これをもう一度客体世界の枠組みから内的意識の組成のなかに変容せしめるのである。外在化を通してこそ社会は人間の所産であり、客体化によってこそ社会はまさに現実となる[3]。また人間が社会の所産であるのは、ほかならぬ内在化を通してのことなのである。

（3）〈外在化〉と〈客体化〉の用語はヘーゲル（"Entaüßerung" と "Versachlichung"）に由来するが、ここでは基本的にマルクスによって集合現象に適用された意味において理解される。〈内在化〉の語はアメリカの社会心理学において共通に使われる意味である。後者の理論的根拠はなかんずくジョージ・ハーバート・ミードの業績であり、参照すべきは、彼の *Mind, Self and Society*, Chicago, University of Chicago Press, 1934（稲葉三千男・滝沢正樹・中野収訳『精神、自我、社会』〈現代社会学大系第十巻〉青木書店、一九七三年）、および Anselm Strauss (ed.), *George Herbert Mead on Social Psychology*, Chicago, University of Chicago Press, 1956 である。〈現実それ自体〉なる語の社会に適用されたものは、デュルケームによって彼の『社会学的方法の規準』*Rules of Sociological Method*, Glencoe, Ill., Free Press, 1950（宮島喬訳『社会学的方法の規準』岩波文庫、一九七八年）のなかで展開されている。

外在化は人間学上の必然である。人間は、経験的に明らかなように、そのなかに自らを発見する世界の内部へ彼自身をたえず流し出すことをせずしては把握され得ない。人間というものは、内面の閉じられた領域においてまず自身の内に定位し、それからおもむろに周りの世界に自己を表出し始めるというふうには考えられない。人間存在は本質的にも本来的にもたえず外在化し続けるのである。(4) この人間学上の基本的事実はまさしく人間の生物学的な素質にもとづくにちがいない。(5) ホモ・サピエンスは動物の王国において特異な地位を占めている。この特異性は、人間が自己の肉体と世界の両者に関与するというところによく示されている。他の高等哺乳動物が基本的に完成された器官をもって生まれ出るのとちがって、人間は奇妙なことに〈未完成のまま〉生まれてくる。人間の成長を〈完成する〉過程での重要なステップは、他の高等動物の場合は胎児の時期に完了しているのに、人間の場合には生後一年のあいだに生じる。(6) つまり、〈人になる〉ための生物学上のプロセスは、乳児が身体外の環境、すなわち乳児の物理的と人間的の両世界をともに含んだ環境と交渉する、まさにその時にはじまるのである。このように、〈人になる〉過程には生物学的な基盤があって、人格を発達させ文化に適応せしめる。この意味での発達は、いかなる形にせよ生物学的発達の上に異質の突然変異として二重に焼き付けされるのではなく、そのなかに根ざしているものである。

（4）外在化の人間学的当為性はヘーゲルとマルクスによって展開された。この理解をさらに現代的に発展せしめたものは、シェーラーの業績の他には、Helmut Plessner, *Die Stufen des Organischen und der Mensch*, 1928 および Arnold Gehlen, *Der Mensch*, 1940 を参照のこと。

（5）この論考の生物学上の根拠には、F. J. J. Buytendijk, *Mensch und Tier*, Hamburg, Rowohlt, 1958, および Adolf Portmann, *Zoologie und das neue Bild des Menschen*, Hamburg, Rowohlt, 1956（高木正孝訳『人間はどこまで動物か——新しい人間像のために』岩波新書、一九六一年）を参照。社会学的課題に対する生物学の方法のもっとも重要な適用は、ゲーレンの業績のなかに見出される。

（6）この見解は基本的にはマルクスの観点に立って書かれた最近の人類学の書に冒頭の文章として、「ひとは未完成で生まれる」と簡明に書かれている（Georges Lapassade, *L'entrée dans la vie*, Paris, Editions de Minuit 1963, p. 17）。

誕生時における人体の〈未完成〉な性格は、その本能的な構造が比較的に特定されていないという特性と密接にかかわっている。人間でない動物は、高度に特定され確実に定位された衝動をもって世界に参入する。その結果、その本能的構造によって多少とも完全に決定された世界のなかに生活する。この世界は、いわば動物の能力によって限定され、いわば動物自身の体質にもとづいて設計される。したがって、動物は特定の種属に固有の環境のなかに生きることになる。ねずみにはねずみの世界があり、犬には犬の、馬には馬の世界があるのである。ところがこれに反して、出生時の人間の本能構造は種属特有の環境に対して特定されても定位されてもいない。前述の意味では、人間には人間の世界がないのである。人間の世界は、彼の体質によっては完全に設計されない。それは一種の開かれた世界である。つまり、人間自身の営みによって構成されるべき世界なのである。他の高等動物に比べれば、人間はかくして世界に対する二重の関与をしている。他の動物と同じく、人間はその出現に先立つひとつの世界のうちに在る。しかし他の動物とちがって、この世界は単純に与えられず、前もって構成されてもいない。人は自分でひとつの世界を作らねばならない。だから、人間の世界構築の営みは生物学上の余計な現象ではなく、生物学的体質からの直接的結果なのである。

世界内の人体の条件は、このように仕組まれた不定性によって性格づけられている。人間は、社会への所与の関与をもたない。彼は世界への関与をたえず確立しなければならない。この同じ不定性が彼の肉体への関与を規定する。[7] 奇妙な具合に、人間は自分とバランスがとれていない。彼は自分の内に休らうことができず、たえず活動に自己表現して自分と折り合いをつけねばならない。人間の実存とは、人と肉体、人と世界とのあいだにおける不断の〈平衡運動〉にほかならない。別の言い方をすれば、人は常に〈自分に追いつく〉過程にあるといえよう。この過程にあって人は世界を生産する。自分で作り出した世界のうちにのみ彼は自分を位置づけ人生を実現する。ところが、世界を築く同じプロセスが彼自身の存在を〈完成〉させもする。いいかえれば、人は世界を作り出すばかりか、自分をも作り上げる。もっと正確にいえば、彼は世界のなかに自分を作り出すのである。

（7）プレッスナーは〈偏心性〉eccentricityという語を編み出して、自分の肉体への関与におけるこの内在的な不定性を表現しようとしている。前掲書参照。

世界構築のプロセスのなかで、人は自分の行為によって自分の動機を特定し、自分に安定性を供給する。生物学的にヒトの世界をもちあわせないので、彼は人間の世界を構築する。この世界が、いうまでもなく文化である。その根本の目的は、生物学的に欠けている生活上の確かな構造を提供することにある。とすれば、この人間の作った構造は動物世界の構造を特色づけている安定性をもち得ないということになる。文化は、人間にとって〈第二の自然〉となるのにもかかわらず、まさに、それが人間の所産であるが故に自然とはまったくちがったものでしかない。文化は、人間の手で不断に生産され、再生されねばならない。その構造は、だから本来的に不安定で変化すべき運命にあるのである。文化に欠くべからざる安定性と本来不安定な文化の性格とがあいまって、人間による世界構築の営みに根本的な問題を投げかけている。その深遠な意味合いについては、もう少し後でかなり詳しく扱うことになろう。さしあたって今は、世界が建設されるのは必要だが、それを維持することはきわめてむずかしいとだけ言っておけば充分であろう。

文化は人間による所産の総体からなっている。[8] その一部は物質であり、他は物質ではない。人は、およそ思いつく限りの多種多様な道具を作り出し、それらを用いて物理的環境を修正し自然を思いのままに変形する。人はまた言語を作り、これをもとにこれを手段にして生活の全面に行きわたる壮大な象徴の殿堂を建設する。非物質的な文化の産出は、常に環境を物理的に修正する人間の営みと相たずさえて進められてきた、と考えてよい理由は充分にある。[9] いずれにせよ、社会は、いうまでもなく非物質的文化の重要な部分にほかならない。社会は、人間が仲間との不断の関係を構成する非物質文化の一側面である。[10] 文化の一要素としてのみ、社会は人間の所産として非物質文化の性格を充分に享受するのである。社会は、行動する人間存在によって構築され維持される。この行動を抜きにしては、社会は存在せず、その現実もない。その形態は、常に時間と空間に対応しており、自然のなかに与えられもしなければ、いかに特殊な方法によるにせよ〈人間の自然〉から推論できるものでもない。仮に一定の生物学的定量以上を指示する用語を使いたいとしても、せいぜい言えることは、〈人間の自然〉こそが世界を産み出すのだということくらいである。いかに特殊な歴史的瞬間にあって〈人間の自然〉[11] と見えようとも、それ自体は人間が世界を構築する営みの所産にほかならないのである。

（8） 人間所産の総体を表現するのに〈文化〉なる語を用いると、おのずからアメリカの文化人類学における最近の慣行に従うことになる。社会学者は従来やや狭い意味で、いわゆる象徴の領域のみを表わすものとして（パーソンズが〈文化体系〉という概念を使う場合のように）この語を使用する傾向がある。他の理論的文脈では狭い意味を妥当とする理由もあろうが、当面の議論では広義の用法がふさわしいと思われる。(9)物質と非物質との産出の関連づけはマルクスの〈労働〉概念（それはたんに一経済概念とは理解できない）のなかで展開された。(10)いうまでもなく、社会学者のあいだでは社会のさまざまにちがった概念が使われている。だが、これらに関する討究はこの議論の目的にほとんど何の役にも立ちはしない。だから、われわれはきわめて単純な規定を使って、それを先述した文化の概念に結びつけてきた。(11)〈人間の自然〉をそれ自体人間の所産として理解することもまた、マルクスに由来する。それは弁証法的人類学と非弁証法的人類学とのあいだに重大な割れ目をもたらす。社会学的思想の内部ではこうした人類学上の対蹠点はそれぞれマルクスとパレートによってもっともよく代表されている。ついでながら、フロイト流の人類学は基本的に非弁証法的なそれとして明らかにされねばならないが、これは、フロイトとマルクスの総合をめざす近年の試みには共通して見逃がされている点である。

ところが、社会は文化の一面にすぎないように見えて、実は、人間の文化形成のなかで特権的な地位を占めている。これは、さらにもうひとつの人類学的事実、すなわち人間のもつ本来的な社会性に由来するのである。[12] ホモ・サピエンスは社会的動物なのである。これの意味するところは、人がいつも集団のなかで生き、彼が仲間からひきはなされて孤独に追いやられると、まさしくその人間性を失うという表面上の事実をはるかに超えるものがあるということである。さらにもっと重大なことは、人間の世界構築の営みがどんな時にも集団的な企てにならざるを得ないという点である。たぶん知見上の目的のためには純粋に個人の単位で人間の世界への関与を分析することは可能だが、世界構築という経験的現実は常に社会的なものなのである。人びとはともに道具を作り、言葉を発明し、価値を信奉し、制度を工夫する。文化への個人の参与は、社会過程（すなわち、社会化とも呼ばれる過程）に依存するばかりか、彼の不断の文化的実存は特定の社会構成の維持のいかんにかかっている。だから、社会は文化の所産であるばかりか、文化の必要条件なのである。社会は人びとの世界構築の営みを組織し、配分し、調整する。そして社会においてのみ、こうした営みが産み出すものは時間を克服して持続するのである。

(12) 人間に本質的な社会性はマルクスによって明快に理解されたが、いうまでもなく、それは社会学の伝統全体にとって固有のものである。ミードの業績はマルクスの人類学的な見解に欠くべからざる社会心理学的な根拠を提供している。

社会を人間の外在化に根ざすものとして、つまり人間の営みの所産として理解することは、社会が常識的には人間の営みとはかけ離れて独立したものと思われ、活性のない自然の所与性にあずかるものと映るという事実を見れば、なおさら大切なことである。われわれは、まもなくこうした様相を可能にする客体化のプロセスに目を転じることになろう。さしあたって指摘するだけで充分だろうが、社会学の方法によって得られた最大の収穫のひとつに、一般人の想像力のなかで社会を成り立たしめる本質と思われている諸要素を繰り返し還元して、ついにはこれらの要素を産み出してそれを現実たらしめるものがほかならぬ人間の営みであることを突きとめたことがあげられる。社会とその組成のすべてを構成する〈素材〉は、人間の営みのなかで外在化される意味なのである。社会の偉大な基本単位（たとえば、〈家族〉、〈経済〉、〈国家〉など）は、社会学の分析によって繰り返し還元され、その底に潜在するだけの実体である人間の営みにまで辿りついた形となる。こうしたわけで、仮に社会学者が、知見上の目的のためならばともかく、事実上このような社会現象を、あたかもそれが当初それを生産しその後も生産し続けているところの人間の所業から独立した基本単位であるかのごとく処理するとすれば、それはきわめて救いがたいことなのである。社会学者が制度、構造、機能、形態等々を語ること自体には別に悪しき問題はない。ただこれが害になるのは、かれが一般人並みにこれらを人間の行為や生産に関係なく自力で存在する実体と考えてしまう場合だけである。外在化という概念のもつメリットのひとつは、それが社会に適用される場合のように、この種の硬直した実体化の思考を食い止めることにある。もうひとつ別の言い方をすれば、社会学の理解とは、たえず人間化すること、すなわち、社会構造の際立った外形の奥に立ち入って、これを製造している生きた人間存在にまで言及すべきものなのである。(13)

(13) 社会学が社会の客体化を解体することの必要はウェーバーの方法論のなかで繰り返し強調された。社会を実体として概念化したとして(かつて多くのマルキストの批評家がしたように)デュルケームを攻撃することはたぶん誤っていようが、彼の方法がおのずからこの混迷に導びきやすいことは、構造-機能主義学派が展開するもののなかでとりわけ明らかに示されている通りである。

したがって、社会は人間の所産であり、外在化の現象に根ざしているが、逆にまた人間の生物学的な体質そのものにも根ざしている。ところが、外在化された産物について語ろうとすると、途端に、当の生産者に対立するものとしてのある程度の個別性を産物が獲得することを認めることになる。人間から分離するばかりか、外界の事実として彼に対抗するにいたるという、人間所産の物の世界へのこうした変容が、客体化(objectivation)なる概念に内包されている。人間所産の世界が〈外側の〉何ものかになるのである。それを構成するのは客体であるが、それは物質と非物質の両方からなり、当の生産者の意向に反抗することも可能である。いったん造り出されてしまえば、この世界はたやすく望み通りには消え去らない。文化はすべて人間存在の主観意識に由来し根ざしてはいるが、ひとたび造られたからにはそれを意のままに意識のうちに再吸収することはできない。個人の主観の外側にまさしく世界のひとつとして独立する。いいかえれば、人間の造った世界が客観的現実という性格を達成したのである。

人間の文化財が獲得した客体性は物質にも非物質にもつきまとうが、前者の場合の方が理解しやすい。人は道具を造り出し、その行為によって世界にある物理的客体の総量を豊かにする。ひとたび造り出されると、道具はそれを採用する者には容易に変えることのできない独自の存在を所有する。実際、道具（たとえば、農具）はその使用者に対して時には必ずしも同意しかねる方法でその存在の論理を強制することさえある。たとえば鍬は、明らかに人間の所産であるにもかかわらず、ちょうど岩や根や他の自然物につまずくように、使用者がそれにつまずいて怪我をするという意味で外在の客体であるばかりではない。もっと面白いことに、その鍬が使用者に強制して農作業ばかりか生活の他の部分さえも組み立てさせ、その方法も鍬独自の論理に合わさせる始末で、最初にこれを発明した人がおよそ考えもせず予想もしなかったことなのである。ところが、この同じ客体性が文化の非物質的要素をも同様に特徴づけている。人は言語を発明し、それから会話と思考がその文法に支配されていることに気づく。人は価値を生んでから、これを犯すと罪を感じることを発見する。人は制度を造り上げるが、これが外界の配列を強力に制御し脅かしさえするなどして人に対立するようになる。したがって人間と文化との関係は、魔法使いの見習いの話をして説明するのがふさわしい。不思議なバケツが人間の命令で無から呪術的に招来されて始動する。その時点から、バケツは、自分の存在に内在する論理に合わせて水を汲みはじめ、少なくともそれを造り出した者のコントロールに完全には従わなくなる。この話のなかで起こることのように、人は、いったん彼が現実の上に解放した強大な権力を再び彼のコントロールの下に引き戻すことができるような新たな呪術を見つけることが可能なのかも知れない。この呪力は、しかしながら、最初にこれを始動させたものと同一のものではない。そして、いうまでもなく、人が自分で造り出した洪水に溺れてしまうことさえ起こり得るのである。

仮に文化が客体としての地位を認められるとすれば、その名辞には二重の意味がある。文化は、人間の意識の外側に存在する実体世界内の客体群として彼に対面するという意味において客体的である。文化はそこに在るのだ。しかし、文化はまた、いわば人中で経験され理解されるという意味においても客体的である。文化は万人にとってそこに在るのだ。これは、文化の客体（これも物質と非物質の両方として）が、他者と共有されていることを意味する。これこそが孤独な個人の主観意識から成るどんな組成ともこれを截然と区別せしめるのである。たとえば、ある特定の文化の技術に属するひとつの道具を、ある用具、それがどんなに秀逸であろうと夢の一部でしかない用具と比較してみれば、それは明らかである。しかし、享受される事実としての文化の客体性は、その非物質的な要素との関連においてこれを理解することのほうがさらにもっと大切である。個人は、たとえば彼の属する文化のなかで実際に認められる諸制度よりもさらに卓抜で、もっと機能的と認めてよいような制度案をいくらでも夢想することができよう。こうしたいわば社会学的な夢が個人の意識に限定され、少なくとも経験的にあり得ることとして他人に認められない限りは、影のような幻想として存在するにすぎない。これに反して、個人の所属する社会の制度は、彼がそれをどんなに嫌悪しようとも、リアルであろう。いいかえれば、文化的な世界は、集合的に産み出されるばかりでなく、集合的認識を通してリアルであり続けるのである。文化のなかにあるとは、客体的な特定世界を他者と共有することをいうのである。[14]

(14) 享受された客体性の理解を深めるには、前掲したシュッツの著作を参照のこと。

いうまでもなく、この同じ条件はわれわれが社会と呼ぶ文化の一部にもあてはまる。だから、社会は人間の営みに根ざしていると言うだけでは充分ではない。社会は客体化された人間の営み、つまり、社会は客観的現実の地位に達した人間行為の所産だと言うべきである。社会の組織は人間には客体世界の要素として経験される。社会は外在の、主観的には不透明で威圧的な事実として人間に直面する。[15] 実際、社会は、その客体的なありようで物理的世界と実質的に対等な、まさに〈第二の自然〉として共通に理解される。社会は〈外がわ〉から与えられた形で経験され、主観意識の枠外にあって意のままにならない。孤立した幻想の表象は個人の意志に比較的小さな抵抗しか示さないのである。社会の表象には広い範囲に抵抗感がある。個人は多様な社会を夢想し、多彩な場面にある自分を想像することもできる。彼が唯我独尊的な狂気にあるのでなければ、こうした幻想と社会の実生活の現実とのちがいを心得ており、それが彼に対して一般に容認された場を指定し、彼の望みにおかまいなく指定の場を彼におしつける。社会は外界の現実として個人と出会うのであるから、その働きかけが彼の理解に届かないこともしばしば起こる。彼は内省によって社会現象の意味を発見することはできない。その目的を果たすためには、彼は自分の外に出て、意識外の物象を理解するのに必要な実証的探究と基本的には同じことにたずさわらなければならない。なかんずく、社会はその強制力によって自己を顕示する。社会の客観的現実性を決定的に証するものは、個人レベルの不本意に対して自己を強制するその能力である。社会は、個人の行為を指令し、禁止し、制御し、制裁する。そのもっとも強力な神聖化（アポテオーシス）（のちに述べるように、あいまいに選ばれたことばではない）の形において、社会は個人を破滅させることさえあるのである。[15]

（15） 社会の現実性については、この点に関するデュルケームの理論にしたがって論じている。とくに前出の *Rules of Sociological Method* を参照のこと。

社会の強制的な客体性は、もちろん、社会統制の手順、つまり頑強に抵抗する個人や集団を〈列にひき戻す〉べくとくにデザインされた手続きのなかにもっともたやすく見出されよう。政治と法律の制度はこれの明快な実例の役を果たすことがある。しかしながら、この同じ強制的客体性が社会を全体的に特徴づけ、世論にもとづく制度を含めたすべての社会制度に内在することを理解することも大切である。このことは（もっとも強調すべきだが）すべての社会が専制の派生形態だということではない。その真の意味は、個人に強制して社会をリアルなものに認めさせるという程度の客体性を社会が実現しなければ、いかなる人間の所業も正確にはそれを社会現象と呼ぶことができないということである。いいかえれば、社会に欠くべからざる威圧性は、社会統制のもつ機構にあるのではなく、自らを築き上げ、自らを現実として押しつける社会の力にこそ潜むのである。その模範的な事例は言語である。いかに社会学的思考に無縁であろうとも、言語が人間の所産であることを否定できる者はいない。個別の言語はすべて人間の創意と想像力と時には気まぐれの永い歴史の成果である。人間の発声器官が彼の言語的空想に一定の生理学的限界を課しはするが、たとえば英語の発達を説明するのに採用されるべき自然の法則はどこにも見当らない。それはまた人間所産としての地位以外に事物の自然における地位をもつわけではない。英語は人間特有の出来事に由来し、人間の営みによる歴史を通じて発達し、人間が使い理解し続ける限りにおいてのみ存在するのである。だがそれにもかかわらず、英語はひとつの客観的現実として個人に現前し、彼はそれをそのように容認し、あるいはその結果に苦しまねばならない。その諸法則は客体的に与えられる。個人は、自国語としてであろうと、外国語としてであろうと、それを学ばねばならず、勝手にそれを変えることはできない。正しい英語かまちがった英語かには客観的な基準があって、細かい点には見解のちがいがあっても、そのような基準の存在は、最初にこの言語を使うための前提条件である。もちろん、学校時代の失敗から社会生活での決まり悪さに至るまで、こうした基準を犯すことに対する処罰もあるが、英語の客観的現実はこれらの処罰によって第一義的に構築されるわけではない。むしろ、英語は、ただそこに在って、個人同士がおたがいを理解し、自分自身を理解する対話という出来合いの集合的に認められた世界だというだけの単純な事実のお蔭で客観的にリアルなのである。[16]

(16) 言語を社会現象の客観性を示す範例と理解するのも、やはりデュルケームに由来する。基本的にデュルケーム学派の方法で言語を論じるものとしては、A. Meillet, *Linguistique historique et linguistique générale*, Paris, Champion, 1958.

社会は、客観的現実として、人が居住する世界を提供する。この世界は個人の生涯を囲い込み、生涯は一連の出来事としてその世界のなかに展開する。実に、個人の生涯は、それが社会的世界の意味ある構造のなかで理解される限りにおいてのみ客観的にリアルなのである。たしかに、個人は高度に主観的な自己解釈をさまざまにもつことがあって、それが他人に奇怪な印象を与えるか、まったく不可解と映ることがある。だがこうした自己解釈が何であろうと、個人の生涯の客観的な解釈というものは残るのであって、それによって人生史は社会的に認められた思考の枠にはめられる。この生涯の客観的な諸事実は少なくとも関連ある人定証明をあたることによって確かめられる。姓名、相続、市民権、社会的地位、職業などは個人の存在の〈公的な〉解釈にほかならず、それは、法律の力によるだけでなく、社会の基本的な現実賦与の力によっても客観的に妥当なのである。そればかりか、社会的現実を逃避した唯我独尊の世界に再度ひきこもるのでない限りは、個人は自分のほうからその自己解釈を客観的に使える人生史の座標に比定することによって確認しようとするにちがいない。いいかえれば、自分の人生は、それが本来的に客観的現実なる性格をもつ社会的世界のうちにおかれる時にのみ、自分にも他人にも客観的にリアルなものに見えてくるのである。(17)

(17) 客観的にリアルな社会的世界に位置を占める自己解釈の現実については、モーリス・アルプバックスの記憶に関する著作、とくに *Les cadres sociaux de la mémoire*, Paris, Presses Universitaires de France, 1952 を参照のこと。

社会の客体性はその構成要素のすべてに及ぼされる。制度、役割、自己同定《アイデンティティ》のすべては、それと社会的世界とが同時に人間の所産にほかならないにもかかわらず、その世界における客観的にリアルな現象として存在する。たとえば、特定の社会における性別の制度化としての家族は客観的現実の装いで経験され理解される。制度は、個人生活のこの特殊な領域にそのあらかじめ定められたパターンをはめながら、外的で強制的にそこに在るのだ。その同じ客体性は、たとえ個人が別に喜んでするのでもない場合であっても、彼が制度上果たすべきものとされるような役割にもかかわっている。たとえば、夫、父親または伯

（叔）父の役割は、個人の振舞いのモデルとして客観的に規定され利用される。こうした役割を演じることによって、個人は自分にも他人にも彼の個人的存在が決して〈ただの〉偶然事とは思われないような形で制度的客体性を身をもって代表するようになるのである。(18) 彼は、物的な衣服や装身具を〈身に着ける〉のに等しい方法で、文化的客体のひとつとして役割を〈着る〉ことができる。しかも彼は、役割とは切り離された自分という意識を保存することができるからこそ、役者に対する仮面のように役割は彼のおもう〈真の自分〉にかかわるものとなる。かくて自分は役割のあれこれ具体的なことをするのを好まないけれども、自分の意志に反して遂行しなければならないのだとさえ言うことにもなるが、それも役割の客体的表現がそれほど権威のある命令だからである。それ以上に、社会は、客体的に有効な制度と役割の総体ばかりか、同等の客観的現実の地位を与えられている身元《アイデン》証明《ティティ》の数々をもその内容に含んでいる。社会は、個人に対して一定数の役割とともに指定の存在証明《アイデンティティ》をあてがうのである。いいかえれば、個人は夫や父親、伯（叔）父として振舞うだけでなく、夫や父親、伯（叔）父であり、そしてより基本的には〈存在〉という言葉が当の社会でどんな意味をもつにしても、ひとりの人間であることを期待されるのである。このように結局のところ、人間行為の客体化が意味するところは、人は自分の意識内に自己の一部を客体化することができるようになり、社会的世界の客体的要素として一般的に有効な形姿をとって彼の内部で彼自身と対面するということである。たとえば、〈真の自己〉としての個人は、大主教なる自分と内的な対話を実行することができるのである。実際には、自分の客体化された部分とのそのような内的対話によってのみ、はじめて社会化が可能なのである。(19)

(18) 客体的表出としての役割概念はミードとデュルケームの視角を組み合わせることによって得られる。後者の場合、とくにここではデュルケームの *Sociology and Philosophy*, London, Cohen & West, 1953, pp. 1 ff. を参照。

(19) 内的対話の概念はミードに由来する。彼の *Mind, Self and Society*, pp. 135 ff. を参照。

社会的客体化からなる世界は、外在化を行なう意識により産み出されて、ひとつの外在の事実性として意識と対面する。それは、それ自体として理解される。しかしながら、この理解がそのままでは内在化と言えぬことは、自然の世界の理解が内在化と言えぬのと同様である。むしろ内在化とは、この世界の構造が意識自体の主観構造を決定するまでになるという具合に、客体化された世界を意識内に再吸収することである。つまり社会は、今や個人意識に対する造型機関として作用するのである。内在化が働く限りは、個人は今や客体化された世界の諸要素を外的実在として理解すると同時に、意識内の現象として理解するわけである。

存続できるほどの社会ならば、例外なくそこに客体化された意味を世代から世代へと伝達する問題に直面する。この問題は、社会化のプロセス、つまり、それによって新しい世代が社会の制度上のプログラムに従って生きることを教えられるというプロセスを通して着手される。もちろん心理学で言えば、社会化は学習過程のひとつである。新しい世代は、文化の意味づけのうちに招じ入れられ、そこで既成の仕事に参与し、その社会構造を構成する役割と身元保証《アイデンティティ》を受け容れるよう学習する。しかしながら、社会化は、学習過程を論じるだけでは適切に把握されない枢要な次元をもつ。個人は客体化された意味を学びとるばかりでなく、それに同一化し、それによって造形される。彼は、自分のなかにそれを引き入れ、彼自身の意味にしていく。彼はこうした意味を所有する者になるだけではなく、それを代表し、それを表現する者になるのである。

社会化の成否は、一《いっ》にかかって社会の客観世界と個人の主観世界との対照を達成するか否かにかかっている。完全に社会化された個人を想定するとすれば、社会的世界において客観的に働く意味がそれぞれその比喩的意味を彼の意識内に主観的に与えるはずである。そのような完全な社会化は、個人のもつ生物学的な変異性という道理だけでは、経験的にあり得ないし理論的にも不可能である。ところが、社会化には成功の度合いがある。充分に成功した社会化は高度の客観的／主観的シンメトリーを達成するが、社会化の失敗はさまざまな対照のちぐはぐさを生じる。社会化が、ある社会の少なくとも肝要な意味を内在化することに成功しなければ、その社会は将来性のある営みとして存続することがむずかしくなる。とりわけ、そのような社会であれば、歴史に耐えうる力を保証する伝統を確立することは望むべくもない。

人の世界構築の営みはつねに集団の企てである。ある世界への人の内的な帰属はまた集団的に実現する。今では社会科学のきまり文句になってしまったが、生物学的観察を超えたいかなる経験的に妥当な形式をもってしても、社会の内でなくては人間になることも人間であることも不可能だという言い方がある。だがもう一歩すすめて、世界の内在化の成否が同様に社会に依存すると言えば、常套句とはなるまい。何故ならば、その場合には、それにふさわしい概念が社会過程を通して彼に伝達されなければ、人は自分の経験を充分に意を尽した形で理解することができないと言っていることになるからである。社会的に客体化された世界を内在化するプロセスは、社会的に指定された身元保証《アイデンティティ》を内在化するプロセスと同じである。個人は社会化されてこそ、指定の人物となり、指定の世界に住むにいたる。主観的な自己同定《アイデンティティ》と主観的な現実とは、個人と彼の社会化に責任のある有意な他者たちとのあいだに交わされる同じ対話法《グィアレクティック》(ここでは、語源どおりの意味)のなかで産み出されるのである。(20) 個人はそれとして他者たちに話し掛けられる通りの者になると言うだけでは、自己同定《アイデンティティ》の弁証法的形成を約言することにはならない。それに補足して言うならば、個人は他者たちとの対話のなかでその世界を自分のものにするのであり、さらにいえば、自己同定《アイデンティティ》と世界は、彼が対話を続けることができる限りにおいてのみ、彼自身にとってリアルであり続けるのである。

（20）〈有意な他者〉（significant others）という語は、やはりミードに由来する。もちろん、この語はアメリカの社会心理学では共通に多用されてきている。

最後の点は非常に重要である。何故ならば、その意味は、社会化が決して完結せず、個人の生涯を通じて続行するプロセスであるからである。これは、すでに指摘したところのすべての人為的に構築された世界がもつ不確実性の主観的側面である。ひとつの世界を生かし続けることのむずかしさは、心理学的にはこの世界を主観的に信憑せしめ続けることの難しさに表われている。世界は（両親、教師、同輩といった）有意な他者との対話によって個人の意識のなかに築き上げられる。その世界は主観的現実として同様の対話によって維持されるが、それは同じ人たちとであっても、あるいは（配偶者、友人か他の知り合いのような）新しい有意な他者とであってもよい。もしも（配偶者が死んだり、友人が亡くなったり、または本来の社会環境を失ったりして）そのような対話が破壊される場合には、その世界はぐらつき始め、その主観的信憑性《プローザビリティ》を失いはじめるのである。いいかえれば、社会の主観的現実は、対話という細糸にぶら下がっている。ほとんどのわれわれがほとんどの時間この不安定さに気づかないのは、われわれが有意な他者たちと対話を交わし続けているからである。この持続を維持することが、社会秩序の至上命令のひとつなのである。

かくして、内在化とは、社会的世界の客観的事実性が同様に主観的事実性になるということになる。個人は自分の外にある客体的世界のデータとして制度に出会うが、それはまた今や彼の意識のデータでもある。社会によって設定された制度上のプログラムは、主観的には態度、動機、人生目標としてリアルなのである。諸制度の現実性は、個人が彼の役割や身元証明《アイデンティティ》とともに専有する。たとえば、個人は所属する社会のもつ特定の親族構成を現実として私物化する。事実上、この脈絡のなかで人間は自分にあてがわれた役割を身に付け、この役割を通して彼自身の身元証明《アイデンティティ》を了解する。かくして彼は伯父の役を演じると同時に、彼は伯父なのである。そればかりか、社会化がうまく成功すれば、彼は他の何者にもなりたがらない。彼の他者に対する態度と特定の行動への動機とは、風土的に伯父的なのである。彼が、中核的に大事な制度として伯父制を確立している社会（われわれの社会でなく、母系制社会）に生きているのであれば、彼は自分の全生涯（過去・現在・未来）を一人の伯父としての経歴を通して理解するであろう。実際、彼は自分の甥たちのために我が身を犠牲にし、自分の生命が彼らのなかに存続すると考えて慰めとすることさえあり得る。社会的に客体化された世界はそれでも外在的事実と理解される。伯父、姉妹、甥は、動物や岩石のような事実に比せられる客観的現実のなかにあるのである。しかし、この客観的世界は今や主観的な有意性としても了解される。その（たとえば、伯父制度の伝承を学ばねばならない子供にとって）最初の不透明さは内的な半透明に転換される。個人は今や彼の内面を見つめ、彼の主観的存在の深みにおいて一人の伯父としての（自分を発見する〉ことがある。この地点である程度成功した社会化を想定すれば、内省は制度上の意味を発見する有効な方法となるにちがいない。(21)

(21) われわれがここで強く主張したいのは、社会化が成功したのちに社会的現実を理解する有効な方法として内省をそのように肯定すれば、社会現象の主観的な不透明さに関するデュルケームの命題と、了解（Verstehen）の可能性に関するウェーバーの命題との一見矛盾し合う関係をそれが橋渡しするのに役立つかも知れないという点である。

内在化のプロセスは、外在化と客体化の諸契機をも包含するより大きな弁証法のプロセスの一契機にすぎないということを忘れてはならない。そうでないと、機械的な決定論の様相が生じて、自然のなかで原因が結果を生むように、個人は社会によって作り出されるということになりかねない。かかる構想は社会の現象を乱してしまう。内在化が社会現象のより大きな弁証法の部分であるばかりでなく、個人の社会化もまた弁証法の形式をもって生じるのである。(22)個人は受身で生気のない物として一方的に造形されはしない。むしろ、彼は連綿たる対話（文字通りの意味で一種の弁証法）に彼自身が参加する、その過程のなかで成人する。つまり、社会的世界は（その固有の制度、役割、身元証明《アイデンティティ》をもって）受動的に個人に吸収されるのではなく、積極的に専有されるのである。それればかりか、個人がいったん、客観的にも主観的にも認められる自己同定《アイデンティティ》をもって一人格として成人したからには、彼はたえず自分を一人格として人生行路上に支えてくれる対話に参加し続けねばならない。要するに、個人は社会的世界の共同制作者であり続け、またかくて自分自身のそれであり続けるのである。たとえ彼の力が現実の社会的諸規定を変えるにはあまりに小さいにしても、彼は少なくとも自分を一人格たらしめるものを容認し続けねばならない。たとえ、彼が（たとえば、実証主義社会学者または心理学者として）こうした共同制作を否定しても、彼は相変わらず彼の社会の共同制作者であり続け、事実、これを否定すること自体が弁証法のなかに組み込まれて、彼の世界と彼自身の双方を形成する要素となるのである。さらにもうひとつ、個人の言語への関わりは社会化の弁証法の範例と考えて差し支えない。言語は、ひとつの客体的事実として個人に対面する。彼は、他人との会話上の相互作用にたずさわることによってそれを主観的に自分のものとする。しかしながら、この相互作用の過程で、（たとえば、形式主義文法学者として）たとえ彼が言語の形態変化の事実を否定するとしても、彼は言語を修正せざるを得ない。それ以上に、彼のたえざる言語への参与は、当の言語にとって唯一の存在論的な土台である人間行為の一端である。言語は、彼が他人とともにそれを採用し続けるからこそ存在する。いいかえれば、個人は、言語と社会的に客体化された世界全体との双方に関しては、彼を成人させ、それによって現実として世界を維持し続けるその世界に対して〈問いかけ直し〉続けるのだともいえよう。

(22)　社会化の弁証法的性格は、ミードの〈主体我〉(I) と〈客体我〉(me) という概念のなかに表現されている。前掲書一七三頁以下を参照のこと。

もしも、社会的に構築された世界は何にもまして経験の序列化だとの命題が設定されるならば、もうそのことは理解してもらえよう。ひとつの意味秩序すなわちノモス*は、個人の個別経験と意味づけの上に上乗せされる。(23) 社会が世界構築の企てだということは、それが秩序化すなわち規範化の営みだというに等しい。これに対する前提条件は、さきに指摘したようにホモ・サピエンスの生物学的体質のなかに与えられている。人は、他の動物が賦与されている秩序化の機構を生物学的には拒否されているので、やむなく彼の自前の秩序を経験の上にかぶせざるを得ない。人間の社会性は、この秩序づけの営みの集合的な性格を前提としている。経験の秩序づけは、あらゆる種類の社会的相互作用に特有のものである。社会行為はすべて、個人の意味づけが他者に向けられることを示し、進行する社会的相互作用は、一群の行為者の意味づけが集められて、まとまった共同の意味づけの単位になることを示している。(24) こうした社会的相互作用の規範化が、結果として最初から当事者たちの個別な経験と意味づけのすべてを包括する単一の規範を生み出すと想定するのは誤りであろう。その最初の起源における社会を仮に想定すれば(もとより経験的に得られるはずもないが)、共同の規範秩序《ノモス》の領域は、社会的相互作用がさらに広い範囲の共同の意味づけを含むようになるに応じて拡大すると考えられよう。このノモスがいつも個人の意味づけの総体を取り込んでいると考えることは意味がない。完全に社会化された個人があり得ないように、いつの場合にも共同のノモスの外側か周辺にとどまっている個人の意味づけがあるものである。実際、もう少しあとで判明するように、個人の境界的経験は社会的存在を理解するためにかなり大切である。それでもやはり、すべてのノモスを促してより広い意味領域に拡大せしめる内在的な論理がある。社会の秩序化の営みは決して総体に達することがないにしても、それは総体化と表現して差し支えあるまい。(25)

(23) 〈ノモス〉なる語は、いわばデュルケームのアノミー（規範喪失）概念をめぐって、間接的に彼に由来するものである。アノミー概念は最初に彼の自殺論で展開された。*Suicide*, Glencoe, Ill., Free Press, 1951（宮島喬訳『自殺論』世界の名著四七所収、中央公論社、一九六八年), とくに pp. 241 ff. を参照。

(24) 意味づけによる社会行動の規定はウェーバーにもとづく。この規定を社会的〈世界〉に関連づけて論じることは、とくにシュッツによって進められた。

(25) 〈総体化〉なる語は、ジャン＝ポール・サルトルによる。彼の *Critique de la raison dialectique*, Vol. I, Paris, Gallimard, 1960（竹内芳郎・矢内原伊作他訳『弁証法的理性批判 I』人文書院、一九六二年）参照。

社会的世界は、ひとつの規範秩序《ノモス》を客観的にも主観的にも構築する。客観的なノモスは客体化そのもののプロセスのなかで与えられる。言語という事実は、たとえ単独にとり上げられても、経験に秩序を課すものであることが容易に理解される。言語は、進行する経験の流れに分節と構造を課すことによって規範化する。経験の一項目が名づけられると、それは事実上この流れからとり上げられてその名どおりの実在として安定性を与えられる。言語はさらに語彙に統語法と文法を付加することによって諸関係に基本秩序を供給する。この秩序にかかわらずして言語を使うことは不可能である。すべての実用言語は、形成過程にある規範秩序を構築すると言えようし、また同様に数世代にわたる人間の規範化の営みの結果とも言えるのである。本来の規範化行為は、ある事項がこれであるからあれではないということに等しい。ある事項を他の事項を含むひとつの秩序に組み込むという本来の形は、より明晰な言語的指定をともなう（その事項が男性であって女性ではない、単数であって複数ではない、名詞であって動詞ではないなど）ところから、規範化行為は言語的に客体化され得るすべての事項の包括的秩序、つまり総体化の規範秩序をめざすのである。

言語を基盤にし言語を材料にして、ひとつの社会に〈知識〉として通用する認識と規範の殿堂が築き上げられる。社会が〈知っている〉ものという形で、すべての社会は経験に共同の解釈律をあてはめ、さきに論じた客体化のプロセスを通じて経験を〈客観的意識〉にするのである。この殿堂の比較的小さな部分だけが何らかの理論によって構築されるにすぎないが、それでも、理論的〈知識〉は普通、現実の〈公的〉解釈の本体を内包しているという理由でとくに大切である。社会的に客体化された〈知識〉の多くは、理論以前のものである。それは、解釈の大要、道徳上の処世訓、および伝統的知恵の収集などからなり、一般人がしばしば理論家と共有するものである。社会は〈知識〉の大群を仕分けする程度においてさまざまである。その多様性がどうであれ、すべての社会は成員に対して客観的に有効な一群の〈知識〉を供給することに変わりはない。その社会に参加するのは、その〈知識〉を分かち合うこと、つまり、その規範秩序《ノモス》に同居することなのである。

客観的な規範秩序《ノモス》は社会化の過程のなかで内在化される。そのように個人に専有され、彼自身の主観的な経験の秩序化となる。この専有によってこそ、個人は自分の生涯を意味あるものにすることができる。過去の生活のつじつまの合わない要素が、自分や他人の状況について彼が〈客観的に知っている〉事柄を通して秩序化される。進行する経験は同じ秩序のなかに統合されるが、もっともその秩序はまた、この統合を可能にすべく修正されねばならぬ場合もある。未来は、そこに投射された同じ秩序の力で有意義な形をとる。いいかえれば、社会的世界に住むことは秩序立った有意義な生活をすることなのである。社会は、その制度的構造において客観的にばかりでなく、個人の意識を構造化することにおいて主観的にも、秩序と意味の守護者なのである。

この理由からして、社会的世界から徹底的に離脱すること、すなわち規範喪失《アノミー》は個人に対して非常に大きな脅威となる。(26) 個人が、そのような場合に情緒的なきずなを失うというばかりではない。彼は経験における方向性を失う。極端な場合には、現実感覚を失い、自《アイ》己同定《デンティティ》を喪失する。彼は、世界喪失になるという意味で頽廃的になる。個人の規範秩序《ノモス》が有意な他人との対話のなかで構成され維持されるのと同様に、個人はそのような対話が極端に阻害されると規範喪失《アノミー》に落ち込むのである。そのような規範崩壊の環境は、もちろんさまざまである。それが、たとえば個人の所属する社会集団全体の存立が失われるような、大きな社会的圧力を含む場合もある。また、たとえば死別や、離婚、生き別れなどによって有意な他者を失うというような、もっと狭い個人史上の場合もある。このように、個人的な規範喪失の状況もあれば、集団的な状況もある。いずれの場合にも、そのおかげで個人が人生に〈意味を見出し〉、自分の存在証明《アイデンティティ》を認めることができるような根本秩序が分解の方向を辿るのであろう。そこで個人は、道徳的な方位を失い始めて破滅的な心理学上の諸結果を生じるばかりか、認識上の方位もまた怪しくなってしまうのである。世界は、それを支える対話がよろめき始めると途端に揺らぎ始めるのである。

(26)〈anomy〉(規範喪失)はデュルケームのいうアノミー(anomie)の英語訳で、相当数のアメリカ社会学者が好んで使うが、ロバート・マートンは使っていない(彼は、この概念を仏語の綴りのままで採用し、彼の構造‐機能主義理論のなかに統合しようとしている)。
われわれはもっぱら文体上の理由だけで英語化された綴りを採用した。

社会的に確立された規範秩序《ノモス》は、おそらくそのもっとも重要な局面において、恐怖を防ぐ楯と理解してよかろう。言い方をかえれば、社会のもっとも大切な機能は秩序化(nomization）なのである。これに対する人間学上の前提は、本能の力をもつかと思われる人間の意味への執着である。人は、生まれながら現実に意味秩序を冠せずにはいられない。ところが、この秩序は世界構築を命じる社会の企てを前提としている。社会から切り離されると、個人はひとりでは到底対処できない無数の危険にさらされ、極端な場合には死に瀕することになる。社会からの絶縁はまた、個人に耐え難い心理的緊張を負わせるが、その緊張は社会性という人間学上の事実に根ざしているのである。しかしながら、そのような分離のもつ最大の危険は、意味喪失の危険である。この危険はすぐれて悪夢のように恐ろしく、人は、そのなかで無秩序と虚無と狂気の世界に溺れる。現実《リアリティ》と自己同定《アイデンティティ》とは不吉にも恐るべき意味喪失の幻と変わり果てる。社会に在るとは、まさしくそのような規範喪失《アノミー》の恐怖がもたらす極限の〈狂気〉から護られているという意味において〈正気で〉あるということである。規範喪失《アノミー》は、個人がそれならばいっそ死を求めることもあるほどに耐え難い。逆に言って、規範的世界のなかに在ることは、いかなる犠牲を払い苦痛に耐えても求められるものであり、時には、当人がこの最大の犠牲を規範の大事にかかわると信じる場合には、命に代えても、これを求めることさえあり得るのである。[27]

（27）　これは、規範喪失上の自殺とともに規範遵守のための自殺もあることを示唆しているが、この点はデュルケームが〈愛他的自殺〉を論じるなかで言及したが、展開しなかったものである（*Suicide*, pp. 217 ff.）。

社会秩序の防御的資質は、個人の生活における限界状況、すなわち、きまり切った日頃の存在を決定する秩序の限界に彼が近づくか超えるかする状況に着目すると、とくに明瞭な姿を呈する。(28) このような限界状況はよく夢や幻想のなかに生じる。それは、世界にはその〈正常な〉面のほかにもうひとつの面があって、ひょっとすると、今までそれと認めてきた現実の見方ははかなくて欺瞞でさえあるのではないかという執拗な疑惑として意識の地平に現われてくる場合がある。(29) そのような疑いが嵩じると、それが、破滅的な変形の可能性を秘めつつ、自己と他者の双方の自己同定《アイデンティティ》にまで及んでくる。こうした疑いが意識の中心領域を侵す場合には、いうまでもなく、現代の精神医学ならば神経症あるいは精神病とでも呼ぶような様子を帯びる。こうした容態の認識論的な地位が何であろうとも(通常、精神医学によって、あまりにも自信たっぷりに多くのことが診断されすぎるが、その理由はまさしく精神医学が強固に日常に根ざし、〈公の〉世間的な現実規定に根ざしているからである)、個人がもつそれらへの非常な恐怖は、それまでは有効であった規範に対してそれらがもたらす脅威に内在しているのである。しかしながら、何にもまして最大の限界状況は死である。(30) 他人(とりわけ有意の者)の死を目撃し、自分の死を予期しながら、個人は社会での〈普段の〉生活のとくに認識的・規範的な操作手順に対して疑問を呈するよう強く促される。死は社会に対して手に負えそうもない問題を投げかけるが、その理由は、人間関係の持続に対する死の脅威がはっきりしているというばかりでなく、死はまた社会が依存する秩序の基本的な諸仮定を脅かすということでもあるからである。

(28)〈限界状況〉(Grenzsituationen)という概念はカール・ヤスパースに由来する。とくに彼の *Philosophie*, 1932(武藤光朗訳『哲学的世界定位』、草薙信太訳『実存開明』、鈴木三郎訳『形而上学』創文社、一九六四―一九六九年)を参照。

(29)現実の〈他の側面〉という考えはロベルト・ムジルによって彼の偉大な未完の小説、*Der Mann ohne Eigenschaften* のなかで展開されたが、これが、この小説の主題のひとつである。批判的な論述については、Ernst Kaiser and Eithne Wilkins, *Robert Musil*, Stuttgart, Kohlhammer, 1962 を参照。

(30)もっとも重要な限界状況としての死の概念はマルチン・ハイデッガーに由来する。とくに彼の *Sein und Zeit*, 1929(原佑・渡辺二郎訳『存在と時間』世界の名著六二所収、中央公論社、一九七一年)を参照。

いいかえれば、人間存在の限界状況は、すべての社会的世界がもつ内在的な不安定さを露わにする。社会的に規定されたすべての現実は、潜在する〈非現実〉によって脅かされ続ける。社会的に構成された規範秩序《ノモス》はすべて、規範喪失《アノミー》へと崩壊する不断の危険に直面しなければならない。社会の視角で見ると、あらゆる規範は大量の意味喪失から彫り出された意味の領域であり、混沌として暗く、つねに不吉な密林のなかのほんの小さな開墾地なのである。個人の視角から見れば、すべての規範秩序《ノモス》は生活の明るい〈昼の部〉を代表し、〈夜〉の不吉な影に対抗してやっと持ちこたえている。いずれの視角からしても、ノモスは、強力で異質なカオスの力にさらされながら、建立された殿堂なのである。このカオスは何としても寄せつけてはならない。これを保証するために、すべての社会は成員を助けて〈指定された現実〉にとどまらせ（つまり、〈公に〉規定されたとおりの現実のなかにとどまらせ）、そして〈現実に帰らせる〉のに役立つ（つまり、〈非現実〉の限界領域から社会的に確立したノモスに立ち戻る）ような方策を開発する。こうした方策は、のちほどもっと詳しく注目されるべきであろう。さしあたっては、次のように言っておくだけで充分である。すなわち、個人は、規範喪失《アノミー》という悪夢の世界の外にとどまり、確立された規範の安全地帯の内にとどまるためのさまざまな方法を社会から提供されているのである。

社会的世界は、できる限り当り前のものと受けとられるよう努力する。(31) 社会化は、この当り前の性格が内在化される程度にいたって成功するのである。個人が社会秩序の核心的意味を、有益で望ましく正しいものとして尊重するというのでは充分ではない。彼がこれを必然的なもの、普遍的な〈事物の自然〉の一端として大切にするならば、さらによい（つまり、社会的安定の意味で好ましい）。もしそれが成就されるならば、社会的に決められたプログラムから真剣に迷い出た個人は馬鹿か、ならず者どころか、気が違っているとみなされる。だから、主観的には真面目な異端も、道徳的な罪をもたらすばかりか狂気の恐怖をおこしかねない。たとえば、ある社会の性習俗は、たんに功利主義かまたは道徳的に正しい制度としてよりも、〈人間本性〉の不可避の表現として当然のものと考えられている。いわゆる〈同性愛のパニック〉は、その習俗の拒否によってもたらされた恐怖のすぐれた事例になるかも知れない。それは、この恐怖が具体的な憂慮と良心の呵責によっても生み出されることを否定するものではないが、その根本の原因は、人間の〈正常な〉秩序から逸脱させるところの外界の暗黒へ突き出されることの恐怖なのである。いいかえれば、制度上のプログラムはある存在論的な地位を与えられており、それらを拒否することは、それ自身であること、すなわち、事物の普遍的秩序の存在と、結果的にはこの秩序内の自己存在とを否定することになる。

(31) あたり前の世界 world-taken-for-granted という概念はシュッツに由来する。とくに彼の *Collected Papers*, Vol. I, pp. 207 ff. を参照。

社会的に確立された規範秩序《ノモス》があたり前だという実質を達成すれば、その意味が、宇宙に内在する基本的な意味と考えられるものに合同するようになる。ノモスとコスモスとが共存するようになる。古代社会では、ノモスは小宇宙の反映として現われ、人間の世界は宇宙自体に内在する意味を体現するものとされる。現代社会では、こうした社会的世界の古代的なコスモス化が、宇宙の本質よりもむしろ人間の本質に関する〈科学的な〉命題の形をとりやすい(32)。その歴史上の派生形態がどんなものであろうとも、その傾向は、人為的に構成された秩序の意味が宇宙そのもののなかに投射されるのである。[33]この投射が薄弱な規範構成を安定させる傾向があることはすぐに判明するだろうが、この安定化の形態はさらに究明されねばなるまい。いずれにせよ、ノモスが宇宙論的にか人間学的に理解された〈事の自然〉にかかわるものとして当り前とみなされる場合には、ノモスは人間の歴史的な努力よりももっと強力な源泉に由来する安定性に恵まれているのである。宗教が、重要な意味をもってわれわれの論考に加わってくるのは、この時点なのである。

（32）〈コスモス化〉(cosmization）の語はミルチャ・エリアーデによる。彼の *Cosmos and History*, New York, Harper, 1959 p. 10 f を参照。

（33）投射の概念は、最初ルードウィッヒ・フォイエルバッハによって論じられ、それをマルクスとニーチェがともにこれを採用した。

宗教は、それによって神聖なコスモスが確立する人間の事業である。[34]別の言い方をすれば、宗教は神聖な様式におけるコスモス化である。神聖をもって、ここでは、人間ではないが人間とかかわる神秘的で恐れ多い力の資質であって、一定の経験対象に宿ると信じられているものと解しておく。[35]この資質は、自然または人工の対象にも、動物あるいは人間にも、人間文化の客体化されたものにも帰せられる。神聖な岩があり、聖なる道具があり、聖なる牛がいる。族長が神聖であることもあり、同様に特定の習俗や制度も聖なる場合がある。空間と時間が同じ資質に帰せられ、神聖な土地と神聖な季節がある。その資質は、結局のところ、いちじるしく局地化された精霊から偉大な宇宙神格にいたるまで、神聖存在の形で体現される。さらに後者は形を変えて、究極的な力あるいは宇宙を支配する原理となり、もはや人格的には心に抱かれないが、それでも神聖性の地位を失わない。神聖の歴史的な現われ方はきわめて多様だが、それでも一定の共通形態があって比較文化的に観察することができる（ここでは、これらが文化伝播による結果か、人間の宗教的想像力の内的論理からと解釈されるべきかは問題ではない）。神聖は、日常生活のきまりきった茶飯事から〈突出すること〉、何か異常でひょっとして危険なものと解されるが、その危険を慰撫して、その力を日常生活の必要に応じて利用することもできる。聖なるものは人間以外のものと理解されるが、それでも人間にかかわり、他の非人間的現象（とくに、聖ならざる自然の現象）への関わり方とはちがった形で彼に関係する。かくて宗教を背負ったコスモスは、人間を超越するとともに人間を含み込むのである。聖なるコスモスは、人間とは別のはるかに強力な実在として人間に対面する。だがこの実在は、人間に呼び掛け、彼の生活を究極的に意味の豊かな秩序のなかに位置づけるのである。

(34)　この定義はルドルフ・オットーとミルチャ・エリアーデによる。社会学の文脈で宗教を規定する問題の論考については、補論Iを参照。ここでは宗教を人間の営みと規定しているが、その理由は、これが経験的現象としての宗教の現われ方だからである。この規定のなかでは、いうまでもなく、それが科学的理解の試みでなければならないが故に、宗教があるいはそれ以上の何ものかではないかという疑問はカッコに入れられたまま残されて不問とされる。

（35）神聖概念を明らかにするには、Rudolf Otto, *Das Heilige*, Munich, Beck, 1963（山谷省吾訳『聖なるもの』岩波文庫、一九六八年）; Gerardus van der Leeuw, *Religion in Essence and Manifestation*, London, George Allen & Unwin, 1938. Mircea Eliade, *Das Heilige und das Profane*, Hamburg, Rowohlt, 1957（風間敏夫訳『聖と俗』法政大学出版局、一九六九）を参照。聖と俗の両極対置は、デュルケームによって彼の *The Elementary Forms of the Religious Life*, New York, Collier Books, 1961（古野清人訳『宗教生活の原初形態上・下』岩波文庫、一九四二年〔改訳一九七五年〕）のなかで使用されている。

一つの次元において、神聖（the sacred）の反意語は凡俗（the profane）だが、これは、端的に言って神聖な地位の欠如と規定できる。あらゆる現象は、聖として〈際立つ〉ことがないという意味で俗である。日常生活の日課は、いわばちがったふうに示されない限りは凡俗であって、そのような場合には、日課が何らかの方法で（たとえば、修行の場合のように）聖なる力に満たされているとみなされる。ところが、そのような場合でさえも、生活上の平常な出来事に帰せられる神聖資質それ自身は、その非凡な性格、つまり典型的にはさまざまな儀礼を通して再確認されるべき性格をとどめており、それを喪《うしな》うことはほとんど世俗化に等しく、要するに当該の出来事を凡俗以外の何ものでもないと考えることになってしまう。現実を聖と俗の領域に両極化することは、それがどんな関係にあるにせよ、宗教的な営みに本質的なものなのである。かくして、それは宗教現象のいかなる分析にとっても明らかに重要なのである。

しかしながら、より深い次元で神聖はもうひとつの対立範疇、すなわちカオスの範疇をもっている。[36] 聖なるコスモスはカオスから生じ、その恐ろしい相手として後者に直面し続ける。このコスモスとカオスとの対抗は、しばしば宇宙誕生の神話のなかに表現される。聖なるコスモスは、現実を秩序化するなかで人間を超え人間を含み込みながら、規範喪失《アノミー》の恐怖を防ぐ最強の楯を人間に提供する。聖なるコスモスとある〈正しい〉関係にあることが、カオスの悪夢的な脅威から守られてあることなのである。かかる〈正しい〉関係から落ちこぼれることは、意味喪失の深淵の瀬戸際に投棄されることである。ここで、英語の〈chaos（混沌）〉が〈（口、割れ目が）大きく開く〉意味のギリシア語に由来し、〈religion（宗教）〉が〈用心すること〉を意味するラテン語に由来するとだけ考えるのは適切ではない。なるほど、宗教的な人間が気にかけることは、何にもまして神聖開示それ自体に内在する危険な力についてであろう。しかし、この危険の背後には、別にさらにもっと恐ろしいもの、すなわち人が聖なるものとのすべてのきずなを失って、カオスに呑み込まれるかも知れぬ恐怖があるのである。あらゆる規範構成は、今までに見てきたように、この恐怖を近づけないように設計されている。しかるに、聖なるコスモスのなかでは、こうした構成がその極限的な頂点に達し、文字通りの神格化を成就するのである。

（36） Eliade, *Cosmos and History* の各所を参照。

人間の実存は、本質的・不可避的に外在化の営みである。外在化の過程で、人は意味を現実に注ぎ込む。あらゆる人間社会は外在化され客体化された意味の殿堂であり、たえず意味上の全体たることをめざしている。人間社会はすべて、人間的な意味に富む世界を建設する、決して完成することのない事業にたずさわっている。コスモス化とは、この人間的に意味深い世界を世界そのものに同一化することをいうが、その場合には前者が後者を基盤としてそれを反映するか、あるいはその基本構造をそれから導き出しているということなのである。そのようなコスモスは、人間の規範秩序の究極的な基盤および正当化としては、必ずしも神聖であることを要しない。とくに現代では、徹底して世俗的なコスモス化の試みもあって、そこでは現代科学がはるかに重要なのである。ところが、元来はすべてのコスモス化が神聖な性格をもっていたと言って差し支えない。これは人間の歴史を通じて真実であり続けたのであって、たんにわれわれが今、文明と呼ぶものに先行する数千年にわたる地上の人間存在を通じてだけではないのである。歴史的にみれば、ほとんどの人間世界は聖なる世界であった。まさしく、神聖の方途によってのみ、人間はまず最初にコスモスを想念することができたということは、もっともと思われるのである。[37]

（37） Eliade, *Das Heilige und das Profane*, p. 38. 「世界は、それが聖なる世界として開示す

る時にのみ、はじめて〈世界〉となり、〈コスモス〉として理解される。」

かくして宗教は、人間の世界構築の営みに戦略的な役割を果たしてきたということができよう。宗教は人間の自己外在化の極致であって、現実に対して彼自身の意味を最大限に注入したものがそれである。宗教は、人間秩序が存在の全体のなかに投射されていることを示している。いいかえれば、宗教とは宇宙全体を人間的に意味ある存在として想念する大胆な試みなのである。

2章　信憑構造と正当化

社会的に構成された世界は、すべて生まれながらに不安定である。人間の営みに支えられているから、それらはたえず人間の利己的で愚かな所業に脅かされる。制度上の仕組みは対立する利害をもつ人びとによって妨害される。しばしば人びとは簡単にそれを忘れるか、または初めからそれを習得することができない。基本的な社会化のプロセスと社会的コントロールは、それらがうまく働く限りは、こうした脅威を和らげる。社会化は社会的世界のもっとも重要な特色に関してのたえざる合意を確保しようとする。社会的コントロールは個人または集団の反抗を許容の限度内に収めようとする。だが、もうひとつの核心的に重要なプロセスがあって、これが社会秩序の動揺する殿堂を支えるのに役立っている。それが、正当化のプロセスである。(1)

（1）〈正当化〉(legitimation) の語はウェーバーによるが、ここでは、より広い意味に使われる。

正当化とは社会的に客体化された〈知識〉であって、それは社会秩序を解説し、その正しさを証明することに役立つ。いいかえれば、正当化とは、制度上の仕組みの〈理由〉をめぐるあらゆる質問に対する回答なのである。この定義については注釈すべき点が多い。正当化は社会的客体化の領域、すなわち所与の集団内に〈知識〉として通用する事項に属する。これは、正当化が社会的事件の〈なぜ〉と〈どうして〉についてのたんに個人的な見解とはまったくちがった客観性の資格をもっていることを意味している。それ以上に、正当化は、その性質上、認識的であるとともに規範的であることができる。それらは民衆に対して何であるべきかを語るだけではない。時には何であるかを主張する。たとえば、親族のモラルが、「あなたは、あなたの姉妹のXと一緒に寝てはいけない」というふうな言い方で表現されると、これは明らかに正当化の営みである。ところが、親族に関する認識的主張、たとえば、「あなたはXの兄弟であり、彼女はあなたの姉妹だ」との言い方は、さらにもっと基本的な意味で正当化の営みである。やや露骨にいえば、正当化は〈物の道理〉に関する発言から始まるのである。この認識的基盤に立ってこそ規範的主張が意味をもつことができる。もうひとつは、正当化を理論的な観念化と同じものと考えると大変な間違いだという点である。[2]〈観念〉は、なるほど正当化の目的にとっては大切かも知れない。だが、ある社会に〈知識〉として通用するものは、決してその社会に存在する〈観念〉群と同一ではないのである。そこには常に〈観念〉に関心をもつ一部の人びとがいるが、彼らは決してほんの少数派以上のものをかつて構成したことはないのである。仮に正当化がいつも理論的に筋の通った提言を内容とせねばならないとすれば、それはそのような理論的関心をもつ少数の知識人のためだけの社会秩序を支持することになり、明らかにあまり実用的でない仕組みとなるにちがいない。結局のところ、正当化はほとんど性格上、前論理的なのである。

（2）　理論レベルの観念化にばかり関心を集中するのが、これまで一般的に理解されてきたように従来の知識社会学のおもな弱点のひとつであった。筆者の知識社会学に関する業績には、社会学的にもっとも妥当する知識はまさしく街頭の庶民がもつもの、つまり知識人たちの理論的構成物よりもむしろ〈常識の知識〉なのだ、とするシュッツの主張が大きな影響を与えてきている。

以上のことから、社会的に客体化されたすべての〈知識〉は、ある意味で正当化の営みであることが明らかであろう。社会の規範秩序は何よりもまず、ただそこに存在するだけでそれを正当化する。制度は、人間の行為に構造を与える。制度の意味が整然とまとめられると、制度は事実上正当化され、制度化された行動が行為する当人たちには〈自明〉のことに思えるほどになる。この正当化のレベルは社会秩序の客観性を語ることのうちにすでに示されている。いいかえれば、社会的に構成された世界はその客観的事実性の力でおのれを正当化するのである。しかしながら、付随する正当化はどんな社会にも必要である。この必要性は社会化と社会的コントロールの問題に根ざしている。一社会の規範秩序が世代から世代に引き継がれて、その結果新しい世代がまた同じ社会的世界に定着するのであるならば、正当化の定式というものがあって、当然新しい世代の心中にもち上がるはずの疑問に答えなければなるまい。子供たちは〈なぜ〉を知りたがる。彼らの教師はなるほどと思わせるような答えを出さねばならない。そのうえ、すでにみてきたように、社会化は決して完結することがない。子供ばかりか大人もまた正当化の答を〈忘れる〉。彼らは常にそれを〈想い出〉さねばならない。いいかえれば、正当化の定式は繰り返されねばならない。明らかにそのような繰り返しは、〈忘れ去る〉危険が極度にたかまるという社会的または個人的な危機の機会にはとくに重要となるにちがいない。社会的コントロールを実施するには、やはり制度的仕組みの自己正当化の事実性以上にそれをおおう正当化が必要となるが、その理由はまさしく、この事実性がコントロールされるべき反抗者たちによって疑われるからである。反抗が激しければ激しいほど、そしてそれを克服するために採用された手段がきびしければきびしいほど、付加すべき正当化をもつことがますます大切になるはずである。そうした正当化は、その反抗が許され得ない理由を説明し、それを鎮圧する手段を理由づけするのにも役立つ。したがって、社会的世界またはその一部の事実性は、何ら挑戦がなければ、自己正当化を充分に果たすといえよう。挑戦が現われると、それがどんな形であろうと、事実性はもはやあたり前とは受けとられ得ない。社会的秩序の確実性が、挑戦者と挑戦を受ける者の両方のために明らかにされねばならない。子供たちは納得させられねばならないが、教師もまた同様なのである。まちがいを犯す者は確信をもって宣告されねばならないが、この宣告が同時に彼らの裁判官たちを義認せねばならない。挑戦の深刻さが、解答する正当化の精巧さの程度を認定することになる。

したがって、正当化は多様なレベルに生じる。まず、自己正当化を果たす事実性のレベルと、事実性に対する挑戦によって必要とされる、いわば二次的な正当化のレベルとに分けられよう。さらには後者の正当化のタイプはさまざまなレベルに分けられる。前理論的なレベルには、その典型例として、「ものごとはそうしたものだ」という単純な伝統的肯定が見出される。次には、初期理論的な肯定の仕方で（しかし〈観念〉の範疇には入れにくいが）、そこでは、正当化が格言や道徳的な処世訓や古くから伝えられる知恵の形をとる。このタイプの正当化の伝承はさらに発展して、神話か伝説か民話の形に伝達されることもあろう。その時にはじめて、明らかに理論的な正当化が生じ、それによって社会秩序の特殊な部分が説明され、〈知識〉の特定された部分の力で義認される。最後には、高度に理論的な構成があり、それによって社会の規範秩序が完全に正当化され、そのなかですべての部分的な正当化が理論的に統合されて単一の包括的な世界観になるのである。この最後のレベルは、ここに至って社会の規範秩序がはじめて理論的な自己意識を達成するという言い方で表現されよう。

正当化には客観的と主観的の両方の局面がある。正当化は客観的に確実で有効な現実規定として存在する。これは社会の客体化された〈知識〉の一部をなしている。しかしながら、それが社会的秩序を支持するのに有効なものであれば、それはまた内在化されて主観的現実をも規定するのに役立たねばならない。いいかえれば、効果的な正当化とは、現実の客観的と主観的の両規定のあいだに対照的調和を確立することなのである。社会的に規定された世界の現実は外在的には人びとがたがいに対話するなかで維持されるとともに、個人が彼の意識内で世界を理解する形で内在的にも維持されねばならない。あらゆる形式の正当化のもつ根本の目的は、かくして客観と主観の両方のレベルにおける現実維持であるということができよう。

　正当化の領域が宗教の領域よりもはるかに広範囲にわたることは、今まで両語がここで規定されたままにしたがえば、たやすくわかることであろう。だが、この両者のあいだには重要な関係が存在する。ごく簡明に言うならば、宗教は従来、歴史的にもっとも広範で有効な正当化の手段であった。すべての正当化は社会的に規定された現実を維持する。宗教は、それが実際の社会の不安定な現実構成を究極的実在に結びつけるからこそ、きわめて効果的に正当化を果たす。社会的世界のはかない現実は神聖な実在に根ざしており、その実在は規定上、人間の意味と人間の行為との偶発的な事象の彼方にあるものなのである。

　宗教的正当化の効能は、いわば世界構築に関する秘訣を探ってみてはじめて、しみじみと納得されるものである。仮に自分が一社会の万事を心得た創立者、たとえばモーゼとマキァベリを一緒にしたような創立者であるとすれば、次のような質問、すなわち、いま無から築き上げられた制度上の秩序を将来に存続させるにはどうしたらもっともよいかと自問するにちがいない。明快な答えとして、権力を使ってという解答もひとつある。だが、仮に、権力によるすべての手段が効果的に採用され、すべての敵対者が亡ぼされて、あらゆる強制手段が手中にあると仮定すれば、当然、権力を自分の指導した後継者に移譲することに対して安全対策がなされるはずである。だがそれでも正当化の問題は残っている。新しい秩序が新鮮であるだけに、また不安定さが充分に自覚される場合には、なおさらのこと切迫した問題として残るはずである。その問題には、次のような処方箋を採用するのが最良の道であろう。すなわち、制度的秩序は、実はそれ自体が構成されたものだという本性をできるだけ隠す形に解釈されるように仕向けること。本来は無から形造られたはずの事柄が、まるで原初以来、または少なくともその集団が成立する当初から存在してきたものの開示であるかのように思わしめること。この秩序が人間によって確立され、今もなおずっと人間の側の承認にこそ依存し続けているのだということを民衆に忘れさせること。民衆に課せられてきた制度的な企画を彼らが遂行することのなかで、彼らは自分たちの存在に即したもっとも奥深い願望を実現し、宇宙の根本秩序に自分たちを調和せしめているのだと民衆に信じさせること。要するに、宗教的正当化を発動せよということなのである。もちろん、これが行なわれてきた形には歴史的にさまざまな形態がある。だがいずれの場合にせよ、その基本的な処方は人間の歴史を通じて同じであった。そして、現実にも、万事を冷静に計算して実行するモーゼ＝マキャベリのような事例は決してまったくの空想ではないかも知れない。実際、宗教の歴史のなかには、非常にクールな配慮がかつて存在したのである。

宗教は、社会制度にある究極的に確実な存在論的地位を与えることによって、すなわち、単一の神聖で宇宙的な枠組みのなかにそれを位置づけることによって、社会制度を正当化する。人間の営みの歴史的な様相は、それ自身を自己規定するなかで歴史と人間をともに超越するところの、ある優越した観点から眺められる。これはさまざまな方法で果たされ得る。おそらく、こうした正当化の最古の形式は制度的秩序をコスモスの神的構造の直接的反映もしくは開示と考えるもの、すなわち、社会とコスモスとの関係を小宇宙と大宇宙の関係とみなすという方式であろう。(3)〈地上〉のあらゆるものは、〈天上〉に相似するものをもつ。制度的秩序に参与することがすなわち神的宇宙に参与することとなのである。たとえば、親族構造は、親族の諸関係のなかでその社会に所与とみなされたあらゆる存在（神々の存在も含めて）とともに、人間の領域を越えて拡大する。(4)だから、そこには、トーテミズムの〈社会学〉ばかりか、トーテミズムの〈宇宙論〉も同時に存在することになる。かくして、親族の社会制度は、すべての存在からなる巨大な〈家族〉を反映するにすぎず、そのなかでこそ神々がより高い次元で参与するのである。人間の性は神の創造を反映する。人間の家族は、それを代表するばかりかそれを体現する意味において、コスモスの構造を反映する。また、もうひとつの決定的な事例として、政治構造は神的宇宙の権力を人間の領域に及ぼすことにほかならない。政治的権威は、神々の代理、理想的には神の体現者とみなされる。人間の権力、統治、制裁は、かくして祭祀の現象、すなわち、それによって神の力が人間の生活に及ぼされる回路となるのである。統治者は神々に代わって言葉を発し、あるいは神そのものであり、彼に服従することはすなわち、神々の世界と正しい関係にあることなのである。

（3） 小宇宙／大宇宙という図式については、Mircea Eliade, *Cosmos and History*, New York, Harper, 1959, および Eric Voegelin, *Order and History*, Vol. I, Baton Rouge, Louisiana State University Press, 1956 を参照のこと。フェーゲリンの〈宇宙論的文明〉という概念と彼が〈存在上の飛躍〉と称するものによるそれら文明の破裂という考え方は、当面の論議にきわめて重要な意味をもっている。

（4） 親族構造の〈宇宙的な〉意味合いについては、デュルケームの *The Elementary Forms of the Religious Life*, New York, Collier Books, 1961 を参照。また、Claude Lévi-Strauss, *Les structures élémentaires de la parenté*, Paris, Presses Universitaires de France, 1949, および *La pensée sauvage*, Paris, Plon, 1962（大橋保夫訳『野生の思考』みすず書房、一九七六年）を参照のこと。

社会秩序を正当化する小宇宙／大宇宙という図式は、未開社会と古代社会の典型ではあるけれども、おもな文明のなかにも形を変えて現われてきた(5)。そのような変形は、厳密に神話的な世界観、すなわち、そのなかでは神聖な力がたえず人間経験に浸透しているという世界を乗り越えた思想上の一定の発展に応じて、おそらく避けられないことであろう。東アジアの諸文明では、神話的な正当化が、小宇宙／大宇宙の図式の基本的な特徴は生かされ続けながらも、高度に抽象的な哲学上と神学上の範疇に変形された(6)。たとえば、中国では、〈道《タオ》〉（事物の〈正しい秩序〉または〈正しい方法〉）の観念になる非常に合理的な、実質的には世俗化をもたらす非神話化作用でさえも、制度的構造をひきつづき宇宙秩序の反映とみなすことを許した。他方インドでは、個人を宇宙の普遍的秩序に関係づけるものとしての〈法《ダルマ》〉（社会的義務、とくにカーストの義務）の観念が、宇宙の意味に関する数多くの急進的な再解釈のほとんどすべてに耐えて生き続けてきた。イスラエルでは、この図式が、徹底して超越的な歴史上の唯一神への信仰によって打破され、ギリシアでは、人間の霊魂を世界の合理的秩序化のための基盤とすることによって打破された(7)。後二者での変形は宗教的正当化に計り知れない結果をもたらしたが、それが、イスラエルの場合には啓示された神の命令という形で制度の解釈を導き出し、ギリシアの場合には人間の本性に関して合理的に思慮された臆説にもとづく解釈を導き出した。イスラエルとギリシア双方の変形は社会秩序に関する世俗化した見解の種子をその内部に抱いていた。その結果もたらされた歴史的展開を、当面問題とする必要はなく、また、現実の〈公的な〉諸規定が変形したにもかかわらず、大多数の民衆は相変わらずわれわれの時代にいたるまで基本的には古代的な方式で社会を捉え続けているという事実もまた当面の問題ではない。強調すべき重要なことは、たとえ小宇宙／大宇宙という図式が打破された場合でも、宗教は何世紀にもわたって核心的な正当化の機関であり続けたという点である。イスラエルは、自律的な社会としての存在を通じてその制度を神に啓示された法をもって正当化した。(8) ギリシア都市、およびその補助的制度は、宗教的手段によって正当化され続け、しかも、こうした正当化が拡張されて後代のローマ帝国に適合するまでにさえなったのである。(9)

（5）小宇宙／大宇宙という図式の変形の諸相については、フェーゲリンの前掲書、とくにその序章を参照のこと。

（6）小宇宙／大宇宙という図式の社会学上の意義については、ウェーバーのインドと中国の諸宗教に関する社会学上の業績、および Marcel Granet, *La pensée chinoise*, Paris, Albin Michel, 1934 を参照されたい。

（7）イスラエルとギリシアにおける小宇宙／大宇宙の図式の打破に関して詳細に分析するには、Voegelin, *op. cit.*, Vol. I および Vols. II-III をそれぞれ参照すること。

（8）イスラエルにおける宗教的正当化については、R. de Vaux, *Les institutions de l'Ancien Testament*, Paris, Editions du Cerf, 1961 を参照。

（9）ギリシアとローマにおける宗教的正当化について、宗教社会学の古典的作品はいまだにフュステル・ド・クーランジュの『古代都市』（田辺貞之助訳、白水社、一九六一）である。この書はデュルケームの宗教に関する考えに影響を与えたという理由でとくに興味深い。

繰り返していえば、正当化のプロセスにおける宗教の歴史上決定的な役割は、人間現象を宇宙的な思考の枠組みに〈定位〉せしめるという宗教の特異な能力によって説明が可能である。あらゆる正当化は、現実——すなわち特定の人間集団のなかで規定された現実を維持するのに役立つ。宗教的正当化は人間的に規定された現実を究極的で宇宙的で神聖な実在に関係づけることをめざす。人間の営みの本来的に不安定で移ろいやすい構成には、かくして究極的な安定と永遠という装いが与えられる。言い方を変えれば、人間によって構成された規範秩序にはひとつの宇宙的地位が与えられるのである。いうまでもなく、このコスモス化は、一切を含む規範秩序の構造にばかりでなく、所与の社会内における固有の制度と役割にも関連している。これらにそれぞれ指定された宇宙的な地位は客体化され、要するに、その地位が問題の制度や役割の客観的に有効な現実の部分になるのである。たとえば、神聖王権の制度は、数種の役割がそれを代表しつつ、人間の世界と神々の世界とのあいだの決定的なきずなとして理解される。この制度のなかに含み込まれた権力の宗教的正当化は二、三の神学者による事後的な理由づけとして現われるのではない。それは、制度が日常生活を送るなかで民衆に出会うものであるからこそ、客観的に現存するのである。民衆が、彼らの社会的現実のなかに適切に社会化されている限りは、宇宙の根本秩序を代表する役割の担い手として以外に王を理解することはできない。そして事実、その同じ臆説が王自身のためになされることがある。このような具合に、人びとがものごとの普通の成り行きのなかでそれと接触する時に、制度の宇宙的性格は必ず〈体験される〉のである。(10)

(10) 神聖王権については、Henri Frankfort, *Kingship and the Gods*, Chiago, University of Chicago Press, 1948 を参照。

この種の正当化がもたらす〈利益〉は、それを制度上の客観性という視点から眺めようと、個人の主観的意識の点からみようと、いずれにしろすでに明白である。あらゆる制度は、客体の性格をもち、その正当化は、内容のいかんを問わず、この客体性をたえず取り巻いていなければならない。しかしながら、宗教的正当化は、諸制度の社会的に規定された現実を宇宙の究極的実在、実在〈そのもの〉のなかに立脚せしめる。制度は、かくして神々自身に帰せられる資質に酷似した不可避性と確固不抜の装いを与えられる。経験的には、諸制度は、それらが土台としている人間行為の諸要件が変わるに応じて、常に変化している。制度は、時の経過からの荒廃によるばかりか、それらの動向をこそ制度が調整しようとしているはずの集団間の相剋や離反によってもたえず脅かされる。他方、宇宙的な正当化を通じて、制度はこうした人間の歴史的な偶発事件の頭上に呪術的に吊り上げられる。制度は、人びとにも神々にも当然のものとみなされるが故に、ぬきさしならないものになる。が、その経験的な根拠の薄弱さが、宇宙の隠れた構造の顕現にほかならぬものと理解されてくるにつれて、圧倒的な確実性になり変わる。制度は、今やそのなかでは人間の歴史がひとつの挿話でしかないような聖なる時に立脚するが故に、個人の死や社会全体の崩壊をも超越する。だからある意味では、制度が不死となるのである。

個人の主観的意識の視点からみると、諸制度のコスモス化は、個人が社会で演ずべく期待される役割において認識的にも規範的にも究極的な正義感をもつことを可能にする。人間の役割実践はつねに他の人びとの承認に依存している。個人は、他の人びとが彼を役割に同一化している場合に限って、自分をそれに同一化することができるにすぎない。役割とそれの属する制度とが宇宙的な意義を賦与されている場合には、個人の役割への自己同定化はさらに高い次元を成就する。なぜなら、役割にふさわしい態度で彼を認めるのは、今や人間の他者たちだけでなくて、宇宙的な正当化が宇宙のなかに居住せしめているところの超人間的な他者たちでもあるからである。彼の役割への自己同一化は、それ相応にますます根深く強固になる。彼は、まさに社会が、いわば宇宙的な真実の力によって彼を同一化している何者かとなり、彼の社会的存在は宇宙の神聖な実在にその根拠をもつにいたる。さらにいえば、侵食する時間を超越することが、この点で計り知れないほど重要である。アラブの格言は、それを簡潔に表現して、「人びとは忘れ、神は覚えておられる」という。人びとが、他の物にとり紛れて忘れ去るのは、社会を演じるゲームのなかでおたがいに確かめ合うべき役柄なのである。社会的な身元証明《アイデンティティ》とそれに応じた役割とは、他の人びとによって個人に指定されるが、他者たちもまたすぐにその指定を変えたり、ひっこめたりしがちである。彼らは当人が誰であったかを〈忘れ〉、また承認と自己認識とが本来弁証法的であるところから、そのことが、個人の身元保証《アイデンティティ》を集め直すのをひどくむずかしくする。どんな程度であれ神が忘れ給わぬことを想定し得るならば、彼の薄弱な自己同定《アイデンティティ》には、他の人びとの移ろいやすい反応から外見上は保障されたひとつの基盤を与えられる。かくして神は、もっとも信頼できる究極的に重要な他者となるのである。[11]

(11) いうまでもなく、この論考はジョージ・ハーバート・ミードの重要な概念を宗教の社会心理学に適用している。

社会と宇宙の関係を小宇宙／大宇宙として理解することが行きわたっているところでは、二領域間の対照は特定の役割にまで拡大する。こうなるとそうした役割は、宇宙的実存の模倣的反復と理解され、それを代行すると想像される。すべての社会的役割は客体化された意味のより大きな複合を表象することになる。[12] たとえば、父親の役割は家族の制度に起因し、もっと一般的には、性の範疇と個人間の関係の制度化にも由来するところの広く多様な意味を表象する。この役割が模倣的手段——すなわち、父親が〈天上で〉その神聖な原型をもっているところの創造と統治権および愛の行為を〈地上で〉繰り返す——という手段で正当化されると、その表象的性格は大いに高められる。人間的意味の表象は神の神秘の模写となる。性的交渉は宇宙の創造を模写する。父親の権威は神々の権威を模写し、父親の気遣いは神々の気遣いを模写する。したがって、制度と同様に、役割にも不死の資性が備わるようになる。またその客体性は、役割の〈一時的な〉担い手であるという個人の弱点を克服して、はなはだ強力なものになる。父親の役割は、神によって与えられた事実性として個人に対面し、およそ思いつく限りの個人的反逆によっても、歴史のあらゆる移り変わりをもってしてもまったく触れることさえできないのである。要するに、この種の正当化が、筋書き通りの役割遂行から個人が離反することに対しては、はなはだ強力で不抜の制裁を伴っているという点は、今さら多言を要しないのである。

(12) ここで役割を〈表象〉として論じるのは、デュルケームとミードの両方の立場を踏まえたもので、デュルケームの用語をミードの社会心理学研究の文脈のなかに置いて考えている。

しかし、コスモス化の能力に欠け、人間行為を擬制的表象に変えることができない場合でも、宗教的正当化は、自分の役割がつかの間の短命な人間の所産以上のものだという確信をもって個人にそれを果たさせていく力をまだもっている。いずれにせよ、宗教的な召命と制裁によって特別に守られてきた役割は、こうした方式で〈利益を得る〉はずである。たとえば、われわれの社会においてさえも、性別や家族や結婚が擬制的にはほとんど正当化されていないにもかかわらず、こうした制度的分野にかかわる役割は宗教的正当化によって効果的に維持されているのである。ある特有の歴史が随伴的にもたらす社会形態、人間の性という多彩で柔軟な素質をもつ素材から産み出される特有の制度は、神の掟、〈自然法〉、秘蹟などの手段によって正当化される。だから、今日においてさえも、父親という役割は、ある非人間的な資質（すなわち、それを果たす特定の個人に帰属せず、すべての社会的役割に直接する性格）をもっているばかりか、その資質が宗教的に正当化されると、その役割の属する秩序を地上に打ち立てた天なる父との結びつきを強調して、超人間的な資質にさえなるのである。

宗教の正当化は、それが社会秩序を包括的で神聖な宇宙秩序をもって解釈するとともに、社会的に構成されたすべての規範秩序《ノモス》のアンチ・テーゼである無秩序を、聖なるものの最古の敵対者である混沌《カオス》のあの大きく口を開いた深淵に結びつける。社会の秩序に背くことは常に規範喪失《アノミー》に陥る危険を冒すことである。しかしながら、宗教的に正当化されたものとしての社会の秩序に背くことは、暗黒の根源的な力と契約を結ぶことなのである。社会的に規定されてきた通りの現実を否定すれば、非現実におちこむ危険を冒すことになるが、その理由は、世界に対する自分だけの逆規定を一人で何の社会的支持もなしに維持することが、結局のところまったく不可能なことだからである。社会的に規定された現実が、宇宙の究極的な実在に同一化されるようになってしまうと、今度はそれを否定することが、狂気どころか悪の性格を帯びることになる。したがって、反逆者は反対の現実——お望みとあらば、悪魔の現実とでもいうべきものに跳び込む危険を冒す。これは古代神話のなかではっきりと表現されているが、その場合には世界の神的秩序（中国における道《タオ》、インドにおける流則《リタ》、エジプトにおける理法《マート》など）が、冥界または反世界といった。反立的で混沌たる独自の現実をもってそこに踏み込む者すべてを徹底的に破滅させるような、邪霊的な怪物の住む世界と対立する。特殊な宗教的伝統が神話から離脱するにつれて、この構想はもちろん変化する。たとえば、後期のインド教思想が流則《リタ》と逆流則《アン・リタ》というオリジナルな対極を高度に技巧的な論法で引き出したことによって、この変化は生じている。しかし、光と闇、規範的な遵守と無規範的な放埒といった根本的な対立は生きつづけている。かくして、理法《ダルマ》を犯すことは、たんに社会に対する道徳的侵犯であるにとどまらず、神々と人間と、そしてまさに全存在を包括する究極的秩序に対する反逆なのである。

　人びとは忘却する。だからこそ、繰り返し繰り返ししてそれを想い起こさねばならない。まさしく文化を確立するに太古以来のもっとも重要な前提条件のひとつがこのような〈想起させるもの〉の制度なのだと言うべきであって、何世紀にもわたるその制度のすさまじさは、それらがこの〈忘却性〉と闘うためにこそ工夫されたのだという見方からすれば、まったくもっとものことと思われるのである[13]。宗教儀礼は、この〈想起させる〉プロセスの核心的な手段のひとつであった。宗教儀礼は、それにたずさわる者に対して根源的な現実規定とそれに妥当する正当化とを繰り返し繰り返し〈現前せしめる〉。歴史的に遡れば遡るほど、宗教観念が（典型的には神話形式で）儀礼行為にいっそう多くはめ込まれており、より現代ふうに言えば、神学が礼拝のなかにはめ込まれていることが判明するであろう。そのよき例は、最古の宗教的表現が常に儀礼的性格のものであったということである。[14]ある儀礼の〈行為〉（古代ギリシア人はこれを儀礼のエルゴンすなわち〈働き〉と呼び、ここから、付随的にわれわれの言葉である〈乱痴気騒ぎ《オルジー》〉の語が出た）は、典型的には二つの部分――為されるべきこと（ドローメナ）と、言われるべきこと（レゴーメナ）とから構成されている。儀礼の執行は、神々の名と業《わざ》とをもう一度〈現前せしめる〉ための神聖な祭文の反復に分ちがたく結びついている。さらに別の言い方をすると、宗教的観念化は宗教行動に立脚しているが、その関わり方は、もっと広い文脈において先に述べた人間行為とその産物との弁証法に比せられるような一種の弁証法的関係なのである。それぞれ宗教行動と宗教的正当化、儀礼と神話、ドローメナとレゴーメナはいずれもたがいに文化とその主要な制度に体現された伝統的な意味を〈想起する〉のに役立つのである。それらは、たえず繰り返して時代的契機と社会的伝統との連続性を回復させ、個人の諸経験と多種多様な集団とを、すべてを超越する一連の歴史（虚構であろうとなかろうと）の文脈のなかに位置づけていく。[15]社会はその本質において記憶なり、とは古来正しくもいわれてきたことであった。それに付け加えるならば、人間の歴史を通じて、この記憶は古来宗教的な記憶なのである。

(13)「『どのようにして人は、人類という動物のために想い出を造り出すか。どうしたら、あの半ば鈍重で半ば軽薄な人間の知性――あの忘却の化身――の上に、しっかりと刻みつけるように何かを印象づけられるだろうか。』誰でもすぐ想像できることだが、この物古りた問題を解決するのに使われた手段は、およそ繊細さにはほど遠い代物であった。じっさい、人間太古の歴史において、その記憶の施術ほどにすさまじいものはたぶんなかったにちがいない。『記憶に強く焼きつけられて、しかもそこから離れないものがあるとすれば、それは、変らずに心を傷つけるもののみ』――これはもっとも古く、そして不幸にももっとも根強い心理学上の格言のひとつである。……人が、自分のために想い出を造り上げねばと思う時には、彼の努力には必ず苦痛と血と犠牲が伴う。」Friedrich Nietzsche, *The Genealogy of Morals*, Garden City, N. Y., Doubleday Anchor, 1956, p. 192 f.(信太正三訳『道徳の系譜』ニーチェ全集第十巻、理想社、一九六七年)。

(14) 儀礼に根ざすものとして宗教をとらえる考え方はデュルケームによって強く主張され、その影響はロベール・ウィルの重要な業績『礼拝』に現われている。また、S. Mowinckel, *Religion und Kultus*, 1953 および H. J. Kraus, *Gottesdienst in Israel*, 1954 を参照のこと。

(15) 社会学の文献においてこの点をもっとも鋭く論じたものは、モーリス・アルプバックスの「社会思想とは、その本質において記憶である」ということばである。Halbwacks, *Les*

cadres sociaux de la mémoire, Paris, Presses Universitaires de France, 1952, p. 296 を参照のこと。

宗教行動と宗教的観念化との間の弁証法的関係は、もうひとつの重要な事実——宗教が日常生活の具体的な事柄に根ざしているという事実を指し示している。[16] 宗教的正当化の、少なくともその大部分を、たんに理論家たちが案出したもので、特定の行為体系に対して事後的に過去に遡って適用されるにすぎないと考えてしまうと意味をなさなくなる。正当化の必要性は行為の最中に生じてくる。典型的には、これは理論家たちの意識以前に行為者たちの意識のなかにある。そしていうまでもなく、社会の全成員がそのなかで行為者であるのに、理論家たち（密儀伝承者、神学者など）はわずかな人数にすぎない。宗教的正当化の理論的工夫の程度は大変な数にのぼる歴史的要因によってさまざまだが、だからといって技巧的な正当化ばかりが考慮されるだけでは重大な誤解に陥ることになる。ごく単純にいえば、歴史上の人びとはそのほとんどが宗教的正当化の必要を感じて来はしたものの、宗教的〈観念〉の発展に興味を覚えた者は、ごく少数にすぎないのである。

(16) この論考は下部構造（Unterbau）と上部構造（Überbau）との弁証法的関係というマルクスの考え方に強く影響をうけているが、マルクスにおける下部構造はある経済的な〈基盤〉に同一化されるべきでなく、慣習一般に同一化されるべきである。この概念が、一定の宗教的観念とその社会的な〈担い手〉（Träger）との間の〈親和性〉（Wahlverwandtschaft）

というウェーバーの理解と論理的にどの程度矛盾するのかという点は興味深い問題である。いうまでもなく、ウェーバーはそのように考えた。しかしながら、彼のこの確信は、彼の業績が、一八四四年に書かれた『経済哲学論稿』が一九三二年に再発見されて刺激されたマルクスの再解釈に十年余り先立っていたという事実と決して無関係ではないと強く主張しておきたい。宗教（とくに十七世紀フランスにおける宗教）をマルクス主義宗教社会学の方法で論じた非常に興味深い論考については、Lucien Goldmann, *Le Dieu caché*, Paris, Gallimard, 1956（山形頼洋他訳『隠れたる神』上・下、社会思想社、一九七二年）を参照されたい。

しかしながら、これは、より複雑な宗教的観念化が存在する場合に、それが日常の実益的な利害関心のたんなる〈反映〉（すなわち、従属変数）にほかならず、その利害関心から生じるものだと理解されるべきだ、ということを意味しているのでは*ない*。〈弁証法的〉ということばは、まさしくこの誤解を避けるのに役に立つ。宗教的正当化は人間行為から生じるが、いったんひとつの宗教的伝統の部分となる意味の体系のなかに具体化されると、それは、この行為に対してある程度の自律性を達成することができる。まさしく、その時から、宗教的正当化は日常生活における諸活動に逆に働き返し、時にはそれを徹底的に変容せしめることもある。この実利的関心からの自律性が理論上のこじつけの度合いに応じて増してくることもあり得る。たとえば、部族の一巫術者《シャーマン》の思想は、組織神学の一教授の思想よりももっと直接的に社会の実利的関心に結びついているのである。いずれにせよ、先験的に想定して、ある特定の宗教的観念の社会的根拠を理解することが事実上その観念の後代の意味を理解することであり、あるいは、その将来の社会的結末を予言しうることなのだ、と考えるのは妥当ではない。〈宗教的かあるいは別の〉〈知識人たち〉はときどき非常に奇異な思想を編み出すが、その非常に奇妙な観念がまた時には重大な歴史上の結果をもたらすことがある。

かくして宗教は、人びとがそのなかで日常の生活を送る、あの社会的に構成された世界の現実を維持するのに役立つ。ところが、それがもつ正当化の力は、もうひとつの重要な次元――すなわち、そこでは日常生活の現実が疑わしくなるような境界状況そのものを、あるひとつの包括的な規範秩序《ノモス》のなかに統合するという次元をもっている[17]。こうした事態を稀に起きることと考えると過ちを犯す。その反対に、個人は皆およそ二十四時間ごとにそうした状況を、眠りの経験のなかで、そして非常に重要なことに睡眠と覚醒とのあいだを移行する諸段階のなかで通過するのである。夢の世界では日常生活の現実は完全に置き去りにされる。眠りにおちる時と再び目覚める時との移行段階では、日常の現実の輪郭は少なくとも完全に覚醒した意識の状態におけるよりもしっかりしていない。したがって日常生活の現実はすこぶる異なった現実のある陰影によって不断にとりかこまれている。たしかに、これらは、意識のなかではある特別な（現代人の意識ではさほど特別ではない）認識的地位をもつものとして隔離されており、したがって、一般的には覚醒状態のもつ主要な現実をはなはだしく脅かさぬようにさえぎられている。ところが、それでもなお、日常的現実の〈防壁〉は、眠りのあいだに意識内にしみ込んでくるこうした他の現実の侵入に対していつも完璧だというわけではない。白昼に出没し続ける〈悪夢〉はどんな時にも存在し、とりわけ、真昼の現実がひょっとするとそのつもりであるものではなくて、その背後には同等の真実性をもつまったくちがった現実が潜んでおり、実は、この世界も自分も究極的には、日中そのなかで生活している社会によってこうあるべきと規定されているものとはまったくちがった存在なのではあるまいかといった〈悪夢のような〉考えを伴うことがある。人間の歴史のかなりの部分を通じて、意識の夜の側面に属するこうした他の現実が、別種とはいえ真実としてしごく真剣に捉えられた。宗教はこうした現実を時には（われわれの現代的な方法とは対照的に）それらをより高い認識的地位に帰属せしめることによって、日常生活の現実と、ひとつに統合するのに役立った。夢と夜の幻想は、さまざまな方法で日常の生活に結びつけられ、前兆や予言、あるいは神聖なるものとの決定的な出会いとして、社会における日々の行ないに特別な効果をもたらした。現代の〈〈科学的な〉〉思考の枠組みのなかでは、もちろん、宗教がこうした統合を果たすことはむずかしい。他の、現代心理学のような、正当化を果たす概念化が宗教にとって代わってしまった。それでもやはり、宗教が実存の解釈として重要であり続けているところでは、それが現実を規定する場合に、すべての人の持続する経験にはたがいに異なった現実の諸領域があるという事実を何らかの形で説明することができなければならない。[18]

（17）〈境界状況〉marginal situation（従来〈限界状況〉と訳す――訳者）なる用語は、ヤスパースに由来するが、本論におけるその用法には強くシュッツの影響がある。とくに、日常生活の〈支配的現実〉と〈意味の領域〉との関係に関するシュッツの分析に大きな影響をうけている。Schutz, *Collected Papers*, Vol. I, The Hague, Nijhoff, 1962, pp. 207 ff. 参照。

（18）いうまでもなく、今日においても宗教はこのような〈境界的〉現実をうまく処理しなければならない。宗教を〈深層心理学〉の〈諸発見〉に結びつけようとする近年の努力は重要な解説として役立つはずである。付け加えるならば、こうした努力は心理学者たちの現実規定が伝統宗教のそれよりもいっそう納得のゆくものになってきたことを前提とするのである。

境界状況は、〈エクスタシー（忘我または脱自）〉（*ek-stasis* の文字通りの意味、すなわち、平常通りに規定されたままの現実の外に立つ、または踏み出すの意味で）の経験をもってその特徴としている。夢の世界は日常生活の世界に関しては脱自的であり、日常の世界は、両方の現実領域をともに包含する枠組みのなかでエクスタシーを合法化する何らかの方法が発見されれば、かろうじて意識内にその枢要な地位を保つことができる。他の身体的状態もまた同種のエクスタシーを産み出すが、とりわけ病気や鋭い情緒的惑乱からもそれが起きる。死への直面は（それが他人の死を実際に目撃することによろうが、想像のなかで自分の死を予期することによろうが）、何が一体もっとも重大な境界状況であるのかを選定する。[19] 死は、社会的に客体化された現実の諸規定――世界、他者および自己に関する現実規定のすべてに対して根底的に挑戦する。死は、人がそうした構えで日常生活を営んでいるところの当り前で〈きまりきった〉態度を、その根底から疑わしめる。ここに至って、社会における白昼の存在世界にあるすべてのものが、〈非現実〉によって深刻に脅かされる――つまり、そのような世界のすべてが疑わしくなり、ついには普段考え慣れてきたのと反対に空虚なものになってしまうのである。死の知識があらゆる社会で避けられないものである以上、死に直面して社会的世界の現実を正当化することが、どんな社会にも決定的な必要条件である。そのような正当化にあたっての宗教の重要性は明白である。

(19) もっとも重大な境界状況としての死の観念はハイデッガーに由来するが、シュッツの〈根源的不安〉の分析は、これを日常生活の現実に関する彼の理論全体にわたって展開した。

宗教は、したがって、単一のすべてを包括する神聖な実在により、境界的諸状況を正当化して、社会的に規定された現実を維持する。このことによって、こうした状況を経験する個人が、それでも彼の社会という世界の内側に存在しつづけることができるのであるが、それも「世はすべて事もなし」という、極度の境界状況では心理的に到底保ちがたい〈平穏無事〉の如き装いによってではなく、たとえこうした出来事や経験であろうとも、意味ある世界の内部に起こる事柄なのだという〈知識〉にもとづいてこそなのである。かくして、いわば〈良き死〉を得ること、すなわち、最期まで属する社会の規範秩序《ノモス》とある意味深い関わりを保ち続け、主観的に本人にとってのみならず、客観的に他者たちの心情にとってもノモスに深く関わりながら死ぬことさえ可能なのである。

境界状況の忘我状態《エクスタシー》は個人経験に属する現象であるが、危機の時代には、社会全体または全社会集団がそのような状態を集合的にこうむることがある。いいかえれば、社会または社会集団全体に影響を及ぼす事件というものがあって、以前には当り前とされていた現実を深刻に脅かすものがある。そのような事態は、自然の大災害、戦争または社会の大変動などの結果として生じることがある。そのような時には宗教的な正当化がほとんど必然的に発動する。それ以上に、社会が成員を促して彼ら自身の生命を犠牲にしたり危険にさらすなど、要するに極度の境界的な状況に甘んじて置かれることを彼らに納得させねばならない場合には、この宗教的正当化が重要になる。このように暴力の〈公的な〉執行には、それが戦争の形であろうが、極刑の執行であろうが、そこには必ずといってよいほど宗教的な象徴化を伴うのである。このような場合、宗教的正当化はさきに論じた〈利得〉をもっており、それが個人をして彼の（恐れとためらいをもつ）〈実の自己〉と役割実行者としての自己（兵士、絞首刑執行人、その他何であれ、その役割において彼が英雄や残酷な復讐者などを演じることができるもの）との違いを分別せしめることができる。合法的な権威の下での殺戮は、この理由によって、古代から今日にいたるまで宗教的な装置と儀礼慣行を伴ってきた。人びとは戦場におもむき、祈り、祝福、呪文のさなかに死に至らしめられる。恐怖と暴力の忘我状態《エクスタシー》は、こうした手段によって、〈正気〉の限界内に、すなわち、社会的世界の現実の境界内にとどめられるのである。

もう一度、宗教行動と宗教的観念化の弁証法に立ち戻ってみれば、そこには、宗教のもつ現実維持の働きにとってきわめて重要なもうひとつの局面がみえてくる。この局面は、あらゆる宗教的な（またはその点に関しては他のあらゆる）現実維持のプロセスがもつ社会構造的な前提条件を示している。これは次のように公式化されよう。すなわち、もろもろの世界は社会的に構成され、社会的に維持される。それらの持続する現実は、（共通の、当り前とみなされる事実性として）客観的にも、また（個人意識に負うところの事実性として）主観的にも社会に固有のプロセス、すなわち当該の特定世界を不断に構成し維持するプロセスに依存している、と。逆にいえば、こうした社会的プロセスを阻害すれば、それは該当する世界の（客観的、主観的な）現実を脅かすのである。かくして世界がそれぞれ、個々の人間存在にとって真実である世界として存在し続けるためには、ひとつの社会的〈基盤《ベース》〉を要するのである。この〈基盤〉は世界がもつ信憑構造*と呼ぶことができよう。[20]

(20) ここで規定される意味での信憑構造（plausibility structure）という概念は、マルクス、ミード、およびシュッツの諸理論に関する核心的な理解を組み入れたものである。

この前提条件は正当化にも、また正当化された世界または規範秩序《ノモス》にもあてはまる。そして、いうまでもなく、これらが、質的に宗教的であるか否かという事実のいかんを問わず、それはあてはまるものである。しかしながら、当面の論考の文脈においては、とくに宗教的に正当化された世界の事例に焦点を合わせるほうが有益であろう。そこで、例をあげれば、コロンブス発見以前のペルーのもった宗教的世界は、その信憑性の構造すなわちコロンブス発見以前のインカ社会が損われずにいた限りでは、客観的にも主観的にもリアルであった。客観的には、宗教的正当化が、この世界の枠組みの下で行なわれる集合的行動のなかでたえず確証された。主観的には、その生活が同じ集合的行動のなかに根づいている個人にとっては（ここではひとまず〈疎外された〉ペルー人の問題は措《お》く）、それらはリアルなものであった。逆にいえば、この信憑構造を征服者のスペイン人たちが破壊した時、それにもとづく世界の現実は恐ろしいほどの速さで崩壊し始めたのである。ピサロがアタフアルパ（インカ最後の帝王——訳者）を殺害した時点で、彼自身の意図がたとえ何であったとしても、インカ族がそれを代表し、それの支柱であったところの世界を彼は破壊し始めたことになる。彼の所業によって、彼はひとつの世界を破壊し、現実を再規定し、その結果として、その世界の〈住民〉であった人びとの存在を再規定したわけである。それまではインカの世界の規範秩序《ノモス》における存在であったものが、今やまず名状し難い規範喪失《アノミー》に陥り、ついでスペイン人の世界——異質の見知らぬ強大な世界で、それ自身が、征服された者の麻痺した意識に現実を再規定する事実性としておしかぶさってきたもの

――の周辺におしやられて、かろうじて規範化された存在にすぎないものになり果てたのである。ペルーとラテン・アメリカを通じた歴史の大部分は、その時以来、この世界を粉砕する破局がもたらした諸結果をめぐって展開してきた。

こうした考察は、宗教の社会学と心理学の両方に大変深い意味合いをもっている。古くから宗教的な諸伝統があって、それぞれが宗教的な共同体、たとえば、キリスト教の交わりの共同体（コイノニア）、イスラム教の同胞共同体（ウンマ）あるいは仏教の僧伽（サンガ）といった共同体の必要性を大いに強調してきた。こうした伝統は、特定の社会学と心理学の諸問題を提起しており、これらをすべて還元してしまって公分母のみを一律に抽出しては誤りを犯すことになろう。だがそれでもあえて言うならば、すべての宗教的伝統は、それぞれにいわゆる〈教会学〉のあるなしにかかわらず、その信憑性《プローザビリティ》を持続せしめるためには特別の共同体を必要とするということである。この意味からすれば、「教会の外に救いなし」（extra ecclesiam nulla salus）という格言には、この〈救い〉を、神学的にはむしろ嫌味な意味、つまり存続のための信憑性《プローザビリティ》と理解する限りは、普遍実証的に適応し得る可能性がある。キリスト教世界の現実性は、この現実がその内部で当然のものとされ、また何世代にもわたる個人個人が彼らにとってこの世界がリアルとなるような方式で社会化されるところの社会構造の実在にこそ依存している。この信憑構造がその完全さまたは持続性を失う場合には、キリスト教世界はぐらつき始め、その現実性は自明の真理としておおいかぶさることができなくなる。これが個人の場合となると、たとえば、十字軍兵士で、捕えられてイスラム世界に包囲されて生きることを余儀なくされた者などがあげられる。また大きな集団の場合でも、中世以来の西方キリスト教会の全歴史が印象的にくっきりとその事例を示している。この点では、キリスト教社会の歴史的な特殊性にもかかわらず、キリスト者たちもまた、イスラム教徒、仏教徒、あるいはペルー・インディアンたちと同様に社会心理学的な弁証法の支配下にある。これを理解し損ねると、こうした伝統すべてに内在するきわめて重要な歴史的展開に関しての無知蒙昧を生じかねないのである。

信憑構造の前提条件は、宗教的世界を維持すべく企画された正当化のみならず、宗教的世界全体にもかかわるものであるが、さらにもっと細かい弁別が可能である。信憑構造が堅固であればあるほど、それを〈基盤〉とする世界もまた堅固となる。厳密なケース（経験的には得られない事例）では、世界が、いわば自立してその純然たる現存以上に何の正当化をも要しないということになろう。これはきわめてあり得ないケースであって、万一あり得たとしても、その社会への新世代ごとの社会化にはある種の正当化が必要であり、たとえば、子供たちは〈なぜ〉と質問してくるにちがいないからである。経験的にもっと妥当な推論をすれば、やはり次のようになろう。すなわち、信憑構造が堅固さを失うほど、世界を維持するための正当化の必要度はそれだけ痛切なものになる、と。したがって、典型的には、複雑な正当化の開発が、信憑構造が何らかの形で脅かされる事態のもとで促進される。たとえば、中世に生じたキリスト教とイスラム教との相互間の脅威は、双方の社会的・宗教的世界に属する神学者たちがそれぞれ敵対する世界に対して自分の属する世界を弁証する（それがまた、典型的には他の世界を自分たちの世界を通して〈説き明かす〉ことにもなった）ところの正当化を工夫することを必要とせしめたのである。この事例は、敵対する理論家たちがたがいの目的は矛盾反立するものでありながら、基本的にはともに酷似した知的枠組みを採用しているが故に、いっそう示唆に富む例なのである。[21]

（21） この点に関するすぐれた論議のひとつとしては、Gustave von Grunebaum, *Medieval Islam*, Chicago, University of Chicago Press, 1961, pp. 31 ff. を参照。

とくに強調すべきことは、ここで論じられている事柄は、決して社会学上の決定論的な宗教理論を意味するものではないという点である。それは決して、特定の宗教体系がすべて社会的プロセスの結果あるいは〈反映〉にほかならないということを言うものではない。むしろ、そのポイントは、社会を産み出す同じ人間の営みがまた宗教をも産み出すのであって、この二つの所産の相互関係は常に弁証法的なものであるというところにある。したがって、社会的プロセスは、ある特定の歴史的発展においては宗教的観念化の結果であるが、また別の発展の仕方によってはその逆の場合もあり得る。宗教が人間の営みに根ざしているという意味は、宗教がどんな場合でも社会の歴史における従属変数であるということではなく、むしろ、宗教が人間存在からその客観的・主観的な現実を導き出し、彼らはまた自分の不断の生活のなかにそれを繰り返して産み出すのだ、と言っているのである。しかしながら、このことが、ある特定の宗教体系の現実性を維持したいと考える者に対しては、いわゆる〈社会工学〉の問題をひとつ提起することになる。なぜならば、自分の宗教を維持するためにはひとつの適切な信憑構造を維持する（または必要とあれば、編み出す）ことが必要だからである。いうまでもなく、この意図に内包される実際上の困難さは歴史的にさまざまなのである。

理論的にみて重要な変差のひとつは、ある社会全体が単一の宗教的世界の信憑構造として働く場合の状況と、たったひとつの下位社会だけがそのように働く場合の状況とのあいだに生まれる。(22) いいかえれば、〈社会工学〉の問題のあり方は、宗教的独占体制の場合と複数の競合という状況の下で自らを維持しようとする宗教集団の場合とによって、おのずから変わってくるのである。世界維持の問題は前者の場合のほうが解決しやすいことを理解するのはむずかしくない。ひとつの全体社会が単一の宗教的に正当化された世界の信憑構造として働く場合には、その内部での重要な社会的プロセスのすべてがこの世界の現実性を繰り返し強化するように機能する。このことは、該当する社会が、たとえば中世を通じたキリスト教とイスラム教との対決にみられるように、その外側から脅かされる場合ですら、変わることはない。そのような事態における〈社会工学〉上の問題は、〈正当な〉

保護の下での社会化および再社会化に必要な制度的な基盤（たとえば、この二つの例でいえば、教育、学問、法律における宗教的独占体制）を供給することとは別に、それぞれの信憑構造の領界の防衛（両世界間の軍事上の前線が同時に世界観上の知的前線でもある）、および、可能ならばその拡張（十字軍と聖戦になる）、さらにはそれぞれの領界内部の危険な、もしくは危険となり得る離反分子たちに対する効果的なコントロールの保全、などを含んでいる。最後にあげたものは多彩な方法で達成し得るが、その典型的なものは、反逆的な個人や集団を物理的に抹殺する方法（キリスト教が好んで用いた手段で、宗教裁判所による個々の異端者の粛清および、ローマ教会に反抗したアルビ派*に対する十字軍の発動という線に沿った異端集団の粛清の如きもの）、および、〈正統的〉世界の〈住民たち〉との重要な接触を遮断するというやり方でこうした個人や集団を物理的に隔離する方法（イスラム教の得意とする方法で、たとえばイスラム教徒でないいわゆる〈啓典の民〉に対するコーランの提供、およびそこから編み出されたミレット制度〔隔離方式〕などに表現されているもの、ただし、キリスト教もその真っ只中にいるユダヤ人たちを扱うのに同様の方法を用いている）がある。特定の宗教体系が一社会大の規模の基盤の上にその独占体制を維持し得る限り、すなわち、全体社会をその信憑構造として利用し続け得る限りは、問題を解決するこれらの方途は成功の機会に恵まれているのである。

(22) 宗教に関するデュルケームの社会学的理論の見逃し得ない弱点のひとつは、社会大の規模でない宗教現象をその枠組みで解釈することがむずかしいということ——ここで使われる言葉でいえば、下位社会的な信憑構造をデュルケームの言葉で処理することがむずかしいという点である。宗教集団の〈教会〉と〈宗派〉のタイプ間のちがいに関するウェーバーの分析は、この点に関して非常に示唆的である。ただし、ウェーバーは宗派主義のもつ〈知識社会学上の意味での〉認識上の意味合いを追究しはしなかった。現実性維持の社会心理学については、Leon Festinger, *A Theory of Cognitive Dissonance*, Evanston, Ill., Row, Peterson & Co., 1957（末永俊郎監訳『認知的不協和の理論』誠信書房、一九六五年）; Milton Rokeach, *The Open and the Closed Mind*, New York, Basic Books, 1960, および Hans Toch, *The Social Psychology of Social Movements*, Indianapolis, Bobbs-Merrill, 1965 を参照せよ。

いうまでもなく、複数の異なった宗教体系、およびそのそれぞれの制度の〈担い手たち〉がたがいに並存して競合する場合には、事情はまったくちがってくる。しばらくの間は、（宗教改革後のヨーロッパにおける宗教戦争におけるが如き）皆殺しと、（こうした戦争のもたらす暴力行為の多くを終結せしめたウェストファリアの講和の〈領土方式〉におけるが如き）隔離という旧い方法が、まず試みられよう。しかしながら、離反する世界を抹殺することも孤立させることもきわめてむずかしくなる場合もある。そうなると、〈社会工学〉の問題は、非独占化された複数の宗教体系のために信憑構造として役立つようなそれぞれの下位社会を構成し維持するという問題になり変わってくる。この問題については、この書の後半部分でより詳しく取り上げられるはずである。当面触れるだけで充分な点だけをいえば、そのような下位社会的な信憑構造は典型的にはある〈宗派的《セクト》〉性格をもっており、その性格が、問題の宗教集団、とりわけかつてそれが独占体制にあった幸福な時代に起源をもつ制度上および知識上の慣習を残している宗教集団に対しては、その性格なるが故の実際上にも理論上にも困難な事態を招くのだ、ということである。

　個人にとっては、ある特定の宗教的世界に生存することが、すなわち特定の社会的文脈に生きることであって、その文脈の枠内でこそ世界がその信憑性《プローザビリティ》を保つことができるということを意味している。個人生活のもつ規範秩序《ノモス》がある宗教的世界と時空において多少とも同一の広がりをもつ場合には、その宗教的世界からの分離が直ちに規範喪失《アノミー》の脅威を意味する。かくして、ユダヤ人の共同体のない地域に旅をすることは伝統的なユダヤ人にとって儀礼上不可能であるばかりか、文字通り規範喪失そのものであった（つまり、ただひとつ考えられる〈正しい〉生き方をアノミー的な崩壊にさらすことであった）。それはまた、保守的なインド教徒がインドの外を旅する場合も同じであった。このような暗黒への旅立ちは、忌避されるべきものであったが、その理由は、たんに豚肉を食べる者あるいは聖牛を穢《けが》す者たちと同行すれば儀礼上の穢れをひきおこすというだけではなく、もっと重大なことは、彼らとの交わりがユダヤ教あるいはインド教の世界の〈純粋さ〉——すなわち、その主観的現実性または信憑性を脅かすからなのであった。したがって、「異境の土地でどうしたらヤーヴェを礼拝することができようか」というバビロニア捕囚の者たちの悲痛な問いには、決定的な認識上の次元があって、これはまさしく、その時以来の四散《ディア》した《スポラ》ユダヤ教にとっては重大な問題であり続けたものなのであった。いかなる宗教の世界も、それ自体人間の営みの所産であるひとつの信憑構造に〈基づいて〉いるのであるから、宗教の世界は、いずれもその現実性において本質的に不安定である。いいかえれば、〈回心〉（すなわち、個人が別の世界へ〈移り変わる〉こと）は、理論上いつでも起こり得ることなのである。この可能性は、該当する信憑構造が不安定または断絶の度合いを高めるに従って増大する。したがって、社会的な環境がゲットーの境界内に限られているユダヤ人のほうが、近代西欧諸国のいわば〈開かれた社会〉に生活するユダヤ人よりも、はるかに回心への傾き方が少ない（ここでいう回心は、伝統的なユダヤ教からそのような社会にこそ〈可能な〉多種多様な世界のどれかへの〈移住〉というのであって、必ずしもキリスト教への回心だけをいうのではない）。回心を防ぐ理論的な手段（あらゆる形の〈弁証学〉）とそれに伴う実際的な手段（さまざまな〈社会工学〉上の処置——教育や社会交流上の〈防衛〉のための下位社会的制度の開発、現実性維持にとって危険な社会的接触の自発的な制限、自律的な集団内婚等々）は、そのような状況下でその複雑さを増すのである。逆に言って、回心したいと望む者および（より重要なことだが）〈回心のままとどまる〉ことを望む者は、この目的に合致するよう社会生活を工夫しなければならない。だから、彼は自分が捨て去った過去の宗教的現実の信憑構造を構築している人たちや集団から自分を切り離して、その代わりにいっそう彼の新しい現実を支えるのに役立つ人びとと親密に、そして（できれば）排他的に交流しなければならない。要するに、宗教的世界間の移住はそのそれぞれの信憑構造間の移住なのである。[23] この事実は、移住を防ごうとする人たちと同様に、移住を促進しようとする人びとにとってもあてはまることである。いいかえれば、同じ社会心理学上の問題が、福音主義にも〈魂の監督〉にも内在しているのである。

(23) 回心に関する古典的な心理学説は、依然としてウィリアム・ジェイムズの『宗教的経験の諸相上・下』（桝田啓三郎訳、岩波文庫、一九七〇年）におけるそれにとどまっているが、その社会的な前提条件に関するいっそうの究明は〈洗脳〉タイプの強制的な政治教育に関するものと同様に、〈グループ・ダイナミックス〉や精神治療において進められている認知的な〈バーゲニング〉に関する研究のなかに認められる。

宗教社会学は、今日にいたるまでに、宗教と社会連帯との間の緊密な関係を無数の事例のなかで明らかにすることができた。この論点に関しては、ほんの少し前に用いられた宗教の定義——すなわち、単一の全包括的な神聖秩序、つまり常在するカオスの面前で自衛することのできるような聖なるコスモスを人間の営みを通じて確立することだ、という定義を想起すればよいであろう。すべての人間社会は、いかに正当化されようとも、カオスの面前でその連帯性を維持せねばならない。宗教的に正当化された社会連帯は、この基本的な社会学上の事実をより鮮明な焦点のなかにもたらす。神聖秩序の世界は、絶えざる人間営為の所産であることによって、人間の時間内存在そのものからくる秩序破壊の力と不断に対決している。そのような世界すべてのもつ不安定性は、人びとが現実規定の容認を忘却するか疑うかするごとに、彼らが現実を否定する〈狂気〉を夢想するごとに、さらにもっとも重大なことは、彼らが意識して死に出会うたびごとに、その不吉な相貌を露わにしてくる。あらゆる人間社会は、結局のところ、死に直面してたがいに結束した人びとにほかならない。つまるところ、宗教のもつ力は、人間が死の前に立ち、より正確には、否応なく死に向かって歩くにあたって、宗教が彼らの手に託している旗のもつ信頼性のいかんにかかっているのである。

3章　神義論と被虐愛

すべての規範秩序《ノモス》は、人間の条件に根ざした暴力による破壊の脅威に抗して、繰り返し立て直される。宗教的に表現すれば、宇宙の神聖な秩序が、混沌に直面しつつ、繰り返し再認されるのである。個人や集団の経験のなかに苦痛や悪、そして何よりも死といった不条理の（または秩序を破壊するといってもよい）諸現象が執拗に侵入するのに抗して、この営みが続行されるよう制度化されねばならないからには、この事実が社会内の人間行為のレベルにひとつの問題を投げかけていることは確かである。しかしながら、問題は正当化のレベルにもまた見出される不条理な現象は、それを何とか切り抜ける必要があるばかりでなく、その理由を説き明かされる。つまり、当該社会に構築された秩序原理《ノモス》をもって説明されねばならない。その理論上の洗練度はいかにもあれ、宗教的正当化の手段をもってこうした現象を説明することを神義論（theodicy）と呼んでよかろう。[1]

（1）この規定は、いうまでもなく、これを生んだキリスト教の神学思想における用語よりも広い意味を含んでいる。この点でわれわれはウェーバーに従っているが、その理由は、本章全体がまさしく彼自身の神義論に関する論考にもっぱら依存しているからである。とりわけ、*Wirtschaft und Gesellschaft*, Tübingen, Mohr, 1947 における「神義論の問題」の章節（第一巻、二九六頁以下）を参照されたい。英訳では、*The Sociology of Religion*, Boston, Beacon, 1963, pp. 138 ff.（武藤一雄・薗田宗人・薗田坦訳『宗教社会学』創文社、一九七六年）を参照のこと。

ここでとくに強調すべき重要なことは（もっとも、同じ指摘を宗教的正当化に関する一般論としてすでに指摘しているが）、そのような説明は必ずしも複雑な理論上の体系を必要としないのだという点である。教育のない農民が子供の死を神の御意志として解説するとしても、学識のある神学者が罪なき者の不幸は至善で全能の神の概念を否定するものではないことを強調する論文を書く場合に劣らず、彼もやはり真剣な神義論にたずさわっていることには変わりがないのである。そうはいっても、やはり、神義論をその合理性の程度、すなわち、どの程度それが、問題の現象を包括的な宇宙観をもって首尾一貫して論理的に説明する理論を伴っているかの差異によって区別することは可能である。[2] いうまでもなく、この種の理論は、ひとたび社会的に確立されてしまえば、社会にあまねくさまざまな洗練度にわたって屈折していくものである。だから、農民が神の意志について語る場合には、たとえいかに素朴な形であろうとも、神学者が築き上げた荘重な神義論と同じものを彼は自分の力で築こうとしているのである。

（2）ウェーバーは神義論を理論上四つの類型に区別する。すなわち、現世における代償の約束、来世における代償の約束、二元論、そして業の教理、という四つのタイプである。本稿における論考も、多少の手直しはあるものの、この類型論にもとづいている。

しかしながら、さまざまなタイプの神義論とそれらの合理性の程度とを論じる前に指摘しておくべき大切な点がひとつある。それは、一種の、それ自身きわめて非合理的な基本的姿勢がこれらすべてにわたって伏在している、という点である。この姿勢は、社会の統制力に自己を屈服せしめるものである。いいかえれば、あらゆる規範秩序《ノモス》は必然的に個人性の超越を伴うものであり、だからこそ、それらは事実上、一種の神義論を意味するのである[3]。すべての規範秩序は、ひとつの意味深い実在として個人の前に立ちはだかり、彼と彼の全経験を包み込む。それは、彼の生活に意味を与え、さらには、その矛盾と苦痛にみちた断面にもまた意味を賦与する。さきに説明を試みたように、まさにこれこそが、他に先んじて規範秩序《ノモス》を確立することの決定的な理由なのである。ノモスは、その本質からして初めから個人の生を超越しているところの全包括的な意味の構造のなかに個人の生を位置づける。適切にこうした意味を内面化していく個人は、それと同時に自己を超え出ていくことになる。彼の誕生も生涯のさまざまな段階も、そして最後に迎えるべき死さえも、今やこうした現象が、彼の体験に占めるユニーク性にとらわれない単一の様式をもって、彼は自分ですべてを解釈することができるのである。この点をドラマティックに明らかにするものは、未開社会にばかりか、より複雑な社会にもある通過儀礼の事例でもある。たしかに、成人していく権利には楽しい経験ばかりか、つらい体験もある。そのつらい体験をめぐってこそ、それらはある秘められた神義論を含んでいるのである。社会儀礼は、それが個人の生活史を社会の歴史における一挿話に変形せしめるのと同様に、個人的な出来事を一種の範例に変化せしめる。個人は、親たちが彼に先だって営み、子供たちが彼のあとで辿るのと同じように、生涯、生き、苦しみ、そして最後には死んでいくとみなされる。彼が物事のこうした見方を受け容れ、内面的にそれをわが物にしていくにつれて、彼は、自分の個人性ばかりか、他の誰のでもない自身に感じる痛みと恐怖をも含めた彼の個人的な体験がもつユニークさをも超越していく。彼は自分を〈正しく〉見る、すなわち、属する社会によって規定された通りの現実の座標の内部で自分を見るのである。彼は、〈正しく〉苦しむことができるようにされ、そして、すべてがうまく行けば、最後には〈正しい〉死（またはよく言い古されたような〈よき死〉）を迎えることができる。別の言い方をすれば、彼は自分の社会がもつ意味賦与の規範秩序《ノモス》のなかに〈自己を喪失する〉ことができるのである。その結果、ノモスのかぶせる防護用の天蓋《キャノピイ》が拡大して、個人を吠え立てる獣性に戻しかねないこの種の体験さえもかばうようになれば、苦痛はいっそう辛抱しやすく、恐怖は一段と薄らぐようになる。

（3）宗教のもつ自我超越の性格という考え方はデュルケームによって、とりわけ彼の著作、

『宗教生活の原初形態』(*The Elementary Forms of the Religious Life*, New York, Collier Books, 1961) のなかで進められた。本書では、このデュルケーム派の考え方の意味するところを神義論の問題に引き寄せて用いている。

社会の全秩序に関するこうした秘められた神義論は、いうまでもなく宗教的と否とにかかわりなく、すべての正当化に先在する。しかしながら、その上にこそ後の正当化の殿堂を構築することができるところの欠くべからざる基層として神義論は働くのである。それはまた、非常に基底的な心理学的構造をも表現し、それを欠く場合には後続の正当化が成功するのを想定することはむずかしい。したがって、神義論そのものは、不条理な現象の宗教上の正当化として、人間の社会関係そのものが持ついくつかの決定的な性格に根ざしているのである。

あらゆる社会は、個人の自我とその欲求、不安、問題に対するある程度の拒絶を内蔵している。ノモスのもつおもな働きのひとつは、個人の意識内にこの拒絶を促進させることである。また、社会やその秩序に対するこうした自己否定的な服従の度合いをたかめる働きもあって、これが宗教とのかかわりにおいて特別の効果をもっている。これが被虐愛《マゾヒズム》の態度、すなわち、個人が彼の同輩たちとの間柄において、個人的にか集団的にか、あるいは集団によって築かれたノモスのなかで、自分自身をある生気のない非人間的な物象においてしめてしまう態度である。(4) この態度においては、生理的なあるいは精神的な苦痛そのものが自己否定を許容せしめて、ついには、それが実は当人にとって快楽にもなり得るまでにきわまることがある。マゾヒズムは、典型的にはそれをたがいに補い合う加虐愛《サディズム》の態度と関連して、性関係から政治的な使徒にいたる諸領域における人間関係の、再発的で重要な要素なのである。その核心的な特徴は他者に対する服従への狂気であって、完全な、自己否定の、時には自己破壊的な屈服である。他者（彼は、いうまでもなく、被虐愛的な自己に対する加虐愛的な相手に据えられ、絶対的な支配者、自己肯定と自己満足の権化とされる）によって加えられる苦痛や苦悩がすべて、その屈従がまさしく実現し、その狂気が真実であることを証明するものとなる。「私は無であり、彼はすべてであり、そこにこそ私に、無上の至福がある」――このきまり文句には被虐愛的態度の精髄がこめられている。それは自我を無化させ、他者を絶対の実在に仕立てる。その陶酔はまさしくこの二重の変態に由来し、しかもそれは大きな効果を及ぼして、まるでばらばらの個人的な主観性が他者の主観性に直面しての曖昧さと苦悩とを一気に断ち切るかに思われるのである。自我が死に直面して無化され得ないことと、他者が幻想のうちにしか絶対化され得ないが故に、被虐愛的な態度がその本性上必ず失敗に終わる運命にあるという事実は、本稿で問題にする必要はない(5)。われわれの当面する論考にとって重要なポイントは、マゾヒズムが個人の苦痛や死さえも根本的に超越し、その結果個人がこうした経験に耐えられるものであることを知るばかりか、それらを歓迎するまでにさえなり得るような手段を、その徹底した自己否定によって提供するのだという点である。人は孤独に甘んじることはできず、無意味を受け容れることもできない。マゾヒズム的な服従はある他者への没入によって孤独から逃れんとする試みであり、その他者はその時、少なくとも服従が生じたその瞬間においては、唯一で絶対の意味とみなされる。マゾヒズムは、かくして人間の社会性と彼の意味への欲求とにわたる一種の奇妙な発作を構成することになる。孤独に耐えることができないことから、人は自分の孤立を拒み無意味に耐え難くて、自己を無にするなかにパラドクシカルな意味を見出す。「私は無である――だから無は私を傷つけることはできない」、あるいはさらに徹底すれば、「私は死んだ――だからもう死ぬことはない」、そしてついには、「来たれ、甘き痛みよ。来たれ、甘き死よ」となるが、こうした定形句は、被虐愛の自由を示すものである。(6)

(4) ここで採用するマゾヒズムの概念は、サルトルが彼の著、『存在と無』(松浪信三郎訳、サルトル全集第十八―二十巻、人文書院、一九五六―一九六〇年)のなかで展開したものに由来する。強調すべきは、フロイト派や他の精神分析学的用法で理解されてはならない点である。サルトルのマゾヒズム概念は自己物象化の特殊様態と理解して差し支えない(〈物象化〉なる用語はマルキシズム的な意味で理解する)。マルクス主義概念の精神病理学的な意味については、Joseph Gabel, *La fausse conscience*, Paris, Éditions de Minuit, 1962 を参照。

(5) サルトルは、かなり詳細にわたって、被虐愛的な企ての宿命的な挫折を論じている。

（6）〈無化する〉ことのあり得べき意味性の考え方はニーチェにもとづく。この現象が何らかの形でフロイトの〈死の本能〉に関連し得るものかどうかの問題は提起するにとどめておく。

被虐愛的態度は個人的な他者との具体的な関係から生じる。たとえば、愛人あるいは主人は全体的な権力、絶対的な意味とみなされ、要するに本人の主観によるはかない現実などは、そこに埋没してしまうような原実在とされる。ところがその同じ態度が他者たちから成る集団に延長され、ついには彼らに代表される規範秩序にまで拡張される。愛する人の手で加えられる苦痛にさいなまれるのも甘美になり得るが、国家の君主的権威によって罰せられるのもまた快いものになる場合がある。結局、集団的なノモスの力に自己を否定して屈服するのも、これと同じ方式で効果を発揮するのである。その場合、社会的経験に属する具体的な他者は、集団的な秩序の人格化という形で極端に誇大化する。かくして祖国のために死ぬことが魅惑的であるばかりか、祖国によって殺されることさえも甘美なものになり得るが、ただし、その場合にはもちろん、彼がそれにふさわしい愛国者の見方をもっていればの話である。付け加えるまでもないが、このような被虐愛的態度の延長がある宗教的性格を帯びることがある。今やマゾヒズム的な対決の相手は宇宙の無限性に投射され、全能と絶対性のコスミックな次元を体し、なおいっそうの信憑性をもって究極的な実在に据えられるのである。「私は無で、彼はすべてだ」という論法は、ここにいたって、マゾヒズム的な屈従がなされる相手の他者が経験的に妥当し難いことから、さらに促進される。にもかかわらず、人間関係におけるマゾヒズムが本来的にもつ難問のひとつは、他者が、満足のゆくほど加虐愛的な役を演じてくれないかも知れないということである。サディスティックな仲間がそれにふさわしく強大であることを拒否したり忘れたりするかも知れないし、あるいは、ごく単純にその役をうまく仕遂げることができないという場合もある。仮にたとえ彼がしばらくのあいだ信頼し得る主人の如き者にうまくなり得たとしても、彼は傷つきやすく、限界をもち、やがて死ぬべき存在のままであり、実際には人間にとどまっているわけである。加虐愛的な神は、こうした経験上の不完全さによって不利な条件を負わされることはない。彼は、規定上、弱みもなく、無限で不死身である。彼に対して屈服すれば、事実上、たんなる社会的なマゾヒズムのもつ不慮の出来事や頼りなさから永遠に守護されることになる。

これまでの考察から明らかになることは、マゾヒズムは、それのめざす対象が宗教的であると否とにかかわらず、その性格からして前論理的であり、その故にどんなに特殊な神義論の出現にも先立っているということである。ところが、被虐愛的態度は、多くの神義論上の試みにおいて重要なモチーフとして生き続け、そのなかには、理論的構成そのものに直接的に表現されているものもある。したがって、問題を理論的に解決しようとするさまざまな努力のなかでどの程度その合理性が貫かれていようとも、被虐愛的態度は、神義論上の問題における根強い非合理性の要素のひとつであることを心にとめておいてよいであろう。図式的にいえば、時には驚くべき冷静さをもって人間の苦痛を説明すべく工夫された論法を編み出している神学者の姿を思い浮かべる場合に、われわれが少なくとも忘れてならないことは、その神学者の平静な容貌の裏には、君主の威厳をもって罰をくだし破壊する神の前では泥にまみれても官能的な歓びをもってひれ伏す崇拝者の存在が隠れているかも知れないということである。

神義論は社会内の具体的な生活のなかで個人に直接の影響を及ぼす。あるもっともらしい神義論（それはもちろん、適切な信憑構造を必要とする）は、個人が彼の生活史上の不条理な諸経験を、社会的に確立した規範秩序および彼自身の意識内でのそれとの主観的相関のうちに統合するのを許容する。こうした諸経験は、それらがいかに痛切なものであろうとも、今や社会的にも主観的にもなるほどと思わせる言い方をもって納得のゆくものとなり得る。強調すべき大事な点は、このことは、個人がそうした経験のもとにありながら、幸せを感じたり満足さえしているということを決して必然的に意味しているのではないということである。神義論が第一義的にもたらすものは、幸福ではなく、意味なのである。しかもあり得べきことは（たとえ被虐愛的なモチーフが繰り返し現われることを別にしても）、激しい苦悩のさなかで意味を求める気持ち[7]は幸福への欲求と同様に強く、時にはそれよりも強いことさえあるということである。たしかに、たとえば劇痛を伴う病気や仲間から食い物にされたり虐待されたりして苦しんでいる人は、こうした不幸から救われることを望むにちがいない。けれども、彼が同様に願っていることは、なぜこうした不幸がよりによって自分にふりかかってきたのかを知りたいということである。どんな形であれ、ある神義論がこの意味の問いかけに答えてくれるならば、それがたとえ、彼の苦難の報いが現世かあるいは来世における幸福であるという約束を含んでいないとしても、その神義論は悩める人に対して最も大切な目的を果たしてやることになるのである。この理由からして、神義論をたんにそれのもつ〈救済の〉潜在力という点からのみ考量することは間違いを招くことになる。まさしく、神義論のなかには、意味そのものを回復する保証を除いてはまったく何らの〈救済〉の約束ももち合わせないものがあるのである。(8)

(7) この観点はフロイトのリビドー論批判にとって有益な手がかりを提供すると主張しておきたい。この線に沿った批判のひとつは、ビンスワンガー、ミンコフスキー、フランクルなどの著作にみられるような、いわゆる〈現象学的精神分析〉のなかに見出される。

(8) 神義論が、いかなる〈救済〉の約束をせずとも可能であることを理解することは重要である。いいかえれば、救世論は宗教と同じ外延をもつものではない。この点は、ウェーバーによって『経済と社会』の宗教社会学編のなかで強調されている。

神義論が社会にもたらす〈利益〉は、個人に対するそれと比喩的な方法で理解され得る。すべての集団は、かくして深刻で根強い反秩序的な出来事を集団の属する社会内に確立されたノモスのなかに統合することが許される。こうした事件は、今や物事の枠組みのうちに〈ある場〉を与えられ、結果的にその枠組みは、そうした事件にいつも内在するカオス的な崩壊の脅威から防護されることになる。この種の事件は起源的に自然と社会の双方にかかわっている。自然的な災害や病気や死もノモスをもって説明されねばならないし、人間同士が社会的な働きかけの過程でたがいに与え合う不運もまたそうされねばならない。こうした不幸は突発的で一刻を争うものである場合もあり、また社会の制度化された日常茶飯事の一部である場合もあろう。「神はなぜわれわれに対する異国人の征服を許し給うのか」「なぜ神は、ある人びとに食べさせ、他の者たちを飢えさせ給うのか」――こうした疑問は、ともに特定の神義論のなかで答えられるべきものである。神義論の非常に重要な役割のひとつは、まさしく、社会に偏在する権力と特権の不平等を説明することである。いうまでもなく、この働きのなかで、神義論は問題の特定な制度的秩序を直接正当化するわけである。これに関連してとくに強調すべき点は、そのような神義論は、権力を持つ者と持たざる者、あるいは特権を持つ者と持たざる者の双方に対する正当化に役立つものだという点である。もちろん、後者に対しては、彼らの状況を我慢のならないものにしないように、いわば〈麻酔をかける〉働きをし、その証拠として彼らが叛逆を起こすのを抑えることになる。ところが前者に対しては、彼らの社会的地位における権力と特権の享受を正当化する、主観的にきわめて重要な役割を果たす。要するに、神義論は、貧乏人に対しては彼らの貧窮に意味を与え、金持ちに対してもその富貴に意味を供するのである。[9] いずれの場合にも、その結果はひとつの世界維持であり、ごく具体的には、特定の制度的秩序の維持ということになる。いうまでもなく、同一の神義論がこの方法ではたして双方の集団に役立ち得るものかどうかは、別の問題である。仮にそうであれば、その神義論は、意味のレベルで抑圧者とその犠牲者とのあいだに基本的に加虐愛-被虐愛的ななれ合い――歴史上きわめて稀な現象――を構成することになる。そうでなければ、二つの別個の神義論――一方の集団には不幸の神義論、他方には幸福の神義論――が社会のなかに成立する。[10] この二つの神義論は、それぞれ異なった方法で、つまり〈釣合い〉の程度を異にして相互に連関する。いずれの場合にせよ、社会的不平等を正当化する神義論の信憑性が分裂することは、その結果において大変革を起こす可能性をもたらすが、この点については、しばらく措いて後に詳論するつもりである。

（9） この点については、ウェーバーもまた彼の〈二重神義論〉の理論において指摘している。そのなかで、彼は、宗教を〈阿片〉とするマルクスの考えを組み入れるとともに、それを乗り越えている。

（10） われわれの理解は、再度ウェーバーにもとづいている。

神義論の史的類型を合理性-非合理性を両極とする線上において分析することが可能である。[11] 各類型は、正当化または規範化されるべき反秩序的な諸現象に対応して、理論上および実践上、ある特殊な構えを代表する。いうまでもなく、ここでは完全無欠な類型論を編み出そうとするわけではない。けれども、歴史上、比較的重要な類型のいくつかをもっと詳細に、とりわけ西欧社会の歴史に直接のかかわりをもってきたものを検討することが有益であろう。

(11) ウェーバーの類型論が本稿では限定されて、その諸類型は合理 - 非合理の延長線のうちに位置づけられる。

この類型論的な延長線の非合理な一方の極には、集団への完全な同一化によって実現された、単純で理論的に素朴な自己の超越が置かれる(12)。だが、これは、必ずしも型通りに被虐愛的である必要はない。この場合に肝心なのは、集団から截然と切り離されるような個人の観念が何ら存在しないという点である。個人の奥深いあり方は、彼の集団——氏族、部族、国家、その他何であれ——に所属するという事実にあると考えられる。彼が重視して交渉する全体他者に対するこのような個人の同一化は、幸、不幸のいずれの場合にせよ、彼の存在が彼らへ融合するのを促す。同一化とは、典型的には人間に生まれながらのものと理解されるから、したがって個人には避けられないものである。それは、彼の血のなかに受けつがれ、だから自分の存在を否定せずしてそれを拒絶することはできない。これが導き出す結果は、個人の生涯における不幸が、最後には死なねばならないという不幸をも含めて、彼が同一化される集団の連続する歴史のなかでのたんなるエピソードとして理解されることによって、少なくともその規範喪失的な脅威を弱められるということである。この同一化が強ければ強いほど、個人の生活史上の不幸から生じる規範喪失の脅威は弱くなる。[13] たしかに、疫病や、飢饉や外からの侵略といった社会的な不幸を正当化する問題はまだ残っていて、特殊な神義論がこの目的のために樹立されねばなるまい。だが、この仕事は、ごく単純な理由から、社会に対する個人の同一化によって、いっそうたやすく果たされる。すなわち、個人に宿命の死は経験的に妥当だが、社会のそれは典型的にはあてはまらないのである。個人は、自分がやがて死ぬことを知っており、その結果、自分の不幸のなかには生きている間に決して軽減され得ないものがあることを知っている。たとえば、手足の一本を失えば、もう決して取り戻すことはできない。ところが、社会は一般に死なないものとみなされ得る。それは災厄を被ることがあっても、それらをその歴史全体のなかでのほんの過渡的なエピソードと解釈することができる。かくして、外からの侵略者の手にかかって戦場で死なんとする個人は自分の甦りや不死に望みをかけることはないかも知れないが、自分の属する集団に関してはその望みをかけることができる。彼が主観的に自分をその集団に同一化する限りは、彼の死は、たとえいかなる〈個人化された〉正当化をもって美化されずとも、彼にとって意味あるものとなるはずである。したがって、このような同一化は、ある秘められた神義論を内蔵しており、それ以上の理論的な合理化を必要としないのである。

(12) レヴィ-ブリュルの〈神秘的参与〉なる概念はここに適用することができる。

(13) いうまでもなく、この点は、デュルケームのアノミー理論、とくに彼の『自殺論』のなかで強調されている。

この種の潜在的な神義論の原型は、未開宗教のなかに見出されよう。[14] この場合、典型的には、個人と集団とのあいだにばかりでなく、社会と自然とのあいだにも連続性が存在する。個人の生活は集団の生活のなかに埋没し、同様に集団は、人間および非人間の、存在全体のなかに埋没している。全宇宙には、その始原的に前人格的な形態のマナ(呪力)から後代の霊魂観と神話にみられる人格化にいたるまで、同一の聖なる力が行きわたっている。かくして、人びとの生活は宇宙全体に広がる生命から截然と切り離されていない。彼らが社会的に確立されたノモスのうちにとどまる限り、彼らは苦痛と死の諸現象にも〈ひとつの場所〉をあてがうような、ある宇宙的存在に参与しているのである。豊穣儀礼がどの文化にも共通して多くみられるのは、このことを最もよく物語っていることのひとつである。[15] 自然のリズムを産み出す同一の神聖諸力が、人びとの肉体と霊魂とを通じて、とりわけ彼らの性に自己表現しつつ脈打っていると理解される。だから、人びとが自分の存在内のこうした諸力のリズムに同調しているならば、全存在の基本秩序——すなわち、定義上、誕生、衰退、死および再生を内包し、かつ合理化するところの秩序に、彼らは事実それ自体として調和していることになる。その結果、個人の老衰と死は、宇宙的サイクルのより大きな秩序のなかにその〈位置を占める〉ことによって、正当化される。豊穣儀礼（および、その形を変えた葬送儀礼）は、この正当化を繰り返し繰り返しして肯定し直し、その再肯定ごとに、いわば、特別な神義論を配置するのである。注目すべきことに、そのような神義論は必ずしも個人の後生《ごしょう》や不死への望みを含んではいない。個人の肉体ばかりか彼の霊魂（それが想定されている場合）も分解し衰滅するかも知れない——残るものは、その究極的に意味付与の事実として、宇宙《コスモス》の悠久な律動的調和《ユーリスミィ》なのである。人間と動物は、個体としても群としてもこれに参与し、また、それに身も心も託すことによって彼の苦難と死とを、慰めをその持ち前とする宇宙的な意味づけの地平に置換することができるのである。

（14）デュルケームの『宗教生活の原初形態』の他に、マリノフスキーの『呪術・科学・宗教』(Bronisław Malinowski, *Magic, Science and Religion*, Garden City, N.Y., Doubleday, Anchor, 1954）を参照のこと。

（15）エリアーデの『聖と俗』(Mircea Eliade, *Das Heilige und das Profane*, Hamburg, Rowohlt, 1957, pp. 68 ff.）を参照。

とりわけ、かかる原初的な神義論はその典型として世代間の存在論的なつながりを備えている。(16) 個人は、祖先が自己の内部で神秘的に連なっているのを見出し、同様に自分の存在を彼の子供たちや子孫のなかに投入する。その結果、彼は一種の（彼にとって）きわめて具体的な不死を獲得し、それが死の宿命を実人生上のそれほど深刻でない他の不幸とともに決定的に相対化してしまう。「私は死なねばならない——けれども私の子供たちやまたその子供たちは永遠に生き続ける」——この言葉はこの種の神義論に典型的な定言である。集団全体が、血の結びつきによって結合され、かくして（それ自身の自己理解にとって）きわめて手ごたえのある不死を獲得するが、その理由は、それが、時代を通じて成員の一人一人に受肉される同一の原生命をたずさえているからである。この不死性を破壊するには、敵はその集団に属する最後の生命霊までをもことごとく根絶せねばならないが、それには、歴史上例を見ない所業が加えられることになる。全体が全体の生命に同一の参与をすれば、なおその上に、集団内に現存するどんな社会的不平等をも正当化し得る。少数者に占有される権力と特権はあたかも多数に代わって保有されるのであり、多数者は集団的全体に同一化することを通じてそれに参与する。いうならば、首長は一ダースの妻をもっているのに、平民にはたった一人の妻しかない。だが、後者がこのことに不平を感じるのは、下肢の一本が頭を嫉妬するほどに愚かである。すべてこうした場合には、神聖諸力またはその人間の代表者たちによって課せられた苦難が、物事に意味を付与する枠組みに人が参与することの具体的な証拠として素朴に歓迎されている限りは、そこに一種の被虐愛的な要素が付け加えられることがある。

(16) 古代の中近東地方におけるこの現象の分析については、Johannes Pederson, *Israel,*

Copenhagen, Branner og Korch, 1926, pp. 253 ff. を参照。

自己超越的な参与にもとづく神義論は、未開宗教だけに限られたものではない。小宇宙／大宇宙の枠組みが広く行なわれていればどこにでも、それは典型的に理論上、より洗練された形で継続し作動している(17)。たとえば、中国の農民は、彼の祖先が彼のなかに生き続けたように、彼の子孫のなかに生き続けると確信して心静かに死ぬことができたが、儒教的君子は彼の生と死がしっくりと調和する根本の道を参照して、さらに正当化された同様の確信をもつことができた。それに付け加えるとすれば、一般に同様の目的に即した神義論は、人びとがある特定の集団とそのノモスに充分同一化している場合には、どんなレベルの理論的洗練であるにせよ有効に働くのである。原始段階における祖型は、かくして歴史上、多かれ少なかれ複雑な変化の諸相を示して生き続けるのである。

(17) Mircea Eliade, *Cosmos and History*, New York, Harper, 1959, pp. 93 ff. を参照。

歴史的に重要な宗教現象のひとつで、そのなかでは自己超越的な参与の神義論が繰り返して出現するものは、神秘主義である(18)。この現象が宗教史上に頻発するその無数の諸形態を論じることは、当面われわれの目的にはなり得ない。だが、われわれのさしあたっての目的に沿って、神秘主義を人が神聖な力または存在への合体を追求する宗教的な態度と規定することはできる。その理念型的形態では、神秘主義はそのような合体がまさしく経験的に実現し、あらゆる個人性が消滅してすべてに遍満する神的な大洋に没するのだという主張を含んでいる。この形態によって、神秘主義はまさしく完全な形で前述した神義論をもたらす。個人の苦難と死は、何ら取るに足らない瑣末なものになり、合体の神秘経験のもつ圧倒的な現実に比較すれば根本的に非現実的であって、それはちょうど、個人の凡俗な生活における諸事万端が、人間の視界がいわゆる〈虚妄《マーヤ》のヴェール〉によって曇らされている時に限って真剣に受けとられるにすぎない、根本的に非現実で幻想的な妄想となるのと同じなのである。いうまでもなく、この同じ瑣末化は、個人的にも集団的にも他者たちの平凡な生活にまで拡大する。神秘主義は、もちろん、常にこの完全な形で出現するわけではないが、たとえそれが歪められた姿であっても（つまり歪められたとは、神との完全な合体が理論上または実践上の理由で達成または追求されていないという意味で）、それ自身の神義論をひっさげた服従の態度をもたらす。端的にいえば、すべてが神であるか、あるいは神の内にあるからには、すべてが善となる――この場合、神義論の問題は効果的に止揚され、それはまさしく神秘主義のもっとも重要な理論的・心理学的な収益と考えられるのである。神秘的な服従が被虐愛的と言い得る程度は経験上いろいろにわたるが、たしかに言えることは、ある強力な被虐愛的要素がほとんどあらゆる種類の神秘主義に存在しているということであって、そのことは、あらゆる文化を通じて修道的な禁欲と苦行が神秘現象と結びついてしきりに行なわれていることからも明らかである。完全な合体が達成される場合には、自我の消滅とその神的な原実在への一体化とは、およそ考えられる限りの至福を醸成し、口にし難い陶酔のなかで神秘的希求の極致に至らしめるのである。イスラムの神秘家ジャラールッディーン・ルーミーの著作からの次の一節は、その一例として役に立とう（これに類するものは、神秘主義の世界中の文献から、ほとんど労せずして引き出すことができるはずである）。


私は岩として死に、そして一本の樹木になった。

私は樹木として倒れ、そして立ち上って獣になった。

私は獣として死に、そして私は人間になった。

どうして私が恐れることがあろう、私が死んでより小さなものになったのに？

だがもう一度私は人間として死に、聖なる天使たちに伍して
空たかく飛ぶ。けれどもさらに天使の生から私は死なねばならない。

「すべてのものは滅び去り、ただ滅びぬは神ばかり。」

私の天使の魂を犠牲にしてしまったら、私はかつて心が捉えたことのないものになるだろう。

おお、どうか私が存在せぬように！　何故なら、非存在こそが
生まれながらの肉声でこう宣言する、「あの方のお傍に還ります」と。[19]

(18) Gerardus van der Leeuw, *Religion in Essence and Manifestation*, London, George

Allen & Unwin, 1938, pp. 493 ff. を参照。神秘主義の通文化的な類似性についてのもっとも透徹した分析のひとつは、オットー（Rudolf Otto）の *Mysticism East and West* のなかに見出されよう。

（19） Reynold Nicholson (ed.), *Rumi—Poet and Mystic*, London, George Allen & Unwin, 1950, p. 103. 引用符内の文章は、それぞれコーラン二十八章八十八節および二章百五十一節からの引用である。ルーミーがこの文章をもって実際の生まれ変りを述べようとするのか、それとも神秘的な旅における各段階を言うつもりなのか、の点については、ここでは決めずにとどめておく。

いうまでもなく、神秘主義は、とりわけ偉大な世界宗教の文脈のなかでは、複雑な理論的諸体系を産み出しており、そのいくつかは大いに合理的な一貫性をもった明確な神義論を含んでいる。ここでのポイントは、ただ、多彩な神秘的伝統には先に論じた自己超越の祖型的な神義論の継承がみられ、時には高度に洗練された理論によって合理化され、時には非常に古代的な非合理的衝動が復活しているということである。

諸々の神義論の合理－非合理の線上のもう一方の極にあって、そのもっとも合理的なものとしてインドの宗教思想に展開した、いわゆるカルマ＝サンサーラ（業＝輪廻転生）複合をあげることができる。[20] 両概念の巧妙な組合せ、すなわちカルマ（人為と否とを問わず、宇宙内のおよそあらゆる行為を支配する原因と結果の不離の法則）およびサンサーラ（輪廻転生）の組合せによって、およそ考え得る限りの無規範《アノミー》が、ひとつの完全に合理的で、全包括的な宇宙解釈のうちに統合される。いわば、洩れ出るものが一つもない(21)。人間行為はすべてその必然の結果をもたらし、人間の境涯は、すべて過去の所業の必然的結果である。かくて個人の人生は、過去と未来の両方向に向かって無限に延長する一本の因縁の鎖でつながれた束の間の輪のひとつにすぎない。したがって、個人は、自分の不幸を自分以外に責めるべきものがなく、しかも、その逆に、自分の幸運を自分の徳以外に帰することもない。業＝輪廻の複合は、かくして不幸の神義論と幸福のそれとの間に完璧な対照を示す一例をもたらす。それは、全社会階層の諸条件を同時に正当化し、ダルマ（社会的義務、とくにカーストの義務）概念と結びついて、史上編み出された宗教思想のなかでももっとも徹底して保守的なものを構成している。王侯たちが相次いでその採用を歓迎して（実際には来住したバラモン族が、いわゆる〈社会工学者〉の能力を発揮して種姓《カースト》制度を確立して）、ついにはそれがインド亜大陸全土に普及するにいたったのも驚くに当たらない(22)。マヌ法典は（たとえ今日では、どの程度その法典が社会的に効果があったのか、あるいは、そのバラモン系の作者たちの願望上の思索にすぎないものなのか、を確かめることができないにしても）、その上流階級に提供された制度にイデオロギー的な〈利益〉をもつ良きアイディアを与えている。

(20)　ウェバーは、このようにカルマ＝サンサーラ教義を性格づけしている。その一般論については、S. Chatterjee, *The Fundamentals of Hinduism*, Calcutta, 1950; Das Gupta, 1950; Louis Renou, *L'hindouisme*, Paris, Albin Michel, 1951, および同著 *Religions of Ancient India*, New York, Oxford University Press, 1953 を参照。いうまでもないが、古典的な社会学上の論述は、ウェーバーの『宗教社会学論集』の第二巻に見られる。

(21)「その世界は、単一の遺漏のない倫理的な因果応報の宇宙である。」ウェーバー『経済と社会』第一巻、三〇〇頁。

(22) この点については、ウェーバーによって詳細に分析されている。

こうした諸概念に伴う一種の生硬な過酷さは、大衆的なヒンズー教ではさまざまな方途で——呪術的儀式、敬虔で神秘的な修行、業＝輪廻転生の無限のプロセスに介在する多種多様な神々のとりなし、そしてその根底には自分のダルマに服従すれば、やがて未来の転生において自分の宿命を改良することができるという素朴な信仰によって、それが和らげられたのである。いうまでもなく、大衆的ヒンズー教におけるこうした発現の多く、いや大部分のものは、この体系が、たとえばウパニシャッド哲学のより理論的な部分に形成されている冷たい合理性には、ほど遠いものがある。ある程度の精神の不屈さが、自分であることからの急激な変化を受け容れるのには確かに必要であったし、たとえば、それは、次のマイトリ＝ウパニシャッドからの一節に表現されている。

この悪臭にみちた、見かけばかりの肉体、骨と皮、筋と髄、肉と精液、血と粘液、涙と唾液、糞便と尿、息と胆汁と疸の固まりにすぎぬものに、いったいどんなよき欲望の楽しみがあるというのか?……

そして我らは見る、この全世界が滅びゆくのを。あたかも蚋《ぶよ》や蚊の如く、草や木が生えては枯れる如くに。

だが、実にこれが何だというのか?……他の諸物のなかにも、大海が干あがることがあり、山の頂きが崩落し、不動のはずの極星がずれ、〔星をつなぎ合う〕風の綱が切れ、大地が沈み、天空がその位置から傾くこともある。

このような存在の輪廻(サンサーラ)のなかにあって、人がそれらを頼りに生き抜いたあと再びこの大地に還るのを見るのであれば、いったい欲望の快楽に何の良きものがあるのか。(23)

この見解が純然たる形で合理的に追求され、典型的には知識人だけがそうしがちな企てとして、その結論に達した場合には、驚くに当たらぬ当然の結果として、その果てしない恐怖にみちた転生の輪廻(傾向としては生の輪廻というよりは死の輪廻と呼ばれがちだが)から最終的に解放される意味での救いの観念が生じてくる。もちろん、この救いにはさまざまな形がある。(24)ウパニシャッド自体には、アートマン=ブラーフマン(我=梵)の概念があって、個人の霊が宇宙の全現象に潜在する神聖な総体に究極的に帰一するという考え方が見られる。マイトリ＝ウパニシャッドには、同様の解放への希望が引用した一節のすぐ後に表明されている。

願わくば、我を解き放ち給え。この生死の輪廻のなかで我は空井戸の蛙の如し。汝〔サーカヤーニャ、アートマンの本質を知れる者よ〕は、我らが解脱の道――然り、汝は我らが解脱の道なり！(25)

梵＝我への神秘的な沈潜（これに対しては、ヒンズー教の救世論のなかに広範に多様な秘法があるが）では、存在の休みなき移ろい、そして業の絶え間ない源でもあるものが終息する。すべては、不動で永遠で個別のない一者となる。いうならば、ここにおいて、業＝輪廻の完全な合理性が、その究極的な限界に到達した結果、それ自体を乗り越えて、再びすべての神秘主義に特徴的な超克的参与の非合理的な祖型に立ち帰るのである。(26)

(23) Sarvepalli Radhakrishnan and Charles Moore (eds.), *A Source Book in Indian Philosophy*, Princeton, Princeton University Press, 1957, p. 93.

(24) インドの〈知識人〉による救世論とその大衆のヒンズー教に対する関係に関するウェーバーの分析を参照せよ。

(25) Radhakrishnan and Moore, 前掲引用文中。

(26) 明らかに、こうした見解は、ある意味で、歴史上おそろしく複雑で変化に富んだ救世論的な観念の集積したものの、いわゆる〈おそるべき単純化〉の例に属する。しかし、それらが、業＝輪廻の前提上に構成された神義論に対して開かれた基本的な択一の二者を示している限りにおいては妥当とみなされる。もちろん同様の穏当な異議申し立ては、この章における他の歴史的類型化に関してもなされて然るべきものである。

仏教は、おそらく、救世論のレベルとそれに付随する神義論のレベルとにおいて、業＝輪廻複合体系の理論的基礎がもっとも合理化する例を代表していよう。[27] もちろん、ヒンズー教の場合と同様に、あるはっきりとした区別が出家の知識人たちの仏教と、正統的伝統の〈担い手たち〉と、大衆のもつ習合的な仏教とのあいだになされねばならない。これは、仏教の大きな歴史上の分岐、すなわち上座部と大乗の二系統の両方にとって重要なことである。無数の非合理的要素の混淆は、すでに民間的ヒンズー教に関連して言及したものと同様に、おしなべて仏教徒と呼ばれる諸国（仏教徒とは、正しくは引用符で囲まれるべき名称だが、思うに、もはやキリスト教徒の名称が西欧中世に宛てられる場合と同様に、そうする必要はあるまい）の大衆的宗教性のなかにも見出される。しかしながら、原始仏教においては、とりわけパーリ教典に具体化されているものには、さまざまな主知的流派のもっとも救世論的な諸教義に比べても、業＝輪廻の合理化が正統的なインド思想の限界内で達し得る類い稀な水準を実現している。神々と悪魔、神話上の全宇宙、インドの宗教的想像力が示す多様な世界――こうしたものすべてが、あからさまな拒否によってではなく、見当ちがいのものと宣告されることによって消滅する。残されたものは人間であり、彼は、存在の諸法則（いわゆる〈三つの宇宙的真理〉、アニッチャー、すなわち無常、ドゥッカー、すなわち苦悩（憂悩）、アナータ、すなわち無我に集約される）を正しく理解することに基づいて、合理的に自己の救済を形造り始め、最終的にはそれをニッバーナまたはニルヴァーナ（涅槃）の形で達成する。そこには、この理解の目標を達成するのに合理的な理解と合理的な行為という冷静さ以外に何ら別の宗教的態度を入れる余地はない。こうした考え方の枠組みによって、神義論の問題は、およそ考えられる最高の合理的方法で、つまり人と宇宙の合理的秩序とのあいだをとりなすすべての仲介を排除することによって、解決される。つまるところ、神義論の問題は、そこに生起した混沌たる現象がたんに一時的な幻想にすぎず――たとえば、まさしく非我の観念からすれば、問題を生ぜしめるのは自我にほかならない、ということが明らかになるが故に、おのずから消滅するのである。ここでは当面するところ、これがはたして、さきにヒンズー教の救世論に関連して言及したところの合理性のいわゆる〈行きすぎ〉に類するものが含まれていないかどうかについての疑問はそのままにしておいてよかろう。

(27) ウェーバーは、仏教を業＝輪廻複合体系のもっとも徹底した合理化とみなした。『経済と社会』および『宗教社会学論集』における、ウェーバーの仏教論に加えては、T. W.

Rhys Davids, *Buddhism*, London, S. P. C. K., 1912, および *A Manual of Buddhism*, London, Sheldon, 1932, さらに Richard Gard, *Buddhism*, New York, Braziller, 1961 などを比較せよ。

合理と非合理の延長線の両極の間には、それぞれにふさわしい程度の理論的合理化の能力をもつ、さまざまな神義論のタイプが位置づけられる。(28) ある神義論は、まず、秩序破壊的な現象に対する補償を此の世的に理解された未来に投射することによって作り上げられる。特定の時が来れば(典型的には、何らかの神の介在の結果として)、受難者たちは慰められ、不正は罰せられる。いいかえれば、現在の苦難と不正が未来の秩序化との関わりにおいて説明される。もちろん、この範疇のもとには、別の形態である宗教的救世主信仰や、至福千年説や終末観が加えられねばならない。(29) こうした出現形態は、大方期待されるように、歴史的には自然的か社会的に引き起こされた危機と天災の時代に関連している。たとえば、黒死病の疫害は多数の激しい至福千年の運動を引き起こしたが、産業革命によってもたらされた社会的転換もまたそうであった。「主が来たり給うた!」——この言葉は痛切な苦難の時ごとに繰り返された再起のための叫びであった。聖書的伝統(つまり、ユダヤ=キリスト=イスラムの世界)の勢力内では、神の業《わざ》の歴史的次元を根強く強調する結果として、この結集の叫びがとりわけしきりに起こった。古代イスラエルのバビロニア捕囚以前の預言者たちからシャバタイ・ツヴィ*という夢想家にいたるまで、初期キリスト教徒の共同体におけるキリスト再臨(Parousia)への密かな期待から現代プロテスタンティズムの大規模な至福千年運動にいたるまで、アッバースの反乱*からスーダンのマーディー*（救世主）にいたるまで、その叫びは、観念的内容にどんな変化が伴うにしても、それ自体を繰り返してきた。土地は乾き切り荒廃した。——だが間もなくヤーヴェは聖なる山から来たり給い、雲をして水を与えしめ給うだろう。殉教者たちは闘技場のなかで死なんとしている——だがまもなくキリストは雲上に現われ給い、獣《けだもの》の如き反キリスト者たちを亡ぼして彼の王国を打ち立て給うだろう。邪宗徒たちが土地を支配している——だがまもなく救世主がやって来て、あらゆる時代のよみがえった聖人たちに助けられてイスラムの普遍的法を確立されるだろう。これらに加えて、現代西欧の世俗化した終末論の数々もこれらと同じ継続的伝統のなかに立つもので、おそらくは、その根源を紀元前八世紀にまで遡ることのできる古代イスラエルにもっているにちがいない。しかしながら、大幅な形態上の変化はあるが、この救世主期待‐至福千年の複合体系は、聖書的伝統の世界の外側にもまた、たとえば、太平天国の乱、ゴースト・ダンス*、またはカーゴ・カルト*といった運動のように見出すことができる。

(28) われわれは、再度この点でウェーバーの見解に忠実に従っている。ただし、〈介在〉という用語は、いうまでもなくその例外であって、これは彼の分析のなかに現われておらず、ここでは神義論の合理‐非合理の延長線という概念を展開するために導入されている言葉である。

(29) W. E. Mühlmann (ed.), *Chiliasmus und Nativismus*, Berlin, 1961; Sylvia Thrupp (ed.), *Millennial Dreams in Action*, The Hague, 1962 を参照のこと。

メシア期待‐至福千年説の複合形は、現在の苦難または不正を、それらがやがて輝かしい未来に打倒されるという論法で相対化することによって、一種の神義論を保有している。いいかえれば、秩序破壊的な現象が未来における秩序建設との関わりにおいて正当化され、そのような形ですべてを包み込む意味秩序のなかに再統合されるのである。この神義論は、それが筋の通った歴史論を含むという限りでは(聖書文化圏でのメシア期待‐至福千年的な運動の場合には一般的に充たされている条件といえようが)、合理的であるにちがいない。また、事件の流れに介入しようとする神の業が人間の側からの協力を必要とするか、許容するという点までは、それが実際的にしろ潜勢的にしろ革新的であるかも知れない。

だが、このタイプの神義論は、明らかに実践上の困難な問題に直面している――つまり、経験上の背反には非常に傷つきやすい弱点がある。たしかに、さまざまな知的・心理的なからくりが用意されて、経験的な反証を正当化しようとする。[30] しかしそれにしても、たとえば、ヤーヴェが雨を恵み給わないとか、キリストの再臨が遅れに遅れているとか、救世主と喧伝された人物が実は俗物以外の何ものでもない支配者とわかったとかといった事実を説明するには、そこにどうしても理論上の問題が残る。この内在的な問題は、典型的には、その神義論を別の世界にかあるいはその世界内に、何らかの形で匿《かく》されているもうひとつの真実に移し換えることによって解決される。そのどちらにしろ、こうすれば、経験的な背反を免れることができる。この、いわばメシア期待‐至福千年複合の洗練の方向は、第二の重要な〈中間〉の神義論のタイプをめざしており、そこでは償いが来世的な条件で約束されるのである。

（30） レオン・フェスティンガーの〈認知的不協和〉の心理学上の研究は、ここでは非常に有効である——彼の『認知的不協和の理論』とそれ以前の事例研究、『予言が外れた時』を見よ。事例研究で分析された諸現象と新約学者たちが来臨の繰り延べと呼んだものとの類似性は驚くばかりであり、非常に示唆的である。

そのもっとも単純な形では、このタイプの神義論は現在の苦難と邪悪の、死後の生における逆転を主張する。そのような神義論への要望が、不死に関する諸観念が生ずるに当って非常に重要だったと考えれば、たぶん間違いはなかろう。もはや、自分の生涯あるいは自分の子孫たちの生涯のうちで神の償いを探し求めるのでは充分ではない。今や、人はそれを墓のかなたに求めている。そこでやっと、受難者は慰められ、善良な者が報われ、そして邪悪な者は罰せられる。いいかえれば、来世が秩序化の拠点となる。この転位は、たぶん、自己超越的な参与による祖型的な神義論が信憑性を弱め、個人化が進めば進むほど、よりたやすく生じるにちがいない。(31)この現象は、一群の別個な宗教伝統のあいだに観察されよう。たとえば、古代エジプトや古代中国も、たとえ倫理的原則を根拠にした審判は必ずしも含んでいないにしても、来世における報奨につながる諸観念をもっていた。明らかに、メシア期待 - 千年王国の複合形に属する現世的な神義論とちがって、来世的な神義論のタイプは、その結果として革新的であるよりは、とかく保守的になりやすいものである。

(31) ファン・デル・レーヴ、前掲書二七五頁以下を参照のこと。また、ギリシア宗教思想における神義論の問題については、E. Rohde, *Psyche*, 1925, および William Greene, *Moira*, 1944 を参照されたい。

しかしながら、同じタイプの神義論は、もっと複雑にこみいった手段によって経験的な背反に対して免疫になることができる。このように救済は現世においてではあるが、ある匿された経験的には確かめられない形で歴史的に効果があり得る。イスラエル人のもつメシア期待が、バビロニア捕囚の時代に第二イザヤ書によって〈受難の下僕《しもべ》〉の観念にもとづく再解釈がなされたことは、そのような神義論の古典的な例である。棄教してイスラムに改宗してしまった後にシャバタイ・ツヴィがおこなったメシアとしての伝道の再解釈は、さらに近代のユダヤ教史における同じプロセスの事例として大変興味をそそられるものである。こうした事例には、具体的なメシア - 千年王国への希望がまだ残っているが、また同時に、それが一種の神秘的で経験的に近づき難い領域に転位されて、そこでは歴史の偶然的出来事に脅かされることのない領域に移りつつもあった。[32]

(32) イスラエルの神義論の展開に関しては、Gerhard von Rad の *Theologie des alten Tes-*

taments, とくに第二巻、および Edmond Jacob, *Théologie de l'Ancien Testament*, Neuchâtel, Delachaux & Niestlé, 1955, pp. 240 ff. を参照のこと。シャバタイ・ツヴィのきわめて示唆的なエピソードについては、Gershom Scholem, *Major Trends in Jewish Mysticism*, New York, Schocken, 1961, pp. 287 ff. を参照。

第三の〈中間的〉タイプにあたる神義論は二元的なもので、それは、古代イランの宗教の諸形態にとりわけ特徴的なものであった。[33] 宇宙は、善と悪の二つの強大な力のあいだの闘争の場と考えられている。これらはゾロアスター教のなかでアフラ・マッダとアハリマンの二神に人格化されたが、イランの二元論の後期の展開では、たとえばミトラ崇拝とマニ教におけるように、もっと抽象的な観念が出現している。こうした形態では、すべての反秩序的な現象は、いうまでもなく、悪または否定的な諸力に帰せられ、他方、すべての秩序化は、それらに対抗する善または肯定的な敵対者の前進的な勝利とみなされている。人間は、宇宙的な闘争の参加者であり、救済は（それが現世であろうと来世であろうと）彼がその闘争において〈正しい〉側に加担することによって成立する。いうまでもなく、この枠組みは理論的洗練度においてどんなにちがったレベルにも現われ得るものである。

（33） W. Hinz, *Zarathustra*, Stuttgart, 1961; Franz Altheim, *Zarathustra und Alexander*, Frankfurt, 1960; Maarten Vermaseren, *Mithras*, Stuttgart, 1965; R. Reitzenstein, *Das iranische Erlösungsmysterium*, Bonn, 1921 などを参照せよ。

西欧の宗教史においては、二元論の神義論は、数世紀にもわたるグノーシス主義の長い影響のなかでもっとも重要であった。(34) その場合に二元論は、霊と物象のあいだのそれと理解された。現世は、その物質的総体において、否定的諸力、つまりキリスト教のグノーシス派によって旧約聖書の神と同一化された存在の創造したものであった。善き神性は、現世を創造されなかったし、その故にその不完全さについて責任を問われるはずがない。この世における反秩序的な現象は、したがって、整然たる宇宙に対する動乱的な無秩序の侵入とはみなされない。逆に、この世は、無秩序と否定性に満ちた混沌の世界であり、そして人間こそが(あるいは、むしろ人間内部の霊こそが)もうひとつの世界からの侵入者、来訪者である。救済とは、霊が現世における捕囚から逃れてそれ本来の住処《すみか》、つまり、物質的宇宙の現実内に存在する何物ともまったくちがう光の世界に立ち帰ることである。救いへの希望は、かくして人間の真の生家に対する深い懐旧の情《ノスタルジア》と結びつけられており、たとえば、次のようなあるグノーシス派の文献の一節にそれが表現されている。

かの〔幽冥の〕世界に、私は数千万年ものあいだ住んでいたが、誰も私がかつてあそこに居たことを知らない。……何年にもわたって、何代にもわたって私は彼の地に居たが、彼らは私について私がかつて彼らの世界に住んでいたことを知らない。

あるいはまた、マニ教の文献からの一節は次のようにいう。

おお、我らが恵み深き父よ、いまや我らが貴方から引き離されて以来数え切れないほどの永い年月が経ちました。貴方の愛に満ちて生気に輝くご尊顔を、我らはどうかして拝したいものと熱望しております。(35)

(34) Hans Jonas, *The Gnostic Religion*, Boston, Beacon, 1963 を参照。マルキオンに関する古典的研究は、Adolf von Harnack の *Das Evangelium vom fremden Gott* である。アルビ派については、S. Runciman, *The Medieval Manichee*, Cambridge, 1947 を参照。

(35) Jonas, *op. cit.*, p. 54.

このタイプの二元的枠組みは、神義論の問題を、いわばその術語を置き換えることによって解決する。経験的な世界は単一のコスモスであることをやめて、ある領域、すなわち、そのなかで(古典的ゾロアスター教における如く)コスモス化が進行中であるような場となるか、あるいは(さまざまなグノーシス的体系におけるが如く)まさしくカオスの場と考えられるにいたる。したがって、秩序破壊の様相を呈するものは、この未完成か、あるいは否定的な領域に大変ふさわしいものである。ノモスは、いまだ成就されないか、あるいは、経験的世界の諸現実をまったく超えた領域のなかに見出されるべきものとなる。二元論に属するこのタイプが展開すると、論理のおもむくところ、此の世にかかわる事柄はすべて、とりわけ人間の生理的・歴史的存在が根本的に貶価《へんか》されるという結果を伴った。人間の肉体とそのすべての働きがそうであるように、何ごとも否定的な現実と理解されるようになった。そのうえ、現実の歴史が先験的にあらゆる救済の意義を剥奪された。いいかえれば、二元的神義論は、反宇宙的で、苦行的で、反歴史的になりがちなのである。なぜこの種の神義論が、〈正統〉ユダヤ教、キリスト教やイスラム教とこれらの内部に萌したさまざまなグノーシス的運動とのあいだの闘争にみられるように、聖書宗教に由来する諸伝統の世界観に対してある深刻な脅威をもたらしたかという理由を理解することはむずかしいことではない。(36)

(36) Scholem, *op. cit.*, pp. 40 ff.; Adolf von Harnack, *Dogmengeschichte*, Tübingen, Mohr, 1922, pp. 63 ff.; Reynold Nicholson, *The Mystics of Islam*, London, Bell, 1914 等を参照。

たいして苦労せずとも判明するであろうが、神義論の問題は、過激で倫理的な一神教、すなわち聖書宗教の軌跡の内部にもっとも尖鋭に出現している。もしも対抗神か弱小神がすべて完全に払拭されて、すべての能力ばかりかすべての倫理的価値が、現世来世を問わずあらゆる世界のあらゆる物を創造した唯一神に帰せられるならば、神義論の問題はまさしくこの観念に向けて特定された疑問となる。実際のところ、他のいかなる宗教的仕組みにもまして言い得ることは、このタイプの一神教が、「一体なぜ神は……を看過ごし給うのか」という神義論上の疑問を説き明かすその能力によってこそ、浮きもすれば沈みもするということである。

　さきに指摘しておいたように、具体的な歴史的期待から、経験的な食いちがいになり得ない救世論的な構成への聖書的終末論の展開は、それが聖書宗教の軌跡内で経験されたように、この問題の重要な側面を示している。ところが、もう一つ別の、古代イスラエル時代を超えた展開を理解するのにとりわけ重要な側面がある。その側面とは、聖書的神義論と被虐愛的な態度とのあいだの関係である。

　すべての宗教は、人間にたちはだかる他者を客観的で強力な実在として対置する。被虐愛的な態度は、すでに明らかにしようとしてきたように、人間がこの他者に対してとることのできるいくつかの基本的な姿勢のひとつである。ところが、聖書宗教の軌跡においては、被虐愛的態度はある特殊な性格を帯びるが、それは、こうした状況の下で神義論上の問題によってもたらされた強大な緊張に由来する結果のひとつなのである。被虐愛的なエクスタシーのうちに、たとえばコスミックな破壊者とアヴァターラ（権化）したシヴァ神、人間のしゃれこうべが山と積まれた上で創造の偉大な舞踏を演じるシヴァ神の前にひれ伏すというのもあろう。だが結局のところ、彼は、ヒンズー教体系における唯一の神性でもなければ、聖書の神に帰せられる倫理的性格に適うような何ものをも負わされていない。宗教的なマゾヒズムは、他者が唯一の全能でしかも完全に義である神、人間と宇宙との創造者と規定される場合に、まさしく神義論上の問題が耐え難いほど痛切になるが故に、聖書的伝統のなかである特有の様相を呈するのである。この恐るべき神の声こそが、今や呻吟する者の抗議の叫びをかき消して、さらにその嘆きを「神のいやが上にも大いなる栄光のために」*(ad maiorem Dei gloriam) 自己卑下の告白へと転向せしめるほど圧倒的でなければならない。聖書の神は徹底して超越的たらしめられる。つまり、人間に対して完全な他者 (totaliter aliter) として配置される。この超越化には最初から潜在的に、何よりも神義論の問題に対する被虐愛的な解決――全的他者への服従が潜んでおり、この他者は、疑い得ず、挑戦もされず、そのそもそもの本質からしていかなる人間の倫理的な、そしてすべてに秩序的な基準を、絶対的に超えているのである。

いうまでもなく、この服従の古典的な典拠は、すでにヨブ記のなかに見出されるはずである。「彼が私を殺そうとも、私は彼を信頼しよう」とヨブは宣誓する。そして、旋風のなかにおごそかな神の示現があったあと、ヨブは彼の眼前に顕現した至高の力の前に自分の無なることを告白していわく、「なぜか私は我が身を厭い、痛く悔い改めております」と。この「なぜか」という言葉のなかに、被虐愛的な態度のもつ情念と奇妙な論理が潜んでいる。神義論上の疑問は情熱的にそして執拗に発せられ、ほとんど、それが神に向かってのあからさまな非難にいたるまでになる。しかしながら、その疑いは、ヨブの友人たちによるさまざまな努力にみられるように、合理的には答えられない。その代わり、当の質問者は、最初に自分の疑いを持ち出す権利について徹底的に追求される。いいかえれば、神義論上の問題はそのもっとも徹底した意味で対人間的論証によって——もっと正確には反人間的な論証によって解決されるのである。神に対する密かな非難が転じて、人間に対するあからさまな非難になり変わる。この奇妙な逆転のなかで神義論上の問題は抹消され、代わって人義（または後期ラテン語を用いれば、成義 justificatio）論 anthropodicy の問題が現われてくる。人間の罪の問題が神の正義の問題と交代する。この逆転においてこそ、そしてそれが神義論と被虐愛とのあいだに築き上げる特殊な関係においてこそ、われわれは聖書宗教の展開に内在する基本的なモチーフのひとつを見るであろう。[37]

（37） 聖書的神義論の展開に関するこの論考においては、われわれは完全にウェーバーを離脱する。ウェーバーのキリスト教神義論に対する関心がカルヴァン主義者の予定説におけるその〈過激化された〉結果にまったく限定されていたことは、本当に大変奇妙なことである。それが、明らかにカルヴァン主義の歴史的役割に関するウェーバーの関心に結びついているにしても、これは奇妙な事実である。

ヨブ記は、われわれにいわば純粋な形での聖書の神に対する宗教的な被虐愛を呈示している。旧約聖書を超えた聖書宗教の展開のなかに、われわれはこの形態の直接的な連続とそのおもな変形とをともに見出すことができる。たとえば、神の意志に対する完全な服従は、イスラム教の基本的な態度になり、まさしくその名（アラビア語の aslama 服従すること）を聖書的伝統のあの壮大な単純化に与えたのである。もっとも徹底した、しかももっとも首尾一貫したこの姿勢の展開は、イスラム教および後にカルヴィニズムのなかでは格別の激越さを伴うものの、聖書伝統の主要な分枝すべてのなかに展開した神の予定説のさまざまな概念のなかに見出されるはずである。(38) 未来永劫からわずかばかりの人を救いの対象に選びとらず、多くの者を地獄の運命に追いやるという神の仮借しない勧告を喜び讃えるカルヴァン主義者は、おそらく宗教史上最たる被虐愛的態度の頂点であろう。初期カルヴァン主義においては何人《なんぴと》も自分が選択に加わるか否かを予め知ることはできないのだと強固に主張されたことを考えれば、このことはとりわけ明らかになる。だから、熱烈に崇拝され、カルヴァン主義者の倫理の厳格そのものの厳しさをもって時には（カトリック派による迫害の下でのように）命がけで奉仕された神も、すでに時の始めから当の崇拝者に堕獄の罪を宣告しており、彼の考えられる限りのあらゆる努力をもってしてもこの決定をそらされることがないということは、つねに起こり得たのである。神の至高と人間の否定とは両々相まって、自分らに堕獄を宣告した同じ神の栄光の讃美に加わる呪われた者たちの眼にこそ恐るべきクライマックスに達するのである。

(38) ウェーバーは、イスラムとカルヴィニズムとの比較を予定説をもって明解に描いている。

理解するにさして困難でないことは、この純粋な形での被虐愛的態度は、大多数の民衆が保持するのにむずかしく、主として僅かな宗教的〈達人〉にのみ可能だということである。[39] さほど厳格でない服従の形態は大衆の宗教のあいだに拡大しやすい。聖書的一神教の展開においては、神義論上の問題のヨブ的解決の厳格さがながく維持されることは稀である。大衆的な信仰では、それは多くの場合、他界での埋合せへの期待によって和らげられた。そのような変形のもとで被虐愛的服従は、苦痛を喜びさえしながらなお生じ得たのである。だが、それはさらに不純化して、それが未来の生において変更される期待――罰する神がいつの日か罰することを止めて、彼への苦痛による鑽仰がやがてより幸せな讃美にとって代わるという希望を含むにいたる。より技巧を凝らした諸派のあいだでは、その厳格さが受難に関するさまざまな神学的解釈を通して突き破られた。第二イザヤ書における〈受難の下僕《しもべ》〉なる概念が、ユダヤ教主流における受難を通した〈御名《おんな》の聖別*〉と、ユダヤの（たとえば、〈捕囚〉をめぐるカバラー派の摂神論*におけるが如き）異端的伝承における贖罪的受難の多様な教義とに継承されたことは、すでにわれわれは言及している。これに並行するものはキリスト教にもイスラム教にも見出される。カルヴァン主義でさえも予定説の冷厳な判決にまともに服従する態度は、選びの確証を得るためのさまざまな試みによって、それが外的行為に対する推定上の神の恩寵を通してか、あるいは内的な救いの確信によるかのいずれにしろ、まもなく和らげられた。[40]

(39) 〈宗教的達人〉なる語は、ウェーバーから採用した。

(40) カルヴァン主義がもつ本来の〈硬直性〉の修正は、いうまでもなく、『プロテスタンティズムの倫理と資本主義の精神』(大塚久雄訳、岩波文庫、一九五五—六二年)におけるウェーバーの論考の主要なテーマである。

だが、被虐愛的神義論のすべてのこうした〈緩和〉は、問題の基本的なキリスト教的解決、すなわち、キリスト論に位置づけられたそれに比較すれば、その歴史的な重要性は小さい。(41) たしかに、キリスト教の歴史上およそ考えられる限りのあらゆる派生をもってしても、これはまさしく基本的にキリスト教のモチーフ——神義論上の問題、とりわけ旧約聖書の宗教的展開によってもたらされた、この問題をめぐる耐え難い緊張に対する解答としての、受肉した神の姿というモチーフこそ、それだと強調することができよう。しかも、この受肉とそれの人間救済との関わりの形而上学がキリスト教神学の過程でいかに形造られてきたにしても、肝心な点は、受肉した神は、また受難する神でもある、ということである。この受難なくしては、十字架上の苦悶なくしては、受肉がその強大な宗教的効力をそこにこそ負っていると、あえて主張したいところの神義論上の問題の解決をもたらしはしないであろう。この点については、アルベール・カミュが次のように適切に論じているが、彼のキリスト教理解は、そのもっとも見識の高い現代批評の代表例とみなしてよかろう。

キリストが受難し、しかも自らの意志をもって受難されたことにおいて、受難はもはや不当のものでなく、すべての苦悶が当然のものとなった。ある意味では、キリスト教の人間行為に関するにがい直視と正当なペシミスムとは、完璧な不義は全的な正義にまさるとも劣らず人間を充足せしめるものだ、という仮定の上に成り立っている。罪のない神を犠牲にすることだけが、無限で普遍的な汚れなき純潔の苦悶を正当化することができる。神によるもっともみじめな受難だけが、人間の苦悶を和らげることができる。もしも天と地のあらゆる物が洩れなく痛みと苦しみをこうむるさだめならば、また異様な形の幸福もあり得ることなのだ。(42)

まさしくこの神義論上の問題に対する〈得点〉になるからこそ、懲罰的な神に対する受難の正確な関係が、キリスト論上の教義のなかに形成されねばならなかったのである。汚れなきキリストのもつ充分な神性と充分な人間性とが、、、両々相まって同時に維持され得るならば、受肉によってもたらされた神義論が充分に信憑され得るのである。これこそが、、、そして何らあいまいな形而上的な空論でないものが、原始キリスト教会における盛大なキリスト論上の論争を、ニケーアのアリウス派教義への論難においてその最高潮に達せしめる推進力であった。(43)ニケーアとその後の会議において成就されたように、正統的なキリスト論の信条が保証したことは、キリストの受難は、まさしく神自身の側の受難と同一化され得るものであり、同時に最初から神義論上の問題を提起しているような純粋に人間的な苦悩でもあるということである。

(41) ウェーバーは、どんなキリスト教神義論にもキリスト論が核心的な地位を占めることにまったく気づいていなかったように思われる——これは、さきに言及した奇妙な事実の一部である。われわれは、これが彼の神義論に関する一般類型論のおもな弱点の一つであると主張したい。

(42) アルベール・カミュ『反逆者』(New York, Vintage, 1956, p. 34)。

(43) 「地上に現われ給い、人間を神と和解させ給うた神性が、はたして天と地を治め給う至高の神性に相違ないか、あるいはそれが一種の半神であるのか。これが、アリウス派論争における決定的な疑問点であった。」ハルナック『教理史』(Harnack, *op. cit.*, p. 210)。

しかしながら、さきの引用には明らかにされていない〈異様な形の幸福〉のための基本的な条件がある。これは、まさしくキリスト教神義論をその被虐愛的な前提に対して、少なくとも（たとえば、グノーシス的な異端諸説に対抗するような）キリスト教の中心的な正統的伝承の内部において結びつける条件なのである。この条件とは、結局のところ、キリストは人間の無実のためにではなく、人間の罪のために受難したということの肯定である。そうであるからこそ、人間がキリストの犠牲のもつ救済の力にあずかるための前提条件は罪の認知だということになるのである。[44]

(44) われわれは、ここでは、救済の成就へのキリストの受難の正しい関係をめぐる疑問に対するたがいに異なった神学上の解答について議論することを省略している。有益な類型論としては、Gustaf Aulén, *Christus Victor*, London, S. P. C. K., 1931 を参照。また、John Hick, *Evil and the God of Love*, New York, Harper & Row, 1966 を参照のこと。

神義論上の問題に対する、いわゆる〈アウグスチヌス的〉解決は、そのままが受難の神の呈示ではない。われわれは、後期グレコ・ローマン時代がそのような観念に充ちていたことを知っている。その解決は、むしろ、神の義に関する疑問から人間の罪深さに関する疑問への痛切な被虐愛的転回、さきに指摘したように、すでに旧約聖書の神義論においても生じているような転回に依拠しているのである。再度、神義論の問題は成義論の問題へと翻訳されるのである。しかしこの翻訳の過酷さは、ヨブ記の被虐愛的な対話における相手同士の二者に対する受難の神一人の介入によって和らげられる。いいかえれば、支配と服従のまともな対決は、受難のキリストの姿において和らげられるのである。神は、キリストにおいて受難し給う。だが、キリストの受難は、神を義とするのではなく、人間を義とするのである。キリストを通じて雷霆《らいてい》暴風の神ヤーヴェの恐るべき他在が円熟する。と同時に、キリストの受難をめぐる思索が人間の無価値の確信を深めるが故に、旧来の被虐愛的な屈服がより技巧的といわず、より洗練された様式で繰り返されるのである。われわれが主張したいのは、キリスト教の基本的に宗教的な決め手は、この点を理解しなければ把握できず、また、それ以上に(少なくともその主要な正統的諸形態における)キリスト教の信憑性が、この神義論の信憑性のあるなしにかかっているということなのである。

われわれは、こうした論考の形で、のちほど、キリスト教の信憑性の全面的な減退を論じる機会をもつことになろう。ただ当面触れておくだけで充分であろうが、この減退は、キリスト教神義論の評価の連続的な下落を伴っているのである。一七五五年には地震がリスボン市街の大半を破壊し、その人口の相当部分を殺してしまった。この事件は、われわれの時代の膨大な恐怖に比べれば些細なものにみえるかも知れないが、十八世紀の思想にとっては重大な事件のひとつであった。それは、当時の最良の心の持ち主たちのあいだに神義論上の問題とそのキリスト者的解決の妥当性に関する問題を深刻に巻き起こしたが、彼らのなかには、ルソーをはじめ、ヴォルテール、カントなどが加わっていた。第一次世界大戦は、思うに、再び同様の関心のもとで、かなり大量の文献を、とりわけイギリスにおいて産み出した。非常に示唆に富む点をいえば、第二次世界大戦の計り知れないほどの大きな恐怖が同様の結果をもたらさなかったということである。こうした（とりわけナチの残虐行為に関連するような）諸事件が、倫理的または政治的な問題を背景として形而上的な問題を引き起こした限りでは、これらは、その性格上神学的というよりは、むしろ典型的に人間学的なものであった。すなわち、「一体どうして神は、これをなすがままにされ給うのか」というよりも、むしろ、「一体どうして人間は、こんなことができるのだろうか」であった。責任あるキリスト教の代弁者でさえも、そうした事件の意味づけに伝統的なキリスト教の信条を反復するのに、ある種のためらいをもってしまったと思われる。生き残った正統派と新正統派の陣営のなかでは、古典的な神義論から成義論への転回が何度も繰り返されてきたが、それは、ナチズムの悪夢さえも、キリスト教の神の信頼性をめぐる深刻な疑問としては受けとらず、これを人間の罪に関するキリスト教的見解を証拠立てるものとみなしたからこそであった。ところが、全般的な反応は、こうした事件の神義論上の意味合いに関しての奇妙な沈黙であり、その代わりに人間論と政治倫理の次元での問題が集中的に出現して、しかもその点に関しては、キリスト教の代弁者たちが彼らの世俗的同世代人たちと共有する思考の枠組みのなかで発言を希望することができたのであった。

西欧人の意識のなかでキリスト教神義論が分裂した歴史的結果のもっとも重大なものは、いうまでもなく、革命時代の幕明けであった。歴史と歴史における人間の行為とは、それによって苦難と悪徳のノモス化が模索されるべき強力な手段となった。神の意志への服従、キリストの存在を通して仲介される希望、神の力によってもたらされる終末への期待は、もはや大半の人びとの痛苦を癒やすのに役立つものではなくなった。キリスト教の社会的神義論（つまり、社会におけるもろもろの不公平のそれによる正当化）は、キリスト教神義論の全面的な信憑性を相伴って崩壊しつつある——この点は、付言すれば、キリスト者たち自身によるよりも、むしろキリスト教に敵対する者たちによっていっそう明解に理解されてきたことである。(45) もしも、世界をめぐるキリスト教的説明がもはや効力をもち得ないのであれば、社会秩序をキリスト教的に正当化することもまた、それほど長くは維持され得ないであろう。この認識を代表するものとして再度カミュのことばを引用すれば、人は今や「根こそぎの反逆を手がけ始めた。そしてそれは、恩寵の支配を正義の支配に置き換える反逆なのだ。(46)」

(45) マルクスとニーチェによるキリスト教の分析は、いうまでもなく、これに関する最も重要な事例である。

(46) カミュ、前掲書五六頁。

自明のことだが、この意識の革命的な変化をこれ以上ここで分析することはわれわれの目的ではない。われわれがこれまで神義論の史的に相異なった配列を利用して指摘するだけに止めてきたことは、大ざっぱにいって、人が彼の経験の秩序破壊的な様相に対してどのようにさまざまな実存的で理論的な姿勢をとるのか、そしてまた、異なった宗教体系がどのようにこのノモス化の企てに関わるのだろうか、という点についてであった。われわれの目的が達成されたとすれば、それは、コスモスの維持をめざして宗教的に努力するにしても、また、ある非宗教的な世界観にもとづいてコスモスの維持をはかろうとするにしても、いずれにせよ、神義論上の問題がその核心を占めるのだということをわれわれが指摘することができたからこそであろう。人が構成するもろもろの世界は、カオスの力によって、最終的には死という不可避の事実によって、永遠に脅かされている。アノミー、カオス、そして死を人間生活のノモスの内に統合することができなければ、このノモスが社会の歴史と個人の人生との両方に起こる危急の諸事態を克服しきることは不可能であろう。[47]再言すれば、あらゆる人間秩序は死に立ち向っての共同体である。神義論は、死と和議を結ぶ試みを代表している。歴史上のあらゆる宗教の運命が、あるいは宗教そのものの運命がいかにもあれ、われわれの確信できることは、人びとが死に、そしてこの事実を納得せねばならない限り、この試みの必要性が消え去ることはない、ということである。

(47) マルクス主義者のあいだで、個人的生活での具体的な意味づけの問題に対する彼らの包括的な世界観の関わり方をめぐって最近おこった論争は、このことを適切に物語っている。Erich Fromm (ed.) *Socialist Humanism*, Garden City, N. Y., Doubleday, 1965（城塚登監訳『社会主義ヒューマニズム』上・下、紀伊國屋書店、一九七六年）参照。

4章　宗教と疎外

ここでもう一度、本稿の考察に出発点の役を果たした基本的な弁証法、すなわち、外在化、客体化、および内在化の三契機と、その総体が社会の諸現象を構成するという発想を想い起こすことが必要であろう。人間は、その生物学的な姿態の固有な性格の故に、自分を外在化せざるを得ない。人びとは、集合的に共通の行為の形で自分たちを外在化し、それによってひとつの人間世界を産み出す。この世界は、その一部としてわれわれが社会構造と呼ぶものを含みながら、彼らに対して客体的実在の地位を獲得する。その同じ世界が、ひとつの客体的な実在として社会化の過程で内在化され、社会化された個人がもつ主観的な意識の構成部分となる。

社会は、別のことばを使えば、集合的な人間行為の一所産なのである。それとして、またそれとしてのみ社会は客体的実在として個人に対面する。この対立は、それが個人にとっていかに抑圧的に見えようとも、直面するものに対して当人が果たす不断の内在化を俟《ま》たねばならない。より端的には、それは個人の協力、すなわち社会の現実を不断に構成するような集合的行為に彼が参与することを要請する。いうまでもなくこれは、抑圧的な特定の行動に協力しなければならないということではない。だが、こうした行動は、それがいかに不本意であろうと、社会がこれに賦与してきた客体的な意味に彼が関与する程度に応じてだけ、社会的現実の一部として彼にリアルなものとなる。社会の現実を自然の実在から決定的に分けるものは、彼だけが単独にもつ局相《アスペクト》なのである。たとえば、ある人が仲間に殺されたとして、それが、物理的な出来事としては人間の介在しない自然現象の結果とほぼ変わりない方法、たとえば岩に押し潰されるという形であるとする。しかし、自然の出来事にどう似ていようと、岩の下敷きになって死ぬという二つの可能性には、まったくちがった意味が伴ってくる。その相違は、殺人と事故のちがい、つまり、社会的世界内での事件と〈狂暴な〉自然が社会的世界を侵害する事件とのちがいである。その人は、事故では絶対にあり得ない方法で――つまり、彼が不幸にも彼の殺害者と共有する客体的な意味のレベルでこれを了解することにおいて、この殺人に〈協力する〉ことにもなる。このように、殺人による犠牲者は事故による犠牲者には到底できかねる方式で〈適確に〉死ぬことが可能である。これは、もちろん極端な例である。肝心な点は、たとえ社会が個人にとって極端な抑圧となる場合であっても、社会は自然とはちがって意味あるものとして現われることをいうにほかならない。この見解は、社会的現実がもっと受け容れやすい経験として立ち現われる無数の事例では、いっそうの妥当性をもつのである。

さきに見てきたように、社会的世界の客体性とは、個人がそれを自分の埒外にあると心得て、簡単には自分の思いどおりにならない現実として理解するという意味である。それは、そこに存在し、現実として承認され、〈厳然たる事実〉として約定されるべきものである。人は、楽しい一夫多妻のなかで過ごしてみたいと夢見ることもあろうが、現実には、うんざりするような一夫一婦という〈厳然たる事実〉に立ち戻らざるを得ないであろう。事の〈散文性〉は、共通の言語と社会の意味体系なのであって、これは、彼の孤独な幻想がもつほかない〈詩情性〉に比べてはるかに圧倒的な現実性をもっている。いいかえれば、諸制度は、それらが社会的世界の客観性に参与する限りにおいてリアルなのである。同じことは、役割についても、そして大変重要なことに、内在化された役割にもあてはまる。白昼夢のなかでは、人はトルコのパシャにもなれよう。日常生活の現実では、彼は分別のある中流階級の夫の役割を演じなければならない。ところが、社会ばかりが外側の構造として、パシャの役柄を禁じるのではない。個人意識の内側の構造が、社会化を通じて形造られるに従って、自らパシャの役柄を幻想の地位、まさしくより劣った現実のレベルにおとしめるのである。彼は、分別ある中流の夫としてこそ自分にとってリアルなのであって、パシャとしてはそうではない。それにもかかわらず、彼がどの程度までパシャとして自分を現実化するのに成功するかは、当面、われわれの関心ではない。そのような現実化に最小限必要なことは、他の誰かが女奴隷の役を演じる用意があるかどうかにはちがいないが、一夫一婦制の条件下では技術的にむずかしいことである。ここで問題にすべきことは、社会的世界は内在化されても客体的な現実の性格を失わないという重要な事実である。それは、意識のなかでもまたそこに存在するものなのである。

要するに、客体化とは、そのなかに住む個人らの埒外であるリアルな社会的世界を産み出すことであり、内在化とは、この同じ社会的世界がこうした個人それぞれの意識内に現実の地位を獲得することを言う。ところが、後者のプロセスは大変重要な随伴的様相――つまりその構成として社会化されたものと社会化されないものからなる意識の重層という性格をもたらす(1)。意識は社会化に先立って存在する。そのうえ、意識は決して完全には社会化されず、たとえほぼ完全であるとしても、その人自身の身体過程に属する不断の意識がこの性格を保持する。社会化は、だからつねに部分的である。意識の一部は社会化によって形成され、個人の社会的に承認される自己同定となるような形をとる。あらゆる内在化の所産と同様に、そこには、社会的に（客観的に）指定されたとおりの自己同定と、主観的にあてはめられた自己同定とのあいだに一種弁証法的な緊張があって、このことは、社会心理学にとって基本的に重要なポイントのひとつだが、当面のわれわれにとってはさして興味ある問題ではない(2)。われわれの狙いとしてここで重要なことは、社会的世界の内在化によってもたらされた意識の重なり合いが、結果的に意識の一方が他方に敵対して、これを排除、凍結、または疎外してしまう事態を招くという点である。いいかえれば、内在化は必然的に自我客体化を伴う。要するに、自我の一部がただ他人に対してだけでなく、自我自身に対して社会的世界を代表するもの——、すなわち〈社会我〉となり、それが上に重ね合わされるところの非社会的な自我意識と不安定な折り合いの状態でありつづけるものとして、客体化されるようになる。[3] たとえば、中流階級の夫の役は、個人意識の内部で客体的な〈実在〉となる。それはそのまま、一方で中流階級の結婚の外的制度という〈厳然たる事実〉に対する大なり小なりのシンメトリーをなして（これは、この特定のケースでの社会化の〈成功〉いかんによるが）対応しながら、それ自身〈厳然たる事実〉として意識の残りの部分と対立する。

（1） 意識の重複という概念はミードによる。社会化された人間を二重人（homo duplex）とするデュルケームの考え方もまた有効である。

（2） この公式化は、マルクスとミードの核心的な視角を結びつけようとしている。

（3） 〈社会我〉の用語はウイリアム・ジェイムズによって使われた。その展開は、ジェイムズ・ボールドウィンとチャールス・クーリィの研究をとおしてあたかもミードによるその〈成文化〉にいたったように、アメリカの社会心理学にとって決定的に重要なものである。

いいかえれば、意識の重なり合いは、外的な社会と個人の対立を意識そのものの内部で繰り返しながら、自我の社会化された部分と社会化されない部分とのあいだの内的な対立という結果になるのである。どちらの場合も、それぞれの二要素が機械的な因果の関係とならず、むしろおたがいを繰り返し連続的に産み出し合うのである限り、その対立は一種の弁証法的な性格をもつ。そのうえ、自我の二つの部分はたがいに内的対話をかわすことができる。(4) この対話は、いうまでもなく、個人が社会生活のなかで外部の他者たちと続けるところの対話(より正確には、この対話の典型化されたもの)を意識の内で繰り返すのである。たとえば、中流階級の社会でパシャの役柄をやり抜こうとすれば、その人はまもなく自分がさまざまな(この場合には、気に入らないにちがいない)他人たちとの対話——、彼の妻、家族たち、法律家等々との対話にかかずらっているのを発見するにちがいない。ところが、こうした外部での対話は、彼自身の意識のなかでも再現されよう。たとえば、その法と倫理性が〈良心の声〉の形で内面化されてしまいがちであるという事実を別としても、中流クラスの夫という社会的に指定された自己同定とパシャとして主観的に望ましい自己同定とのあいだに、双方とも意識の内部で結晶化した〈実在〉の相を呈しながらの内的な対話が少なくとも成立するにちがいない。そのどちらが個人にとってよりリアルとなるかは、彼の社会的現実への〈適応〉(あるいは、お好みならば、彼の〈精神的健康〉といってもよいもの)の問題——この点では、警官や精神医たちに任せておくことのできる事柄なのである。

これを別の言い方をすれば、人は社会での生活の結果として、自分の外と内の両方に

(4) 内的対話という概念はミードによるものである。

〈他者性〉を生み出すということになる。人が自身で作り出すものは、それが社会的世界の部分である限りは、自身以外の現実となる。それは彼から〈逃走する〉。だが、人はまた、自分の一部が社会化によって形成される以上は、自分自身からも〈逃走する〉ことになる。社会的世界の他者性と社会生活上の他者である具体的な人間存在とは、意識のなかに内在化される。いいかえれば、他者と他者性は意識の内部へ投入される。その結果、社会的世界が個人に疎遠なものとみえるばかりか、社会化された自我のある局面では、自分が自分にとっても疎遠なものとなるという可能性さえあるのである。

強調すべき大事な点は、この敬遠こそは、人間の社会性において与えられ、いいかえれば、これは人間学的な必然だということである。ところが、そこには二つの進むべき進路があって、そのひとつは、世界と自我との離間が双方ともその人自身の行為の所産であることを〈想起する〉ことによって再結合される方向であり、もうひとつは、そのような再結合がもはや不可能で、社会的世界と社会我とが自然の事実性にも似た確固たる事実として個人に対立するという方向である。後者の方向は疎外と呼ぶことができよう。(5)

(5)　ここで使用される疎外の概念は、いうまでもなく、マルクスに由来するが、われわれは、マルクスがヘーゲルを批判してこの概念の彼なりの使用を始めた当初の尖鋭性を和らげてはいる。とりわけ、われわれは、疎外が社会秩序の犯した一種の歴史的な〈罪〉の結果であるとするマルクスの神学まがいの見解、または社会主義革命を通じて疎外を消滅せしめる

（つまり、それを止揚する）という彼のユートピア的な希望には従っていない。だから、われわれによるこの概念の使用の仕方は、〈左翼〉的よりもむしろ〈右翼〉的な意味合いであると認める用意はある。非マルクス主義者の見解からのこの概念に関するもっとも役に立つ論考については、Arnold Gehlen の *Studien zur Anthropologie und Soziologie*, Neuwied/Rhein, Luchterhand, 1963 所収の論文「疎外からの自由の発生について」（同書、二三二頁以下）を参照のこと。著者がより以前に扱ったものについては、Peter Berger と Stanley Pullberg の「物象化と社会学的意識批判」（"Reification and the Sociological Critique of Consciousness," *History and Theory*, IV, 2, 1965, pp. 196 ff. を見よ。

見方を変えれば、疎外とは、個人と彼の世界とのあいだの弁証法的関係が意識のなかで失われる過程である。個人は、この世界がかつて彼の協力によって作り出され、現在も作り出されていることを〈忘れる〉。疎外された意識は弁証法的でない意識である。社会文化的な世界と自然の世界の基本的なちがいがあいまいになる――つまり人びとが作ったのは前者の世界であって、後者ではないというちがいである。(6) 疎外された意識がこの欺瞞性にもとづく限りは、それは虚偽の意識である。(7) もうひとつ見方を変えれば、疎外は客体化のプロセスの行きすぎであり、それによって、社会的世界の人間的（〃生きている〃）客体性が意識のなかで自然の非人間的（〃死んだ〃）客体性に変形してしまう。典型的には社会的世界の現実を築き上げる人間的な意味の豊かな行為の表現が、意識のなかで非人間的で意味に乏しく生気のない〈事物〉になり変わる。つまり、これらは物象化されるのである。[8]そうなると、社会的世界は、個人がそのなかで意味の豊かな行為によって自分の存在を拡大させたところの開かれた領域であることをやめ、その代わりに現在または未来の行為から離別された物象化の閉鎖的な塊になってしまう。行為者がたんに行為されたものになり下がる。生産者は生産物としてしか理解されない。こうした社会的な弁証法を喪失すると、行為そのものが何か別のもの——つまり変化、運命、またはめぐり合わせに見えてくる。

(6) この公式論は歴史と自然とのちがいに関するヴィコの古典的な論述を意訳したものである。

(7) 虚偽意識なる概念は、疎外に関してすでに指摘された意味の変更を伴ってはいるが、ここでは基本的にマルクスの意味に用いられている。

(8) 物象化の概念の由来については、バーガーとプルバーグの前掲論文を参照のこと。

疎外に関する三つの重要な点については、ここで明らかにすべきであろう。第一に強調されねばならぬことは、疎外された世界はそのあらゆる面で、意識の、とくに虚偽意識の現象であるということである。[9]たとえ疎外された世界のなかに生きているあいだにも、人は彼の行為でしかない疎外化の行為を通じてこの世界の共同制作者であり続けるが故にこそ、それは虚偽なのである。したがって、逆説的に人は彼を拒否する世界を作り出す。いいかえれば、人は決して実際には物さながらの事実性となることはできない。彼は、自分の経験を偽って自分をそのようなものと了解することができるにすぎない。第二に、疎外を意識の後期的展開、つまり疎外されない存在という楽園的状態のあとに続く一種認識上の恩寵からの堕落と考えることは大きなまちがいである[10]。その反対に、すべての証拠が示していることは、意識は、系統発生的にも、個体発生的にも、疎外された状態に始まり、せいぜい脱疎外が可能なところまで成熟するのだということである[11]。未開人と幼児の意識は、ともに社会文化的世界を本質的に疎外された方法で——事実、必然、運命として理解する。わずかに、歴史上のずっと後代、あるいは特定の歴史的環境に生きる個人の後半生になってから、ようやく社会文化的世界を人間の仕業のひとつとして把握する可能性がその姿を現わすのである[12]。いいかえれば、社会文化的世界を他者の作 opus alienum とする理解が、どんな場合にもそれを人間の自作 opus proprium とする理解に先行するのである。第三に、疎外は、規範喪失《アノミー》とはまったくちがった現象なのである[13]。その反対に、社会文化的世界を疎外された仕方で理解することが、その規範的な諸構造をきわめて効果的に維持することに役立つのであって、その理由は、まさしくそうした理解が、人間が世界を構築する企てに伴う無数の偶然な出来事に対して、これらの構造に見かけ上の免疫性を与えるからなのである。人間自身の創作としての世界は本来的に不安定である。他者（神、自然、歴史の力、その他何であれ）の作品としての世界は外観上は永続している。この最後の点は、いうまでもなく、疎外と規範喪失《アノミー》に対する宗教の関わり方を理解するのにとりわけ重要である。今やわれわれは、この点を直接的に扱う段階にいたったわけである。

（9） バーガーとプルバーグの前掲、二〇四頁、脚注一三を参照のこと。疎外が意識上の現象のひとつであるとの言表は、それが本来的に反省以前のものであることを否定することでもなければ、それが実践行為にもとづくことを否定するものでもない。むしろそれは、疎外された人間はもはや世界を産出する存在ではないという誤った結論を避けることになるのである。

（10） このことは、再度われわれをしてマルクスのユートピア的構想と思われるものから解放せしめることになる。われわれは、ヘーゲルを批判してマルクスがなした客体化（Versachlichung）／外在化（Entäusserung）および物象化（Verdinglichung）／疎外化（Entfremdung）の区別を受け容れるとともに、後二者のプロセスが、前二者のそれとはちがって、人間学上の必然と理解されるべきではないとするマルクスの見解をもまた採用する。しかしながら、われわれがマルクスの見解で（のちにエンゲルスによってさらに普及されたものに）従い難い点は、疎外が歴史的には疎外されていない存在状況に後続するものだという見解である。

（11）〈原始心性〉に関するレヴィ‐ブリュルの業績と子供の思考に関するピアジェの業績が、ここではきわめて参考になる。これらの問題をめぐる最近の扱いについては、Claude Lévi-Strauss, *La pensée sauvage*, Paris, Plon, 1962; Jean Piaget, *Études sociologiques*,

Generva, Droz, 1965, pp. 143 ff. を参照。

(12) Berger and Pullberg, *op. cit.*, p. 209 f. を参照。

(13) 疎外と規範喪失との理論上の混同は、近年これらの概念についてアメリカの社会科学者たちが書いているほとんどすべての著作の中心を占めている。この混同は、両概念の心理学的解釈によっていっそう深刻になっている。

すでに見てきたように、宗教は人間の歴史を通じて規範喪失《アノミー》に対するもっとも効果的な防波堤のひとつであった。この紛れもない事実が宗教の疎外する傾向に直接かかわっていることを理解することが、今や大切である。宗教は、それがまた強力で、おそらくもっとも強力な疎外の執行機関であるが故にこそ、非常に強力な規範化の執行者であった。その証拠に、そしてまさしくここに指摘した通りの意味で、宗教は大変重要な虚偽意識の形態なのであった。(14)

(14) 宗教と疎外の基本的な結びつけは、フォイエルバッハによってなされた。マルクスばかりか、ニーチェやフロイトまでもフォイエルバッハの影響下で宗教を概念化している。

聖なるもの、いわゆる〈宗教経験〉のなかで出会われるような基本的な性格のひとつは、他者性、すなわち平常で凡俗な人間生活に比べて絶対的に他者的なあるものとしての現われである。(15) まさしくこの他者性こそが、宗教的な畏怖、霊的な恐れ、たんなる人間のすべての次元を完全に超越するものへの憧憬の核心に横たわるものである。たとえば、バガヴアッド・ギータにおいて、クリシュナの神の形姿がもつ古典的なヴィジョンでアールジュナを圧倒するのが、この他者性である。

無数の顔と眼をもってさまざまな神々しき表情を見せ給い、無数の天上の装身具に御身を飾り立て、あまたの神聖な武器をふりかざし給う。天上の花輪と衣装を身にまとい、神々しき芳香に身を浄め、この上なく素晴らしく、華麗きわまりなき尊顔を四囲に振りむかせ給う。もし一千の太陽の輝きが天空において一度に放たるるとせば、それはかの唯一絶大なる者の光輝にも似るであろうに。(16)

そうして次に、もっと不吉なイメージでは、

おお、強きことこの上なき主よ。汝の偉大なる御姿を見れば、巨万の口と眼をもち、無数の腕《かいな》と股《もも》と足をもち、無数の腹をもち、無数の恐るべききばをむき出し給う。かくて世界は恐れおののき、我もまたかくありたり。

われ、汝の諸天に達し無慮の光輝に輝く眩ゆき御姿をあおぎ見るとき、われ、汝の口々の大きく開かれ、汝の眼ざしのまぶしく光を発するさまを見るとき、わが内なる魂は恐れにうち

おののき、ひとかけらの勇気も平安も見出さず、おおヴィシュヌよ！[17]

（15） Rudolf Otto, *Das Heilige*, Munich, Beck, 1963, pp. 28 ff. を参照。

（16） Swami Nikhlinanda （trans.）, *The Bhagavad Gita*, New York, Ramakrishna-Vivekananda Center, 1944, p. 126 f.

（17） *Ibid.*, p. 130.

他の宗教的伝統からの事例もほぼ思いのままに積み重ねられようが、われわれの伝統のなかでも、イザヤ書の語る神々しい神の玉座の光景から、ウイリアム・ブレイクのうたった〈夜の森に燃えるが如く輝く〉虎にいたるまで、いずれも自然の現象の背後の神的他者をそれ自身の〈恐るべき影〉のかなたに指し示すのである。たしかに、宗教のよりいっそう〈技巧のすすんだ〉展開のなかでは、こうした聖なるものの近づきがたい神秘の恐ろしさは和らげられ、溶解されて、さまざまな媒介手段によって人間に身近なものになるであろう。しかしながら、その場合でさえも、人は比較的〈恵み深い〉または〈穏やかな〉姿態の裏に隠された本質として生きていることになお気づいていなければ、宗教現象をつかみとることはないにちがいない。（アールジュナが、クリシュナに再度、せめてもう少し親しみ深い四本の手をもつヴィシュヌの姿で現われてくれるように嘆願したときの表現が、〈恵み深い〉〈穏やかな〉ということばである。）絶対他者の威厳と魅力は、そこでさえも、聖なるものとの出会いのライト・モチーフのひとつでありつづけるのである。[18]

(18) オットーは、相当に洗練された形態の宗教にさえも〈他者性〉の要素が生きつづけていることを強く主張している。

ある他者の実在が何ほどか経験の世界を侵害するか、あるいはそれに近似するという基本的な宗教上の仮説が認められるとすれば、聖なるもののこうした形姿には純粋な〈経験〉の地位を与えられよう。いうまでもなく、この仮説は、社会学その他の科学的な考え方の枠組みのなかではなされ難いものである。いいかえれば、宗教人たちのこうした報告をめぐる究極的な認識論上の地位は厳しく括弧に入れられねばならない。〈他界〉は科学分析の目的には経験的になじまないのである。より正確にいえば、これは、現世界、すなわち自然と歴史における人間経験の世界のなかでは意味付与の飛び地としてのみ有効なのである。[19] さながら、それは、他のあらゆる人間による意味づけの例と同様に、つまり、社会的に構成された世界の一要素として分析されねばならない。別の言い方をすれば、たとえ聖なるものの諸形態が〈究極的に〉他のいかなるものであろうとも、経験的には、これらは人間の行為と意味づけとの産物――つまり人間の側からの投射にほかならない。[20] 人間存在は、彼らによる外在化の過程で彼らのもつ意味を周りの世界に投げ入れる。こうした投射は、人間社会に共通な世界に客体化される。宗教的な意味の〈客観性〉は作られた客観性であり、要するに宗教的な意味は客体化された投射にほかならない。したがって、こうした意味がある圧倒的な他者の感覚を意味するかぎり、これは疎外された投射と表現して差し支えなかろう。

(19) シュッツの用語では、これらは他の人びとと共有する日常生活の〈支配的現実〉にとりかこまれている〈意味づけの限定領域〉としてのみ有効なのである。これに関する神学上可能な意味をめぐっての短い検討については、補論IIを見よ。

(20) 〈投射〉ということばは最初にこのような意味でフォイエルバッハが使用した。これに関しては、フォイエルバッハの論文 "Zur Kritik der positiven Philosophie" (「実証主義哲学批判をめざして」*Hallische Jahrbücher*, 1838) のなかで次のような初期の公式化が見られる。「絶対人格——それは、その本質の投射としての神にほかならない。それは、ひとつの幻想であって、要するに思考の対象は決してそれ自身ではなく、神的な他者なのである!」投射という概念は、宗教に関するフォイエルバッハの生涯を通じた関心の核心的な見方を示している。そしてこれは、彼の著書 *Das Wesen des Christentum*, 1841 (船山信一訳『キリスト教の本質』フォイエルバッハ全集九、十巻、福村出版、一九七五年) のなかでそのもっとも明快な表現を獲得している。この見解に対するマルクスのおもな修正は、宗教的な投射は集合的なものだという主張である。それでも、マルクスが、自分の思想のなかに適用しやすかったにもかかわらず、この〈投射〉なる用語を使わなかったということは、銘記されるべきである。

宗教の正当化に関するさきの論考において、それが本来不安定な社会秩序の諸形態に見せかけの不動と連続の様相をどんな方法で供給するかをすでに見てきた。今やわれわれは、もっと正確に宗教をしてそうせしめる性格――つまり宗教の疎外する力という資質を同定することができる。宗教的正当化の根本の〈秘訣〉は、人間の産物を超人間的または非人間的な事実に変えてしまうことなのである。人間によって造られた世界が、その人間の創作を否定する言い方で説明される。人間のノモスが神のコスモスになる、あるいは少なくとも、その意味を人間の領域を超えた彼方から引き出すところの現実となるのである。単純に宗教と疎外を同等視する極端に走らずとも（そうなれば、科学的な枠組みのなかでは容認しがたい認識論上の仮説を必然的に伴うことになる）、われわれが主張したいことは、人間の世界構築と世界維持の企てにおける宗教の歴史的役割は、その多くが宗教に内在する疎外力にもとづくものだということである。(21) 宗教は、人間世界に疎遠な存在や諸力を現実に出現せしめる。たとえ宗教がこうしたものであるとしても、その言説は、そのあらゆる形態において経験的探究には服しがたいものである。とはいえ、それに服し得るものは、人間世界をプロセスのなかで疎外するという宗教の非常に強力な傾向である。いいかえれば、人間に対して疎遠なものを措定するなかで、宗教は人間を彼自身から疎外しがちなのである。

(21) 強調すべきことは、宗教と疎外を同等視するのを拒否することで、われわれが再度、フォイエルバッハの見解からもマルクスの見解からも離脱しようとしている点である。

この意味においてこそ（そして宗教的言説そのものを認識論的に虚偽とみなすという意味ではなく）、少なくともその歴史上の現われ方の高い統計的な頻度という点で、われわれは宗教を虚偽意識と結びつける資格があると思う。宇宙をあまねく宗教的に説明する〈究極的な〉功罪が何であろうとも、その経験的傾向は、人間自身の行為によって形造られた宇宙の部分、すなわち社会文化的世界について人間の意識を偽ることであった。この偽造はまた神秘化とも表現できよう。(22) 社会文化的世界は、それがひとつの人間的意味の体系であるが、起源的に非人間として措定される神秘なものに上塗りされている。すべての人間による生産は、少なくとも潜勢的には、人間の言葉をもってこれを理解することができる。宗教によってそれらに投げかけられた神秘化のヴェールはそのような理解を妨げる。人間の客体化された表現は、神の謎のようなシンボルとなる。そしてこの疎外化は、まさしくそれが規範喪失の恐怖から人びとを保護するが故に、彼らに対して強力なのである。

(22)〈神秘化〉なる語はマルクスに由来する。

宗教は、諸制度を一社会の歴史におけるその経験的な存在を超えた所与として説明することによって神秘化する。たとえば、結婚（より正確には、親族）は、社会生活の生物学的な前提条件なるが故に基本的な制度のひとつである。すべての社会は、その生態的な生殖を供給する問題に直面している。これは、社会がすべてその成員の性的行為に多かれ少なかれ制限を与える〈プログラム〉を作り出してきたことを経験的に意味している。いうまでもなく、こうした〈プログラム〉が歴史的に変わりやすいことは、民族学的な証拠にざっと目を通せばわかるように、非常なものである。正当化の問題は、ある特定の社会に発達した特定の制度が、歴史的な諸事件の結果がどんなものであれ、たとえそれが時に厄介なものであるか、まったく苦痛そのものである場合でさえも、なぜ忠実に守られねばならないかを説明することにある。この問題を解決する効果的な方法のひとつは、宗教的な方法で制度を神秘化することである。あるブラジルの部族における半族制外婚の制度、あるいはまたわれわれの社会における単数婚の制度は、だからこうした諸制度の事実上の偶然性を効果的におおいかくす方法で正当化されることになろう。ブラジルで自分の属する半族のメンバーと性的関係をもったり、アメリカで他人の妻とそうしたりすることは、確立した社会的慣習を破るものとしてばかりでなく、当該の諸制度の究極的な守護者と措定された神的存在に対する挑戦としてこれを懲罰することができる。今や欲情とその目標との間に割って入るものは、たんに仲間たちの非難や怒りばかりではなく、怒りの神の復讐する力でもあるのである。適切な信憑構造を与えられて、このような形而上的な手品が非常に効果的なコントロールをもたらすのであれば、ほとんど問題はあり得ない。また、これが人間を彼本来の世界から疎外させることによってなされさえすれば、やはり問題はないにちがいない。その極端なケースでは、さきに見てきたように、結婚が人間の行為であるとはまったく考えられなくなって、神々の聖婚の模擬的再現となる。それと教会の秘蹟としての結婚観とのちがいは、質のちがいというよりも程度の差なのである。

もうひとつの例をあげれば、社会はすべてその成員のなかに権力を配分し、典型的には権力機構を結果せざるを得ないという問題に直面している。こうした機構の正当化は、物理的な暴力手段のやむを得ざる採用を説明し正当化する特殊な働きをし、しかもその手段を採用すること自体がまさしく特定の〈権力者〉を政治生活の諸機構にもたらすことになる。さらにいえば、問題の政治機構の現実的性格を神秘化することによって、これが〈権力者〉を一人の人間から人間以上の属性に変える。人びとの首をはねる権力をもつ者たちに関する現実的で経験に根ざした理解が、やがて神の意志を地上で代表する者たちの〈いかめしい統治権〉を前にしての霊的な畏怖に成り代わるのである。そこで斬首を政治的に当を得たものにするような状況が進展すれば、問題の行為は、経験を超えた次元の必然から来る経験次元の結果にすぎないかのようになり得る。「王がそうおぼしめされる」が、あたかも「わが主かく言い給う」のこだまとなる。さらには、政治的な制度化の〈プログラム〉がこの方式で——もう一度これらをその人間行為の根拠から疎外させることによって——強化されることがよくわかる。この例と先の例の双方の場合、強く念を押しておかねばならないことは、われわれが〈変形〉をいう時には決してこうした制度に関する疎外されない理解から疎外された理解へと年代的に進行することを言っているのではないという点である。その反対に、この進行はもし起こるとしても、その逆の方向をたどる。性と権力の諸機構は、まず最初は完全に疎外された実体として現われ、日常の社会生活の上にあたかも〈他者〉の実在からの顕現として出没する。脱疎外化の可能性は、ずっと後になってようやく現われてくるにすぎない。しかもそれは、以前にはこうした諸機構を維持していた信憑構造が分解するにつれて出現することが非常に多い。

必要に応じてその形を変えながら、神秘化のプロセスは問題の諸機構に配置された多くの役割にも波及する。いいかえれば、どの役割にもこめられている代表性が、神秘的な形で超人間的な実在を代表する力を帯びるのである。このようにして、自分の欲情を誠実に回路づけして法的に正しい配偶者に向けるような夫は、この反復される行為のなかで他のすべての誠実な夫と、他のすべての補助的な役柄（誠実な妻の役割をも含む）および婚姻全体の機構を代表するばかりではない。彼はまた、神々のおぼしめし通りの祖型的な結婚上の性行為を代表し、ついには、神々自身をも代表するのである。同様に、国王の死刑執行人は、法にもとづいて宣告された悪人の首を忠実にはねることによって、社会に確立された通りの親族、法律、道徳の諸制度を代表するばかりか、これらの基底にあるものとして措定された神の正義をも代表する。重ねていえば、超人間的な神族のもたらす恐怖が、こうした手続きの具体的で経験的な恐怖の種をおおいかくすのである。

これに関連して想い起こすべき非常に重要な点は、役割というものがたんに行為の外形的なパターンであるばかりでなく、役割を果たす者の意識内にそれが内在化され、彼ら個人の主観的な自己同定の核心的な要素をなすのだということである。内在化した役割の宗教的な神秘化は、さきに論じた意識の重層を通じてこれらをさらに疎外するが、それはまた悪しき信念と表現されてしかるべきいっそうの虚構化プロセスを促進するのである。[23]

（23）〈悪しき信念〉（manuvaise foi）なる語はサルトルに由来する。

悪しき信念を規定する方法のひとつは、それが選択を偽りの必然に置き換えてしまうということである。いいかえれば、個人が、実際には行動のいろいろなコースを選ぶ力をもちながら、そのなかのひとつを宿命的なものとみなしてしまうのである。ここで興味をひく悪しき信念の特殊なケースといえば、それは、個人がある一定の役割プログラムの枠内で、行動するかしないかの選択に迫られる場合に、この役割に自己を同一化する立場からこの選択を否定するという事例である。たとえば、誠実な夫は自分に言い聞かせて、自分は自分の婚姻上の役割に従って自分の性行動を〈按配〉し、あらゆる悦楽上の背徳を〈不可能なこと〉と抑制するほかはないと言うであろう。効果的な社会化の条件下では、実際にそのようなことは〈不可能〉であろうし、夫がたとえそれを試してみる場合にも不能におちいることであろう。あるいはまた、忠実な死刑執行人であれば、自分は首をはねるという〈プログラム〉に従う以外に選ぶべき道はなく、このやり方に対する（たとえば同情とか良心のとがめといった）心情的・道徳的なためらいをおさえ込んでいくほかはないと自分に言い聞かすにちがいない。彼がそれを死刑執行人たる自分には抜き難い宿命と心得ているのである。

別の言い方をすると、悪しき信念とは、社会化された自我と全体自我との弁証法が意識の上で喪失しているという、あの虚偽意識の形態であるということである。[24] さきに見ておいたように、疎外と虚偽意識とは、人と彼の所産とのあいだの弁証法的な関係の、意識内での断絶、つまり基本的な社会文化上の弁証法の拒絶を必然的に伴っている。ところが、この弁証法は、社会化のなかで内在化される。人が、彼の世界に外部で対面するように、彼は自分の意識の内部でその内在化された存在に出会うのである。この対決の性格は、双方とも弁証法的である。虚偽意識は、その結果として人間と彼の世界とのあいだの内外双方の関係に及んでいることになろう。社会化した自己同定がその世界の一部であるからには、人間は、それを同様の疎外された形で、つまり虚偽意識のなかで理解することができる。実際には社会化した自己同定と全体自我とのあいだには弁証法が成立しているにもかかわらず、虚偽意識は完全に後者を前者に同一化してしまう。社会化によってもたらされる意識の二重化、およびそれに伴う社会文化的な弁証法の内在化とは、このようにして否定される。その代わりに、個人が内面化した役割に自分を完全に同一化し、社会的に指定された自己同定が役割を構成要素とすることによって、意識の贋《にせ》の統一がもたらされる。たとえば、誠実な夫の役目のなかで回路づけされないような自我の表現は、それがいかにふさわしいものであっても拒否される。表現を変えれば、現実の夫と（素質としての）姦通者とのあいだの内面的な対話はさえぎられる。個人は、この役柄にふさわしい生活の領域では、自分をひとりの夫以外の者に見なすことができない。彼はただの夫、制度上の劇的人物としての夫の役柄になるのである。社会的なタイプと主観的な自己同定とが彼の意識のなかで融合してしまう。このような類型化が疎外化していくのであるから、自己同定もそれ自身疎外されたものになる。しかもそのような融合は人間学上実際には起こり得ないのであるから、それはある編成された虚偽意識を構成することになる。この前提の上に立って行動する個人は悪しき信念のもとに行動しているのである。

（24） これをミード流に公式化すると、“me”（客体我）がすべてを統合する“I”（主体我）として理解されるということになる。

もう一つ非常に重要なことは、この主観的疎外の現象を規範喪失《アノミー》と混同しないということである。逆に、そのような疎外はアノミーに対するもっとも効果的な障壁になることができる。ひとたび、自我の偽りの統一が確立すれば、そしてそれがもっともらしさを保つ限り、それは容易に内的な強さの源泉になり得る。両価矛盾《アンビヴァレンス》は除かれる。偶然性が確実性となる。そこには、もはや行動の二者択一的な可能性に対するためらいがない。個人は「自分が誰であるかを知っている」――これは、心理的にもっとも満足すべき条件である。悪しき信念は決して何らの内的な混乱や〈悪しき良心〉を前提としない。逆に、社会内の地位に制度化した悪しき信仰を捨てようとすると、おそらくは、そのような〈規格外の〉冒険の結果として出会う外的な困難とは別に、ともすると心理的にも良心的にも苦しむことになる。

以上のことから明らかになるであろうが、悪しき信念は、虚偽意識一般とよく似て、それが宗教的に正当化されずとも生じるものなのである。また、宗教は必ずしも悪しき信念を伴う必要はないということも大いに強調しておきたい。だが、さきの論考が仮に容認されるとすれば、宗教が悪しき信念を効果的に維持するための強力な手段となり得るということが、たやすく理解されよう。宗教が人間の力で産み出した世界のもつ幻の自律性を神秘化して強化するように、宗教は個人意識内へのその世界の投入を神秘化し強化する。内面化した役割は、宗教的な正当化によって付与された神秘的な権力をたずさえている。したがって、社会化した自己同定《アイデンティティ》は、全体として神々が創造し意図するままの何か神聖で〈事物の本質〉に根ざしたものと個人によって理解されることが可能である。さながら、自己同定は、人間行為の一所産としてもつ本来の性格を喪失する。それは、一個の避けられざる与件となる。その現実性は、宗教が設定する超人間的な実在論に直接根ざしている。個人は、今や一人の夫以外の何ものでもないのみならず、この〈他の何ものでもない〉という表現のなかに神聖秩序に対する彼の正しい関係がひそんでいるのである。まさしく、彼の社会化した自己同定は、聖なるものの主観的な〈場〉、あるいは少なくともそうした

〈場〉のひとつになるのであろう。聖なるものの畏敬性は、外界の諸現象の〈背後〉にある実在のひとつとみなされて意識のなかに投入され、いままでそこに蓄積されてきた社会化の諸構成を神秘化する。あからさまにいえば、個人は今や自分自身をみて身震いする立場にあるわけである。

すべての疎外の核心は、人間が構築した世界の上に架空の冷厳さを帯びさせることである。そのもっとも重要な実用上の効果は、実際の歴史と人生が超経験的な宿命にもとづいたものと架空に理解されることである。人間存在をめぐるおびただしい偶然事は宇宙原理の必然的な現われに成り代わる。活動《アクティヴィティ》が推移《プロセス》となる。選択が宿命となる。だから人びとは、自分たちで作り上げた世界のなかで、あたかも彼ら自身の世界構築の営みとはまったく無関係の諸力によってそうするように運命づけられているかのように生きることになる。疎外が宗教的に正当化されている場合には、こうした諸力の独立性が、社会的なノモスにおいても、個人的な意識のなかでもいちじるしく増大する。人間活動に属する投射された意味が凝固して巨大で神秘的な一個の〈他界〉となり、人間の世界の上に異様な実在として浮遊する。聖なるものの〈他者性〉を通じて人間が構成した世界の疎外は究極的に批准される。人びとと彼らの世界との間柄のこの転倒が人間の側の選択の否定を伴うのであるから、聖なるものとの出会いは〈絶対依存〉をもって理解されるのである。(25)これは被虐愛的な態度を含むこともあり含まないこともあるが、さきに見てきたように、後者は、宗教意識の重要なモチーフのひとつであることには変わりがない。

(25)〈絶対依存〉なる概念は、シュライエルマッヘルが宗教的〈経験〉を分析する際に用いている。

さてここで想起してほしい重要な点は、人間活動とそれが産み出した世界との関係は、たとえこの事実が否定される場合（つまり、それが意識に現われない場合）でさえも、弁証法的でありつづけるということである。かくして人びとは、彼らが自分たちの所産である神々に絶対的に依存していると自分たちを理解する最中にあってさえも、彼らの神々を産み出しているのである。だが、その上でなお、神々の〈他界〉は、ひきつづきそれを産み出している人間の活動に対応してある一定の自律性を帯びる。宗教的な投射によってもたらされた超経験的な実在は、社会内の人びとの経験的な存在に働き返すことができる。かくして、宗教の諸構造をそれらを産み出した活動の単純な機械的結果であるとみなす、つまりたんにその社会的基盤の内的な〈反映〉とみなすと、大変なまちがいになる。[26]逆に、宗教の諸構造は、その基盤に働きかけてそれを修正する能力をもっている。ところが、この事実はひとつの奇妙な結果——つまり、脱疎外そのものが宗教的に正当化されるという可能性をもっている。この可能性が把握されないようであれば、宗教と社会との関係をめぐる一方に偏った見解はまぬかれがたい。[27]いいかえれば、宗教が疎外を正当化する本来的な（そして理論的にはきわめて理解しやすい）傾向をもつ一方で、他方にはそこに、脱疎外が特定の歴史的なケースでは宗教的に正当化される可能性もあるのである。大勢的な傾向に比べれば、こうした例がやや稀であるという事実は、その理論的な興味を減じるものではない。

(26) この意味における〈反映〉という語は、かつてレーニンによって使われたもので、いわゆる〈大衆マルキシズム〉に典型的なものである。これに対してわれわれの提議するところは、下部構造と上部構造との弁証法的関係についてのマルクス本来の理解であるとわれわれが考えているものを宗教に再度適用し直すことである。

(27) いうまでもなく、この一方的な偏りは、マルクス自身と後のマルクス主義者たちとの宗教研究のもつ基本的な弱点である。

宗教は制度を永遠の相の下に眺める。これが、どのようにして人間史上の不安定な組織の上に不死の資質を与えるのかを、われわれはすでに見てきた。しかしながら、この同じ組織が、まさしく永遠の相の下に眺められるが故にこそ、徹底的に相対化されるということもまた起こり得ることである。これは、多様な宗教的伝統のなかではまったく相異なった形態をとることもあろう。たとえば、インドのかなり精緻化した救世論のなかには、社会秩序やその全規範をも含めた経験的世界を本質的にはひとつの幻影、マーヤの領域と見なし、ブラーフマン＝アートマンの究極的実在に相対する付帯現象以外の何ものでもないと考えるものがある。ことの成行きとして、そのような見解は、当り前とみなされている制度上の〈プログラム〉を相対化し、それどころか、それらの伝統的な宗教的正当化も無力にしてしまう。次のシュヴェタシュヴァターラ・ウパニシャッドから引用する文章がその例証のひとつとなろう。

聖詩〔チャンダス〕――供犠、式典、礼法、
過去、未来、そしてヴェーダ聖典が宣言すること――
この全世界は、幻影の作者〔マーイン〕がこれ〔ブラーフマン〕のなかから映し出したもの。
そしてそのなかには、幻影〔マーヤ〕により他者が閉じ込められている。
今や、人は知らねばならぬ、自然〔プラクリティ〕が幻影であることを、
そして偉大なる主〔マハーシュヴァーラ〕よ、汝が幻影の作者〔マーイン〕なることを。(28)

たしかに、非常にちがった実践上の含意が、この宗教的に導き出された常識的事実に関する懐疑論から引き出されるかも知れない。インドの救世論には二つの典型的な含意があって、その選択すべき一方は、解脱〔モクシャ〕を禁欲的に求めてこの幻影の世界から隠遁することであり、他方は、あたかも伝統的な〈式典と礼法〉を依然として守るが如くこの世界のなかで活動し続けながら、内心では日常的行為には無関心の態度でそうすることを選ぶかである。伝統的には二つの区別があって、一方はいわゆる〈知恵の道〉ジュニャ

ーナ・マールガ、他方は、〈行為の道〉カルマ・マールガといい、後者はそのもっとも有名な表現をバガヴァッド・ギータに見出すことができる。[29] その実践上の含意が何であれ、マーヤの範疇に内在する相対化の作用は、社会文化的世界をもう一度人びとによる偶然的で歴史的な構成として露呈せしめ、[30] これに人間性を与えることによって少なくとも潜勢的に脱疎外化の効果をもたらすのである。

(28) Sarvepalli Radhakrishnan and Charles Moore (eds.), *A Source Book in Indian Philosophy*, Princeton, Princeton University Press, 1957, p. 91.

(29) ウェーバーのインド救世論の分析における原理的な視点は、いうまでもなく、日常の社会経済的行為に対するこれらの相異なった含意に注がれた。ヒンズー教の倫理体系に関する詳細な調査研究には、P. V. Kane, *History of Dharmasastra*, Poona, Bhandarker Oriental Research Institute, 1930-62 を参照のこと。ヴェダンタ思想におけるマーヤ概念の理論的展開については、Paul Deussen, *Das System der Vedanta*, Leipzig, Brockhans, 1921, または、A. K. R. Chandhuri, *The Doctrine of Maya*, Calcutta, Das Gupta, 1950 を参照。

(30) これには、決して社会内の人間生活の改善への関与を伴わねばならぬことはない。これについては、たとえば、いわゆるアールタシャストラ（社会問題の処理に関する論文集、元来は王子たちのために書かれた）が雄弁に証言している。

密儀宗教は、経験的世界の価値ばかりかその現実としての地位までも徹底的に軽視することによって、同じような脱疎外化の能力をもっている。神秘主義者にとっては、この世界、および〈正規の〉宗教的実践をも含めたそのすべての営みが相対化される。極端なケースでは、この相対化の作用が、キリスト教とユダヤ教の道徳律廃棄論の運動にみられたように、宗教的に正当化されたアナーキズムに導くこともあり得る。より一般的には、それが便宜上のこととしてか、あるいはそうしたものに欲求をもつ大衆の比較的弱い精神を考慮に入れるかして、社会に確立している〈式典と礼法〉にはある種の〈もっともらしい〉服従への道を教えている。『ゲルマニア神学』からの次の引用文は後者の態度を説明している。

かように、儀式、法令、戒律のごときものは、それ以上の良きものを理解せず、他の何ごとをも知らず感ぜざる者らへの訓戒のひとつにすぎない。したがって、すべての法令と儀式は実施せられる。しかして、完全なる人びとは、それ以外あるいはそれ以上の何ものをも理解せず知らざるが如き無知の者らに伍して法令を受け容れ、彼らとともに実践するが、その意図するところは、それによって彼らを悪の道に近づけざること、あるいはそれが可能なれば、彼らをより崇高な何ものかへ導かんがためである。(31)

さらに、別の実践上の命令がそのような見解から引き出されることもある。この引用文に表現されている外貌は、むしろどちらかといえば一種の保守的な効果をもたらしやすいにもかかわらず、道徳律廃棄論の命令には、潜勢的に革命的な結果をもちやすいものもあることを理解することはむずかしくない。こうしたさまざまな可能性は一般宗教社会学の関心を大いに喚ぶものではあるけれども、当面これ以上、この点を追究することはできない。再言すれば、さしあたってのポイントは、宗教的見解には、かつて以前には宗教的正当化によって神聖な地位につかせた諸制度から、その地位を取り上げるということもあるということである。

(31) J. Bernhart (ed.), *Theologia germanica*, New York, Pantheon, 1949, p. 159.

聖書的伝統においては、社会的秩序の超越神の尊厳に対する対決がやはり脱疎外を論じて差し支えない程度までこの秩序を相対化することもあって——その意味は、神の御前にあっては諸制度が本来的な聖性または不死性を欠いた人間の仕業以外の何ものでもないことが露わになるということである。まさしくこの社会秩序の相対化とそれに付随する神と人との連続性の破壊こそが、イスラエル人をして古代中近東の周辺諸文化から離脱せしめるものであった[32]。これに関するすぐれた事例が、イスラエル人の親族制度であり、これは、周辺諸文化における神聖王権に比較すれば、一種の世俗化を実現したものであった[33]。ナタンによるダビデ非難の逸話（第二サムエル書第十二章一―七節）が、この世俗化のもたらす人間化（および、事実上の脱疎外化）の結果を見事に物語っている。――ダビデは、悪しき信念における彼の王としての特権を否定され、ひとりの人間として自分の行動に責任をもつ、まさに別の男として話しかけられるのである。[34]このような〈正体を暴露する〉モチーフは、聖書的伝統のすべてに通じて跡づけられようが、これは直接にはその徹底した神の超越化に関係しており、その古典的な表現がイスラエル預言に見出されるほかに、聖書文化圏内の三大宗教の歴史のなかにも多種多様な表現によって継承されているのである。この同一モチーフは、一方では聖書的伝統が保守的な正当化のために（もちろん、頻繁に）採用されたにもかかわらず、他方では逆に繰り返し革命にも利用されてきた事情を説明してくれる。そこには、かつて王たちが聖書のシンボルを使って自分たちの行動を神秘化した事例が頻繁に見られるように、やはり何人ものナタンが何度も登場して、正当化のシンボルが典拠とする同一の伝統の名において、王たちがまぎれもなき人間にして欺瞞家なることをあばいてきたのである。[35]

（32） Eric Vögelin, *Israel and Revelation*, Baton Rouge, Louisiana State University Press, 1956 を参照のこと。

（33） R. de Vaux, *Les institutions de l'Ancien Testament*, Paris, Éditions du Cerf, 1961, Vol. I, pp. 141 ff.

（34） 私は、自著 *The Precarious Vision*, Garden City, N. Y., Doubleday, 1961 の二一九頁以

下においてこれを立証しようとしている。

(35)「総じて、聖書の視角は時代の維持に向けられておらず、その変化に向けられている。」Edmond Jacob, *Théologie de l'Ancien Testament*, Neuchâtel, Delachaux & Niestlé, 1955, p. 184.

永遠の相の下に眺められると、制度が相対化されて人間化することがあるように、こうした制度を代表する役割もまたそうなることがある。虚偽意識と悪しき信念とは、宗教の力によって大局的には正当化されながら、このようにして宗教の力によりその実態を露呈することもある。そしてついには逆説的ながら、社会秩序の上に投げかけられていた宗教的神秘化という網全体が、ある場合には——宗教的手段によって——思い切って取り外され、それがやはり人間による細工物のひとつにほかならないと見なされるがままになることがある。さまざまな神秘主義の系譜において経験的世界が徹底的に軽視される場合も、また聖書宗教において神が完全に超越化する場合も、その双方ともこの結果を導き出すことができた。まもなく指摘することになるが、後者の展開は、実際に(随伴的には社会学的視点のそれをも含めた)近代西欧思想のあらゆる脱疎外をもたらす見解がそこに由来をもっているところの、意識の世界的な世俗化を実現するのに歴史上大いに貢献してきた。

したがって、宗教は、歴史のなかで世界を維持する力としても、また世界を揺動する力としても出現していると言って差し支えないであろう。こうした様相の双方において、宗教は疎外化にもなれば、脱疎外化にもなってきたが、より一般的には宗教的事業そのものの本来的な性格なるが故に第一の場合が多く、重要な例においては、第二の場合となる。そのどんな現われ方の場合にも、宗教は必ず、宇宙の空虚な広がりへの人間の意味の巨大な投射を構成するが、その投射は、たしかにひとつの疎遠な実在として立ち戻り、それを産み出した者に付きまとい悩ますのである。いうまでもなく、科学的理論化の枠組みの範囲内では、この申し立てられた真実の究極的な存在論的地位については、肯定的にしろ否定的にしろ、何らかの認定をすることは不可能である。この枠組みの範囲内では、宗教的投射が人間活動と人間意識の産物としてのものとしか扱われず、こうした投射があるいは、それ以外の何ものかではないのか（あるいは、より正確には、この投射が経験的にそこから生まれ出るところの人間世界とは別の何ものかを指示しているかどうか）についての疑問の周囲には厳重なカッコ付けがなされねばならない。いいかえれば、経験的に得られるものだけに自制しての宗教的事柄への探究は、すべて必然的に、一種の〈方法論的無神論〉の立場に立たねばならないのである。[36] だが、この避けられない方法論的抑制にあってさえも、さらにもう一つの点だけは再度主張されるべきであろう。すなわち、人類史上の宗教的営みは、人間による意味への探究がいかに差し迫った深刻なものであるかを強烈に現わしていることである。宗教意識の巨大な投射は、たとえそれが他の何であるとしても、歴史的には、いかなる犠牲を払っても現実を人間的に意味あるものにしようとする、人間のもっとも重要な努力を構成しているのである。宗教的な被虐愛をめぐる論考が、すでにこれに対して支払われてきた犠牲のひとつを指摘している。宗教的疎外の大いなるパラドックスとは、社会文化的世界を非人間化する過程そのものは、現実全体が、どうかして人間にとって意味ある場をもってほしいとの根本的な願望にこそ根ざしているということである。かくして、疎外もまた、宗教意識が人間的に意味深い世界を探し求めるなかで支払った代価のひとつであると言ってよいであろう。

(36) この大変に示唆的な言葉は、Anton Zijderveld に負っている。これに関するより進んだ論考については、補論Ⅱを見よ。

Ⅱ部　宗教と歴史

5章　世俗化の過程

　ここにいたるまでの考察は、広範な一般理論を構築するための作業であった。歴史上の事例は、一般理論のポイントを説明するために採用されたのであって、別段、これを〈実証する〉とか〈あてはめる〉とかするためではなかった。いうまでもなく、社会科学においては、この程度の一般性をもつ理論がいったいどこまで〈実証され〉得るものであり、したがって、それが、経験論上の論議の世界に置き得るものなのか否かについては、議論の余地のある問題である。この点については、ここでは方法論上の検討に入り込むにふさわしい場ではないので、先述の理論がはたして社会学者独特の創作の前口上と心得るか、あるいは、それ自体が社会学理論のタイトルをもってもったいつけられるかどうかは、さしあたってどうでもよいことである。もちろん、われわれがこの考察を創作の前口上というよりも、むしろ社会学理論とみなしてくれるようなより広範な見解を望ましいと思うのは、はっきりしている。いずれにせよ、ある人の抱く社会学理論特有の視角がどんなものであり、その理論的な構想がはたして所与の経験的・歴史的状況を解明するのに役立つか否か、いいかえれば、それを〈応用する〉ことができるか否かを判断することは無駄ではない。したがって、本章および次章においては、現代の宗教的状況をわれわれの理論的な構想によって得られた観点から眺めてみることになろう。いうまでもなく、この状況についてここで述べられることが、すべてわれわれだけの理論的立脚点からのみ引き出されていると主張するつもりは毛頭ない。さまざまな理論上・実証上の参考資料が、ここに提出するものの基礎にある。しかしながら、言わせてもらえるならば、前に述べた理論的構想は状況のさまざまな側面を新しい照明の下に照らし出し、またおそらくは、今まで見逃がされてきた側面に社会学上の究明をもたらすことになって、その有効性を証明するはずである。

〈世俗化〉という言葉は少しばかり波乱に富んだ歴史をもっている。[1] 元来は、いわゆる宗教戦争の余波のなかで、教会権威のコントロールからその領地または財産を解放することを意味して採用されたものである。ローマ教会法では、同じ言葉が修道士を〈俗界〉に戻して在俗可能にすることを表わすようになっている。どちらの使い方にしても、特殊な例には議論の余地があるにせよ、この言葉が純粋に記述的で価値中立的な意味で用いられる可能性はある。もちろんこれは、比較的近代の用法の場合ではない。〈世俗化〉という言葉とその派生語である〈世俗主義〉とは、従来、評価的な意味合いを強く帯びて、時には肯定的な、時には否定的な、一種イデオロギー上の概念として使われてきた。[2] 反教会的な、いわゆる〈進歩〉派のあいだでは、近代人の宗教的監督からの解放を代表することになり、他方、伝統的教会と結びついた人びとのあいだでは、それが〈非キリスト教化〉〈異端化〉といった具合に攻撃されたのである。ともにイデオロギー性を帯びた見方によっては、同じ経験的な現象が敵対する価値の指標をもって現われることになり、それぞれ、マルクス主義者とキリスト者との双方の見地に触発された宗教社会学者たちの著作のなかに見出すことができるのが、むしろ興味ぶかいことである。(3) この事態は、第二次大戦以来多くの神学者たち、おもにプロテスタントたちがディートリッヒ・ボンヘッファーの後期の思想に拠り立って、従来のキリスト者からする〈世俗化〉の評価を逆転させ、キリスト教自体の根本的なモチーフの実現とみなしてそれを歓呼して迎えるにいたったという事実によって明らかにされた。(4) 当然のことだが、このようなイデオロギー的熱狂の見地からすれば、この言葉はもはやまったくの無意味ではないにせよ、意味を混乱させるものとして廃棄処分されるべきであるというところまできてしまったのである。(5)

(1) Hermann Luebbe, *Säkularisierung—Geschichte eines ideen politischen Begriffs*, Freiburg, Alber, 1965 を参照。

(2) 前掲書の各所参照。

(3) たとえば、Olof Klohr (ed.), *Religion und Atheismus heute*, Berlin, Deutscher Verlag der Wissenschaften, 1966, および Sabino Acquaviva, *L'eclissi del sacro nella civiltà*

industriale, Milan, Edizioni Communità, 1961 を参照のこと。

（4） E. Bethge（ed.）*Die muendige Welt*, vols. 1-2, Munich, Kaiser, 1955-56 を参照。同様の観点からする最近の言表については、よりバルト的な色合いではあるけれども、Arnold Loen, *Säkularisation*, Munich, Kaiser, 1965 を参照せよ。〈世俗性〉についてのキリスト者からの肯定的な評価は、最近アメリカにおいて、Harvey Cox, *The Secular City*, New York, Macmillan, 1965（塩月賢太郎訳『世俗都市』新教出版社、一九六七年）によって普及された。こうしたキリスト者の立場に関するより社会学に根ざした言表については、Dietrich von Oppen, *Das personale Zeitalter*, Stuttgart, Kreuz, 1960 を参照のこと。

（5） Joachim Matthes, *Die Emigration der Kirche aus der Gesellschaft*, Hamburg, Furche, 1964 を見よ。また、『国際宗教社会学年報』（*International Yearbook for the Sociology of Religion*, 2, 1966）所収の Trutz Rendtorff と David Martin の寄稿論文を参照のこと。

われわれとしては、それの拠って立つイデオロギー的な分析に関する弁明にもかかわらず、こうした立場に賛同することはできない。〈世俗化〉という言葉は、近代西欧の歴史において経験的にも充分に意味のあるきわめて重要なプロセスを表現している。こうしたプロセスがはたして悲しむべきものか喜ぶべきものかは、いうまでもなく、歴史家や社会学者の討究の世界に付すべきものではない。実際にさして大きな努力をせずとも、経験的な現象を、ある価値的な見方をせずに記述することは可能である。また、その歴史的な起源を、たとえそのキリスト教との歴史的関わりを含めても、これがキリスト教の成就または衰退のどちらかを表わすのだと主張することなしに、究明することもできる。この点については、神学者たちの間に交わされる最近の論争にかんがみて、とくに強調されるべきである。キリスト教と現代世界の一定の特徴とのあいだには、ある歴史的な因果の関係が存すると主張することはよい。だが、それは、〈だからして〉現代世界は、その世俗的性格をも含めて、ある種のキリスト教の論理的成就とみなされねばならないということには決してならない。この点について銘記すべき有益なことは、たいていの歴史的因縁はその性格上皮肉なものであり、別の言い方をすれば、歴史の辿るコースは、それに因子として寄与するような思想観念の内在的な論理とはほとんど何の関わりをも持たぬものだということである。(6)

(6) この点については、この論点におけるウェーバーの業績が顕著であることを想起すれば充分納得されよう。この文脈のなかでウェーバーを持ち出してくれば、必ずや、彼の理解するところが、人間の意図とその歴史的な帰結とのあいだにある皮肉な関係であったことに想い至るにちがいない。

当面の目的のために世俗化の簡単な定義をすることはさしてむずかしいことではない。われわれのいう世俗化とは、社会と文化の諸領域が宗教の制度や象徴の支配から離脱するそのプロセスである。近代西欧の歴史における社会と諸制度を語る場合には、もちろん、世俗化は、キリスト教会がかつてはそのコントロールや影響の下にあった地域から撤退する形でその姿を現わすことは、教会と国家の分離や、教会領地の公的接収や、あるいは教育の教会権威からの解放などの場合と同様なのである。だが、文化と象徴を論じる場合には、世俗化は一個の社会構造上のプロセス以上のものと考える。それは文化的生活と観念化の総体に影響し、したがって、芸術、哲学、文学の領域での宗教的内容に脱落が見られ、しかも何よりも重大なことは、それが、世界に関するひとつの自律的で完全に世俗的な構想としての科学の擡頭のなかに見出されるのである。さらにここで言われるべき点は、世俗化のプロセスにはある主観的な側面が同様に存在するということである。社会と文化に世俗化があるように、意識にもある種の世俗化がある。要するに、現代世界は、世界と自分の人生を宗教的な解釈の恩恵なしに眺める人びとをますます数多く生み出してきたということである。

世俗化が現代社会のグローバルな現象のひとつと見られるにしても、そのなかに一律的に広がっているのではない。住民の構成するさまざまな集団のあいだでは、その影響の仕方にちがいがある。(7) したがって、世俗化の圧力は女性に対してよりも男性に強い傾向がみられ、若年や老年層よりもむしろ中年層に、田舎よりも都会に、伝統的な職業（たとえば職人や小商人など）の階層よりも近代産業に直接携わる階層（とくに労働者階級）に、カトリック信者よりもプロテスタントやユダヤ教徒に、より強く現われていることがわかっている。少なくともヨーロッパに関する限り、こうしたデータにもとづいてある確信をもって言えることは、教会に関与する宗教性は、(旧来の小資本家階級の残存者のような)周辺的階級と(労働手段からはじき出された人びとのような)はみ出しの人間たちという両方の意味での現代産業社会の周辺的存在のあいだにもっとも強固だということである。[8]この状況はアメリカではちがっており、そこでは教会がいまだにもっと中心的な象徴的地位を占めてはいるが、それがこの地位を保つのに成功している唯一の理由は、教会自身が高度に世俗化したからにほかならず、したがって、ヨーロッパとアメリカの場合は、グローバルな世俗化という同様の潜在テーマの二様の展開を示しているといえよう。[9]それ以上に、同じ世俗化の勢力が、今や西欧化と近代化の過程のなかで世界的規模になってきたとさえ思われる。[10]たしかに、有益なデータの多くが、意識の世俗化よりもむしろ世俗化の社会構造面での現われを示してはいるが、しかし現代の西欧では、前者の大きな出現を示す充分なデータをわれわれはもっている。[11]世俗化のこうした二つの次元のあいだのいわば対照上のズレがどの程度まで存在し、そのために、伝統的な宗教制度の内部に意識上の世俗化が存在するだけではなく、多少とも伝統的な宗教意識上のモチーフが、かつての制度的背景の枠外にも存続しているのではないか、といった興味ぶかい問題については当面究明する余裕はない。[12]

(7)　おそらく宗教的帰属の社会的相違に関するもっとも大量のデータは、ガブリエル・ルブラ（Gabriel LeBras）と彼の方法を受け継いだ人びと（おもにカトリック系の社会学者たち）によって収集されている。それについては、彼の著作 *Études de sociologie religieuse*, Paris, Presses Universitaires de France 1955 を参照のこと。また、Emile Pin, *Pratique religieuse et classes sociales*, Paris, Spes, 1956, および F. A. Isambert, *Christianisme et classes ouvrière*, Tournai, Casterman, 1961 を参照せよ。ヨゼフ・フィヒター（Joseph Fichter）の業績は、*Southern Parish*, Chicago, Chicago University Press, 1951 をはじめとして、アメリカのカトリック社会学における非常によく似た方向を反映している。アメリカにおいて宗教社会学におけるこの一般的問題を扱っている古典的な業績は、リチャード・ニーバー（Richard Niebuhr）の *The Social Sources of Denominationalism*, New York, Holt, 1929 であるが、これが数多くの実証的な事例研究を触発した。最近の一例としては、N. J. Demerath, *Social Class in American Protestantism*, Chicago, Rand McNally, 1965 を見よ。アメリカにおけるこの種のもっとも徹底した研究は、おそらく Gerhard Lenski, *The Religious Factor*, Garden City, N. Y., Doubleday, 1961 であろう。

（8）これは、トーマス・ルックマンによって次のように簡潔に要約されている。「これに反して、研究成果から推測されることは、教会遵奉主義が現代社会においては一種の周辺的現象に成り果てたということである。ヨーロッパでは、教会主義は人口構成の取るに足らぬわずかな部分を特徴づけるのみであって、しかもその部分の多くは、現代の社会的発展のいわば周辺に位置し、かくして何よりもまず彼らは農民層、小資本家層、中間階層内で〈身分上の〉由緒を残すもの、いまだに労働過程に組み込まれない者、あるいはすでにそこからはじき出された者たちなのである。」(*Das Problem der Religion in der modernen Gesellschaft*, Freiburg, Rombach, 1963, p. 29)。また、Reinhard Köster, *Die Kirchentreuen*, Stuttgart, Enke, 1959 を見よ。

(9) この点については、またルックマンの前掲書によって非常にうまく述べられている。アメリカの制度的宗教の内部での世俗化については、Will Herberg, *Protestant—Catholic—Jew*, Garden City, N. Y., Doubleday, 1955 と、拙著の *The Noise of Solemn Assemblies*, Garden City, N. Y., Doubleday, 1961 を見よ。

(10) Daniel Lerner, *The Passing of Traditional Society*, Glencoe, Ill., Free Press, 1958; Robert Bellah (ed.), *Religion and Progress in Modern Asia*, New York, Free Press, 1965; Donald Smith (ed.), *South Asian Politics and Religion*, Princeton, Princeon University Press, 1966 を参照せよ。

(11) カトリック系の社会学者たちが集積した資料はおもに世俗化の制度的側面(とくに宗教儀式の外面的形式に表現されるようなもの)に関係したものだが、これの主観的相関に関するデータもかなり多くそこに見出すことができる。その要約については、Harvé Carrier, *Psycho-sociologie de l'appartenance religieuse*, Rome, Presses de l'Université Grégorienne,

1960とともに、Acquavivaの前掲書を参照のこと。また、Gordon Allport, *The Individual and His Religion*, New York, Macmillan, 1950（原谷達夫訳『個人と宗教』岩波書店、一九五三年）; Hans-Otto Wölber, *Religion ohne Entscheidung*, Göttingen, Vandenhöck & Ruprecht, 1959; Rose Goldsen *et al.*, *What College Students Think*, Princeton, Van Nostrand, 1960を参照。

（12）後者の信憑性については、Eberhard Stammler, *Protestanten ohne Kirche*, Stuttgart, Kreuz, 1960を参照。

発見的な目的のもとに、世俗化について疫学的な見方をすれば、当然その〈保菌者〉は何ものかということになる。[13] いいかえれば、いったいどんな社会文化的な過程と集団とが、世俗化の運搬者または媒介者として働くのか。非西欧文明から眺めれば（たとえば、関心を寄せるヒンズー教の伝統主義者など）、その答えは明らかに、世界の隅々まで広がった文明全体こそそれだということになる（そして、その見地からすれば、強調するまでもなく、共産主義と近代ナショナリズムもまた、その〈帝国主義者〉という先駆けとまったく同様に、まさしく西欧化の現われということになる）。西欧文明の内側から見れば（たとえば、事態を憂慮しているスペインの田舎司祭など）、世俗化の元凶的〈保菌者〉は、近代の経済機構、すなわち産業資本主義の仕組みである。たしかに、この機構の〈二次的〉効果こそが直接的な問題（たとえば、現代のマス・メディアのもつ俗化的内容や現代の交通手段によってもたらされた異質な旅行者群の影響〉を惹き起こしているのかも知れない。だが、こうした〈二次的〉効果を遡れば、拡大する産業資本主義経済のなかにその本来の淵源があることは、すぐにわかる。西欧世界の一部では、産業主義が体制として社会主義形態をとってきてはいるものの、工業生産の諸過程とそれに伴う生活様式への接近が世俗化の主要な決め手であることに変わりはない。[14] 今日、世俗化しているのは産業社会そのものの内部であって、そのさまざまにちがったイデオロギー的正当化は、この世界的な世俗化のプロセスに形態上の変化をもたらすのに役立っているにすぎないと思われる。かくして、マルクス主義体制による反宗教のプロパガンダと弾圧手段が(おそらくは、その創唱者たちの意図する方法と必ずしも一致しないにしても)世俗化のプロセスに効果あらしめるのは当然にしても、マルクス主義世界の外側にあるいろいろな政府の宗教支持の政策もまた同じ効果をもたらすのである。しかしながら、そのどちらであれ、こうした政治イデオロギー的態度が、当該の特定な政策を先取りし、政府はそれらに限定されたコントロールを加えるだけであるような基盤的な社会の諸勢力に配慮しなければならないこともあり得る。ことのありさまが面白いほど明らかに示されるのは、社会主義諸国での社会学的データと非社会主義諸国のそれとが、(たとえば、労働者階級の世俗性と農民たちの宗教性に関して)まったくよく似ているのを見る時であって、一方ではマルクス系の学者が、〈科学的無神論者〉の運動なるものの効果がいかに限りあるものかを悲しむのに使い、他方では、キリスト教系の研究者が福音伝道の失敗を嘆くのに用いており、あたかも両グループが寄り集まっておたがいに慰め合っているのではないかと思いたくなる。

(13) ここでいう〈保菌者〉、つまり〈担い手〉(Traeger) は、ウェーバー的な意味で使っている。

(14) クロール (Klohr) 編の前掲書参照。非社会主義を強く出した文脈から最近のデータを比較した好例については、Ramón Bayés, *Los ingenieros, la sociedad y la religión*, Barcelona, Fontanella, 1965 を参照されたい。この比較を見たら、ヴェブレンはきっと愉快がったにちがいない。

このような広がりをもつ歴史現象がどんな単一の原因論にも服しがたいことは自明であると、われわれは考えたい。したがって、従来、世俗化の原因と想定されてきたさまざまな因子(たとえば、近代科学の広範な影響など)をどれも軽視してかかることには何の興味も持っていない。また、ここでの文脈上、諸原因に一種の序列をつけることにも興味はない。しかしながら、われわれに関心のあることは、どの程度まで、西欧の宗教的伝統がその内部に世俗化の種子を抱いてきたかという問題である。仮にこれが主張できるとすれば、われわれはそれが可能と思うが、われわれの体系的な考察から明らかにされるべきことは、宗教的な因子が他の諸因子とかけ離れて働くとは決して考えてはならず、むしろ社会生活の〈実践的な〉下部構造と不断に弁証法的な関わりにあるとみなされねばならないという点である。いいかえれば、いわゆる〈観念論者〉のする世俗化の説明を推奨するほどわれわれの意にそぐわないものはない。同時に明らかにすべきは、西欧の宗教的伝統の世俗化しつつある結果を誇示するからといって、そのことが、何もこの伝統を作り上げ維持した人びとの意向について何かを語っているものでは決してないということである。(15)

(15) もちろん、こうした点はいずれもこの領域および宗教社会学一般におけるウェーバーの業績を理解する決め手となる。

キリスト教と現代西欧世界の性格とのあいだには、ある内在的な関わりがあるのではないかという疑いは決して新しいものではない。少なくともヘーゲル以来、その関係が歴史家、哲学者、神学者などによって繰り返し主張されてきたが、いうまでもなく、これに対する彼らの評価は非常に多彩なものであった。かくして、現代世界は（ヘーゲルが解釈したように）キリスト教精神のより高度な実現と解され得たし、あるいはキリスト教が（たとえば、ショーペンハウエルやニーチェのように）現代世界のおそらくは悲しむべき事態に責任を負うべきおもな病原因子とみなされることも可能であった。現代世界を確立するのにかけがえのない役割を果たしたのがプロテスタンティズムだという考え方は、いうまでもなく最近五十年ばかりのあいだ社会学者と歴史家たちのあいだで広く論議を呼んだ問題である。しかしながら、ここでこの考え方について手短かに要約するのも無駄ではあるまい。(16)

(16) 以下の要約はウェーバーを、とりわけ彼の『プロテスタンティズムの倫理と資本主義の精神』を忠実に辿っている。また、Ernst Tröltsch, *Die Bedeutung des Protestantismus für die Entstehung der modernen Welt*, 1911; Karl Holl, Die Kulturbedeutung der Reformation, in his *Gesammelte Aufsätze zur Kirchengeschichte*, Vol. 1, 1932 を参照のこと。これの世俗化の問題とのつながりについては、Howard Becker, "Säkularisationsprozesse," *Kölner Vierteljahreshefte für Soziologie*, 1932, pp. 283 ff., pp. 450 ff. を参照せよ。

カトリック世界の〈豊満さ〉に比べるならば、プロテスタンティズムは宗教的内容の膨大な富を犠牲にしての徹底した省略、〈精髄〉への還元のように思われる。とりわけ、これはプロテスタンティズムのカルヴァン派の場合に言えることだが、ルッターの改革および英国教会の改革についてさえもかなり同じことが言えよう。いうまでもなく、われわれの表現は記述的であるのみである――われわれは、どんな神学がカトリックのもつ神性光溢(プレローマ)を正当化し、あるいはプロテスタント側の福音的希薄さを正当化するのかということには何の関心もない。だが仮にこの二つの宗教的配置をより注意深く眺めるならば、プロテスタンティズムは、カトリックのそれと対照して、現実としての神聖性の広がりをいちじるしく収縮したものと表現することができよう。秘蹟上の装置が極度に縮小され、しかもそこでさえも、その豊かな厳粛性がさらに剝奪されている。ミサ聖祭の奇蹟は完全に消えている。まったく否定されぬにしても、よりささやかな日々の奇蹟は宗教生活に対するリアルな意義を完全に失っている。この世のカトリック信者たちを聖人たちに結びつけ、また、まさしく死者たちの霊すべてに結びつける膨大な取りなしの回路も同様に姿を消している。プロテスタンティズムは死者のために祈ることを廃《や》めたのである。やや簡潔にすぎる危険を冒してあえていうならば、プロテスタンティズムは、もっとも古くもっとも強力な神聖性の三要素――神秘、奇蹟、そして呪術から可能な限り脱却したのである。このプロセスは、いわゆる〈魔術からの世界解放〉という句で従来よく捉えられてきたものである。(17) プロテスタントの信奉者たちは、もはや神聖な存在や諸力にたえず浸《ひた》されていた世界には住んではいない。実在は、完全に超越する神性と、徹底的に堕落してまったく神聖性を欠いた人間性とに両極化される。そのあいだには、神の創造にはちがいないが、それ自体に霊性を剝奪された全くの〈自然〉世界が横たわる。いいかえれば、神の徹底した超越性が、完全に内在的で神聖性から〈閉塞された〉世界に対決する。宗教的に表現すれば、世界がほんとうに大へん淋しくなるのである。

(17) ウェーバー、Entzauberung der Welt.

カトリック教徒は、聖なるものがさまざまなチャンネル――教会の秘蹟、聖人たちの取りなし、奇蹟のなかに繰り返し噴出する〈超自然〉といった、見えるものと見えざるものを結ぶ広大な存在の連続を通して彼に取り次がれる世界に住んでいる。プロテスタンティズムは、大かたのこうした取り次ぎを廃止した。連続性を破壊し、天と地を結ぶへその緒を切断し、そのために人間を、歴史上かつてないやり方で彼自身に投げ返した。いうまでもないが、これはその本意ではなかったのである。プロテスタンティズムが神性の世界を裸にしたのは、ひとえに超越的な神の恐るべき尊厳性を強調せんがためであり、人間を完全な〈堕落〉に投げ入れたのも、ひとえに彼に至高の恩寵による神の干渉、プロテスタント世界での唯一本当の奇蹟を受け容れさせんがためであった。しかしながら、これを実行するうちに、人間の聖なるものへのつながりを狭めてしまい、ついには神の御言葉（ファンダメンタリストのもつ聖書の観念と同じではなく、むしろ神の恩寵による比類ない救済行為――ルッター派の信仰告白における恩寵のみ「sola gratia」とみなすべきもの）と呼ぶ極端に狭い回路だけにしてしまったのである。世俗化はこの観念の信憑性が維持されている限りは、たとえその実質内容すべてがプロテスタント世界のうちに既存していたにしても、効果的に阻止されていたことはいうまでもない。とはいえ、世俗化をせきとめていた水門を開くには、この唯一の狭い取り次ぎの回路を切断するだけで充分だったのである。いいかえれば、このただひとつの回路を除いては、完全な超越神と全くの内在的な人間世界との〈仲を取りもつ〉べき何ものも残っていないので、後者の世界が信憑性不在の状況に陥ると、残された経験上の現実は、まさしく〈神は死せり〉でしかなかったのだ。この現実は、だから、われわれが近代の科学技術を連想するような、思想と行動の両面におけるシステマチックな合理的洞察にやすやすと御されることになった。天使不在の天空が天文学者の干渉のなすがままとなり、ついには宇宙飛行士に明け渡された。こうなると、プロテスタンティズムは、たとえどんなに他の因子が重要であったにしても、世俗化への歴史的に決定的な序奏の役を演じたと断言して差し支えあるまい。

プロテスタンティズムと世俗化とのあいだの歴史的な結びつきというこの解釈が受け容れられるとすれば（おそらく今日大多数の学問的見解の認めるところだが）、問題は必然的に展開して、それでは、プロテスタンティズムのもつ世俗化への効力は、はたして新しい要素なのか、それともその淵源は聖書的伝統というより以前の要素に根ざしたのか、ということになる。われわれに言わせてもらえば、後の答えの方が正しく、まさしく世俗化のルーツは、古代イスラエルの宗教が根ざす最古の淵源のなかにこそ見出されるべきであると主張したい。(18) いいかえれば、いわゆる〈魔術からの世界解放〉は旧約聖書に始まると断言したいのである。

(18) この点については、ウェーバーの『古代ユダヤ教』のなかできわめて明解に指摘されているが、ただし〈世俗化された〉という語は、たった一度しか出ていない（にもかかわらず、その興味深い箇所でウェーバーはエルサレムに祭祀を集中せしめたことの部族の宗教的意義に及ぼした効果を論じている）。だが、ウェーバーの旧約聖書に対するおもな関心は、関連はあるけれども別種の問題——つまり、ユダヤ教の経済倫理の展開とそれの近代資本主義の起源との関わり（彼は僅少と考えた）についてであった。それでも、旧約聖書についてのウェーバーの業績はわれわれの当面する問題にとってもきわめて重要である。聖書学者たちは、少なくともヴェルハウゼン（彼は、イスラエル宗教を周囲の中近東諸宗教と比較して〈脱自然化〉を論じている）以来、旧約聖書のもつ〈非神聖化〉および〈非神話化〉の諸傾向をたびたび指摘してきた。この見解をきわめて明解に述べたものについては（歴史的目的というよりもやや神学的目的に沿うものだが）Friedrich Gogarten, *Verhängnis und Hoffnung der Neuzeit*, 1953 を参照されたい。

この見解に同意するためには、古代イスラエルを、それが発生する土壌となり、しかもそれが自己規定する地盤ともなった諸文化の背景のなかにおいて考える必要がある。[19] こうした文化のあいだ（とくにエジプトとメソポタミアという二つの文化的中心のあいだ）にあるかなりの相違を過小評価してはいけないが、共通の特色のひとつには、いままでしばしば〈宇宙論的〉と呼ばれてきたものがある。[20] その意味は、人間の世界（つまりわれわれが今日、文化と社会と表現するようなものすべて）が宇宙全体を包括する単一の宇宙秩序に根ざすものと理解されるということである。この秩序が経験的実在の世界を人間の領域と非人間の（つまり〈自然〉の）領域とにするどく仕分けするという近代の分化をもたらさなかったばかりか、より重大なことは、これこそが経験と超経験、人間の世界と神々の世界とのあいだの連続を設定したのである。この連続性は、人事を宇宙に遍在する神聖諸力にたえず結びつけさせながら、宗教儀礼のなかに繰り返し実現される（たんに再認されるのではなく文字通り再現される）のである。たとえば、古代メソポタミアにおける新年の大祭では、世界の創造が（現代のわれわれがある種のシンボリズムとして理解するような意味で）表現されるだけではなく、もう一度実現され、ひとつの現実となって、あたかも人間の生命は再度その神的源泉に引き戻されるのである。かくして、人間的地平で〈地上に〉起こる事象にはすべて神々の物で〈天上に〉相似するものがあり、〈今〉生じるすべての事柄は〈原初に〉生まれた宇宙的事柄に結びつく。[21]人間の小宇宙と神の大宇宙のこうした連続は、いうまでもなく、一方的に人間の側の過ちによって断ち切られることがある。この種の過ちは、われわれが今日ならば〈背徳的〉とか〈罪深い〉とでも呼ぶようなものの場合もあるが、それとはまったくちがった、たとえば、禁忌を犯したり、あるいは神聖な儀式の誤った執行である場合もあろう。そのような場合には、宇宙秩序が〈狂って〉しまったのであるから、もう一度、適切な儀礼と正しい行為によってそれを〈矯正し〉なければならない。たとえば、エジプトの神王に対する反抗は政治的・道徳的な不正行為であるばかりか、（エジプト人たちがマート ma'at と呼ぶ）事物の宇宙秩序を乱すことになって、ナイル河の年ごとの氾濫にも、社会関係の正しい働きや国境地帯の安全などにも影響を及ぼすことになりかねない。だから、その〈粛正〉は、たんに不正を懲罰する問題にとどまらず、エジプトの国土と、それを支える宇宙秩序との適切な関係を立て直すことに通じる。さきに論じた二つの言葉を使えば、人事上の事件は、たえずコスモス化の手段によって、つまり、その外側にはカオスしか存在しないという宇宙秩序のなかに引き戻されることによって規範化されるのである。(22)

（19） Henri Frankfort *et al.*, *The Intellectual Adventure of Ancient Man*, Chicago, University of Chicago Press, 1946, および *Kingship and the Gods*, Chicago, University of Chicago Press, 1948; Eric Voegelin. *Israel and Revelation*, Baton Rouge, Louisiana State University Press, 1956 を参照。

（20） この用語は、フェーゲリンによる。

（21） Mircea Eliade, *Cosmos and History*, New York, Harper, 1959 を参照。

（22） 〈コスモス化〉(cosmization) なる言葉はエリアーデによる。

ひとつとくに強調すべき点は、この類いの宇宙は個人の安全を大いに保障するものだという点である。少なくとも、それは規範喪失《アノミー》に対する非常に効果的な防壁を備えた宇宙である。だが、恐るべきことが個人に少しも起こらないとか、永久に幸福が保障されるということでは決してない。その意味するところは、たとえどんな恐ろしいことが起こったとしても、事柄の究極的な意味にかかわることとして彼がそれを納得できるということである。このポイントをつかみさえすれば、イスラエル人たちにとってこの世界観がたとえ彼ら自身の宗教的発展が決定的にそれと手を切ってしまったずっと後になってもなお、さまざまに解釈を変えながらもなお根強く魅力的であり続けることを理解できるはずである。

だから、たとえば、聖なる売春が根強い人気をもったことを(これに反対してヤーヴェの代弁者たちが長い間はげしく非難しつづけたが)世俗的な悦楽の問題と片づけてしまっては大きな誤解となる。せいぜい仮定し得ることは、周辺には多数の非聖の売春婦がいたということである(これに対するヤーヴェの非難はごく少ないかに見える)。その魅力はむしろある種のまったくの宗教的な願望、つまり、秘蹟として聖なる性交が仲介するところの人間と宇宙《コスモス》との連続へのノスタルジアに根ざしていたのである。

のちに旧約聖書の正典に収録される諸伝承が、イスラエルの起源を二重のエクソダス——族長たちのメソポタミア脱出とモーゼによるエジプトからの大脱出——と捉えたことは大へんに意義ぶかい。この原型的なイスラエル人のエクソダスは、ただの地理的な移動や政治的な運動ではなかった。むしろ、それは一つの完結した宇宙との絶交を形象したのである。古代イスラエル宗教の核心には、エジプト版とメソポタミア版の宇宙秩序の双方に対する激しい拒絶が内在し、当然のことながらその拒絶は前イスラエル時代のシリア＝パレスチナ土着文化にも及ぶものであった。ヤーヴェがイスラエル人をそこから引き離して砂漠に導いたところの〈エジプトの饗宴〉なるものは、まさしくエジプト文化の根ざす宇宙秩序の安全保障を象徴するものであった。イスラエルは、メンフィス神学(多くの点でエジプト文明の大憲章《マグナ・カルタ》にあたる)が——「食物も道具も、神々への供物も、すべてのよき物も、ことごとく彼に由来するが故に」(23)——プター神と同一視する宇宙的統一からの分離として自己規定した。イスラエル宗教のこの大いなる否定は、三つの広範な主題、倫理における超越化、歴史化、および合理化をもって分析することができよう。[24]

(23) James Pritchard (ed.), *Ancient Near Eastern Texts*, Princeton, Princeton University Press, 1955, p. 5. この魅力的なテクストの註釈としては、John Wilson, *The Burden of Egypt*, Chicago, University of Chicago Press, 1951 を参照のこと。

(24) これら三つの概念の最後のものはウェーバーから引用している。〈合理化〉および〈合理性〉なる言葉は完全にウェーバー流の意味で理解されている。イスラエル宗教についてのわれわれの一般的な見方については、Edmond Jacob, *Théologie de l'Ancien Testament*, Neuchâtel, Delachaux & Niestlé, 1955; Vögelin, *op. cit.*, Gerhard von Rad, *Theologie des alten Testaments*, vols. 1-2, Munich, Kaiser, 1957 and 1960 を参照のこと。

旧約聖書はコスモスの外側に立つ一神《ゴッド》を設定する。コスモスは彼の創造であるが、彼はそれに対立するのであって、遍満するのではない。いったい古代イスラエルの宗教的展開のどの時点で、われわれがいまユダヤ＝キリスト教の一神崇拝と結びつけて考えているような神の観念が生じたのかを決めることは決して生やさしいことではない。遅くとも前八世紀までには、古代中近東に一般的な宗教観念から完全に離脱して充分に展開した観念が見られる。この神は徹底して超越的であって、いかなる自然的または人間的現象にも固定することはできない。彼は世界の創造者であるばかりか、唯一の神——唯一の存在者ではないにしても、ともかくイスラエルにとって大切な唯一者である。彼は朋友も子孫もなしに出現し、いかなる類いの随神たちをも従えていない。さらにいえば、この神は宇宙的によりもむしろ歴史的に行動し、とりわけイスラエルの歴史においてとくに排他的ということでもないが、彼は激越な倫理的要求をする神となる。だが、初期イスラエルの神観念を前八世紀のアモス、ホセア、イザヤが表現しているそれと全く同一と考えることはできないにしても、そこには明らかにもっとも初期の時代から、おそらくはイスラエル諸部族がパレスチナ地方にやって来るに先立って持ち伝えてきたいくつかの特徴がある。ヤーヴェは、イスラエル人が〈採用〉する（いうまでもなく、イスラエル人は自分たちの方が彼に〈選ばれた〉と考えているプロセス）以前にはどうであったにせよ、ともかくイスラエル人にとっては遠方から来た神であった。彼は、〈自然発生的に〉イスラエル人に結びついたような一地方神でも部族神でもなく、〈人為的に〉、つまり歴史的にイスラエル人と結合した一神であった。この結合は、ヤーヴェとイスラエル人との契約で成立したものであり、それは、イスラエル人に特殊な義務を課するものであって、もしこの義務が果されない場合には破棄され得る態《てい》のものであった（これこそが、前八世紀における預言の恐るべきメッセージにほかならなかった）。ヤーヴェは、したがって〈機動的な〉神であったから、地理的にも制度的にも縛りつけておくことはできなかった――彼はイスラエル人の土地としてパレスチナを選びはしたが、彼自身はそこに縛られなかった――彼は、サウルとダビデをイスラエル人の王に選びはしたが、その王制は決してエジプト的なあるいは〈形を変えた〉メソポタミア的な意味での神聖な制度ではなかった。ヤーヴェのもつこの〈機動性〉は、契約の箱の持ち運び可能な性格によく表われている。それは、ただ〈偶然に〉あちこちの聖所に保管されただけのことであって、たとえ最後にはエルサレムの神殿に収まるにいたったにしても、そこは決してヤーヴェの必然的な在所とみなすことはできなかった（そうであったからこそ、まことに重要なことは、そのおかげでイスラエルが最初にはバビロニアの、次には違った形でのローマによるエルサレム破壊をしのいで生き延びたという点である）。この神は犠牲を要求しはしたが、それに依存してはいなかった。そのおかげで、彼は基本的に呪術的な操作には免疫をもっていたのである。[25]

(25) こうした点は、ほとんどウェーバーが明快に指摘している。実際、その後一般的な中近東の背景に関する知見はずいぶんと拡がったにもかかわらず、ウェーバーが描いたイスラエルの神観念に付け加えるべきことは驚くほど少ない。ヤーヴェ崇拝の初期の歴史に関しての比較的新しい議論については、Albrecht Alt, *Der Gott der Väter*, 1929, および Samuel Nyström, *Beduinentum und Jahwismus*, 1946 を参照のこと。

旧約聖書における神の徹底した超越化がもっともよく見出されるのは、ほかならぬ非イスラエル宗教の諸要素が組み込まれた場所にである。その好例は創世記第一章の天地創造の物語であるが、そこにはメソポタミア神話から数多くの宇宙誕生譚の要素が組み込まれている。宗教史学者にはこれがどんなに興味深いものであるにしても、壮大なアッカド創世詩、エヌマ・エリシュ（天つ初めの詩）にざっと比較してさえも、こうした要素がイスラエルの改作者の手で形を変えられたことがはっきりとわかる。彼方には神々と彼らの業《わざ》からなる華麗な世界が見られるが、此方には創造神の孤独な業があるばかりである。彼方では創造の神聖諸力が元初のカオスから姿を現わすが、此方では神の前には何ものもなく、彼の創造の行為が万物の始まりであって、カオス（創世記原典では tohu vavohu）もまた、ただ神の行為を待つ否定的な性格におとしめられている。神話上の神名のひとつ――テホーム（tehom）、すなわちその面を闇がおおっている〈淵〉という語で、メソポタミアの女神でその海から神々を生んだティアマートという名と語源を同じくするヘブライ語――の痕跡を間違いなく残している創世記の記事一カ所でさえも、この名がおとしめられて抽象的な形而上のカテゴリーにすぎなくなってしまっている。しかも重要なことに、創世記は他のすべての被造物とは大いに違う存在としての人間の創造で記事が終わっており、要するに人間は神ばかりか他の創造部分とも完全に切り離されていることを強調しているのである。ここにおいて、超越せる神と人間とを本質的に対極化し、そのあいだに徹底して〈非神話化[26]された〉世界を介在せしめたことを聖書がきわめてはっきりと表明していることがわかる。

（26） Hermann Gunkel, *Genesis*, 1971 および Gerhard von Rad, *Das erste Buch Moses*, 1950

を参照。エヌマ・エリスのテキストはプリッチャードの前掲書において見ることができよう。
また、Anne-Marie Esnoul *et al.*, *La naissance du monde*, Paris, Editions du Seuil, 1959 を参照のこと。

歴史化のモチーフはすでにこの対極化のなかに籠められている。世界は、神話的に想念された神聖諸力を奪われて、一方では神の偉大な業の舞台（つまり、救済史の場）となり、他方では高度に個性化した人間たちの活動の場（つまり〈世俗史〉の場）となったが、人びとは古代宗教文学では稀なほど旧約聖書のページを賑わせている。イスラエル人の信仰はその最初期の資料段階からその正典的編纂の段階にいたるまで一貫して一種歴史的な性格のものであった[27]。なかんずくそれが言及するものは一連の歴史的に固有な出来事――エジプトからの脱出、シナイ山における契約の成立、領土の獲得であった。かくして古代イスラエルの最初に知られた〈信条〉でその原文が現在申命記二十六章五―九節に所載のものは、いうまでもなくすべて神の行為に帰せられている歴史的事件の物語以外の何ものでもない。旧約聖書の全体――「律法、預言者、および〝聖書〟」――がこの信条をめぐっての膨大な労作にほかならない。今や旧約聖書に収められている諸巻のなかで、直接的にしろあるいは元来は歴史に根ざす祭祀の形においてにしろ、歴史的定位を欠くものはほとんどない（二つの明らかな例外、伝道の書とヨブ記とは、その性格からいってずっと後代のものである）。旧約聖書全体のおよそ半分は、〈修史的〉作品そのもの――六書、列王記、歴代誌、それにエステル記のような他の純粋な史書によって占められている。預言者たちの書のめざす定位は圧倒的に歴史である。詩篇は、年ごとに繰り返されるイスラエルの祝祭にもっともはっきりと表現されているように、たえず神の歴史的行為を引照する祭祀に根ざしている。旧約聖書は、他のどんな世界宗教の偉大な典籍にも（ついでながら新約聖書もその例に洩れず）例のないような方法で歴史の周りを回転しているのである。

（27） Artur Weiser, *Glaube und Geschichte im alten Testament*, 1931; Edmond Jacob, *La tradition historique en Israël*, 1946; C. R. North, *The Old Testament Interpretation of History*, を参照。旧約聖書全体の歴史性に関する同じ理解はすでに引用したフォン・ラッドの書『旧約聖書の神学』、とくにその第一巻で非常に詳しくとり上げられている。また、Oscar Cullmann, *Christ et le temps*, Neuchâtel, Delachaux & Niestlé, 1947（前田護郎訳『キリストと時』岩波書店、一九五四年）を参照されたい。

神の超越化とそれに伴う〈魔術からの世界解放〉とは、歴史に〈場所〉を開放して神と人間双方の活動の舞台としたと言えよう。前者は完全に世界の外側に立つ神が演じる。後者は人間観においてかなりの個性化を前提とする。人間は神の面前に歴史上の演技者として登場する（ちなみに、ギリシア悲劇でのように運命に直面する演者としての人間とは全くちがっている）。かくして個性的な人間たちは、古代思想に典型的であるような神話的に想定された社会の代表者たちとは似ても似つかぬ、個別的で独特な個人と見られ、個人として重要な役を演じるのである。さしあたって、モーゼ、ダビデ、エリヤなどのようなはっきりと描かれた人物たちを考えればよい。このことは、たとえば歴代の王や（おそらくはカナーンの神サマッシュに由来する）サムソンのような英雄たちの、もとは半神的な存在が〈非神話化〉した結果かも知れぬ人物たちの場合にもあてはまる。だからといって旧約聖書が、近代西欧が〈個人主義〉という言葉で意味することを指しているとも、さらにはギリシア哲学が到達した個人の観念をさえも指しているとも言っているわけではなく、ただそれが個人やその宿命や行動の自由についての思考に一種の宗教的枠組みをもたらしたと言っているだけなのである。このことが世界史的に重要なのは強調するまでもないが、ここでわれわれの興味をひいている世俗化のルーツとの関連でそれを見ることが大切である。

旧約聖書の預言者文学のなかで堂々たる歴史神学が展開されていることは、あまりにもよく知られていることで、いまさらここで論議を尽す必要はない。だが、その同じ歴史性が古代イスラエルにおける祭祀と法律にかかわっていることは触れておいてよいであろう。旧約聖書にみられる二つの主要な祭祀的な祝祭が、かつては神話的な意味に支えられた行事の歴史化をもたらしたのである。過越しの祭は、起源的には（つまり、その非イスラエルに起源をもつ点で）神による豊作を祝う饗宴であったが、それが出エジプトを祝賀するものになる。（ヨム・キップール*を含めての）新年の祭が、元来はコスモス誕生の神話を再現するものであったのが、ヤーヴェがイスラエルを支配する王位に即《つ》いたことを祝讃するものとなる。同じ歴史性が他の小規模の祭にもかかわっている。旧約聖書の法律と倫理がやはり一種の歴史的枠組みにはめ込まれており、それらはつねにヤーヴェとの契約から生じたイスラエルとイスラエル人の側の諸々の義務にかかわっている。いいかえれば、ほかの古代中近東諸民族とは対照的に、法律と倫理が（エジプトのマートの場合のように）無時間的な宇宙秩序にもとづくものではなく、具体的な歴史に媒介された〈生きた神〉の命令にもとづいているのである。この意味においてこそ、「そのようなことはイスラエルでしてはならない」という禁止の言葉の繰り返しが理解されるべきである。同様の言葉は、もちろん他の諸文化にも見られようが、少なくともこのなかでは、歴史的に「モーゼ一族に授けられた」かの律法をまさしく指している。こうした非常に古くからの前提にもとづいてこそ、イスラエル人の歴史観は、ヤーヴェによる民族の選びというオリジナルな信仰から、後代の預言者たちによる画期的な歴史の神義論と終末論にいたるまで進展してきたわけである。

旧約聖書における倫理的合理化の（生活に合理性を課すという意味での）モチーフは、いま述べたばかりの他の二つのモチーフと密接にかかわっている[28]。合理化をすすめる要素のひとつは、なによりもヤーヴェ崇拝が呪術に対する敵意をもつが故にこそ、成立の当初から存在するものであった。この要素は祭司集団と預言者集団の双方が〈担って〉きた。

祭司の倫理は（申命記にその堂々たる表現があるように）、祭祀からすべての呪術的で馬鹿騒ぎ的な諸要素を追放し、また律法（トーラー）を日常生活の基本原則として発展させる形で合理化していった。預言者の倫理は、生活のすべてを神への奉仕とせよとの主張の下で合理化してゆき、そのようにして日常活動の全域を、一種のまとまった、文字通り合理的な構造でおおうことになったのである。その同じ預言者の倫理が、（とりわけ第二イザヤ書にあるような）独特の歴史の神義論をもたらし、そのおかげでイスラエルは、バビロニア幽囚という破局をかろうじてしのぐことができたのだが、その後、その歴史への効能は〈枯渇して〉しまった。祭司倫理（これにはたしかに預言者の教説が強く影響しているけれども）は、ひきつづき祭祀と法律の諸制度を進展せしめ、それをめぐってこそ、エズラとネヘミアが幽囚後の共同体を再建することができたのである。法律制度は、やがてユダヤ教に成長するものの特異な構造を構成しつつ、最後にはローマ人による第二神殿の破壊のためにもたらされた祭祀の終焉にさえも、くじけずに生き残ることができた。ユダヤ人離散後のユダヤ教は、とりわけ法律上の意味において、合理性の勝利とみなすことができよう。ところが、西欧文化の圏内にあってはそれが周辺的性格をもつが故に、離散後のユダヤ教こそが近代世界の根底における合理化へのプロセスに大きな役割を果たしたのだと主張することはむずかしい。それよりは、その合理化のモチーフがキリスト教に転位することによって近代西欧の形成に効力を発揮したと考える方がもっともらしいであろう。

（28）以下の解説は細部にわたるまでウェーバーの説にもとづいている。イスラエル人の倫理とイスラエル人の歴史との関連については、Adolphe Lods, *Les prophètes d'Israël et les débuts du judaïsme*, 1935, および Antonin Causse, *Du groupe ethnique à la communauté religieuse*, 1937 を参照されたい。

いうまでもなく、これまでのわれわれの目的はイスラエル民族の宗教史を素描することではなかった。われわれはただ、近代西欧にユニークな規範上の諸問題を造り出してきた〈魔術からの世界解放〉が、常識的にはその出発点とみなされている宗教改革とルネッサンスの出来事よりもずっと先に根源をもっていることを指摘しようとしただけであった。同様にいまさらでもないが、聖書宗教がもつ世俗化の推進力が他の諸因子と結合して近代西欧に結実していく様式をここで解説しようとすることもできない。これについては、ただ若干のコメントを付すことができるだけである。[29]

（29）キリスト教の歴史的役割に関するわれわれの見解もまた大いにウェーバーの説にもとづいている。ここにいたるまでのキリスト教の、一方では神話的コスモス、他方ではユダヤ教への関わりについての理解はルドルフ・ブルトマンの影響が大変大きい。彼の〈非神話化〉に関する著作ばかりでなく、彼の『新約聖書神学』を、同著 *Das Urchristentum*, Zurich, Artemis, 1949（米倉充訳『原始キリスト教——古代諸宗教の圏内における』新教出版社、一九六一年）とともに参照されたい。またゴーガルテンの前掲書も参照のこと。

たとえイエスと彼の最初の弟子たちのもつ宗教的性格が何であったとしても、ほとんど疑いようのない事実は、最終的にはヨーロッパに支配的なものとなったキリスト教の形態が、旧約聖書宗教のもつ世俗化のモチーフからみて退行的なステップを示しているということである(もちろん、これに対する記述的な表現にはわれわれの側からの何ら評価的な意向を付け加えてはいけない)。たしかに神の超越的性格は強力に主張されているものの、受肉の観念自体とさらに三位一体説におけるそのいっそうの理論的展開とが、イスラエル人の抱いた理念の徹底性にかなりの修正を加えたことを示している。この点については、キリスト教の陣営内に立つ評者よりも、キリスト教に対するユダヤ教徒やイスラム教徒の批評家たちの方が、はっきりと指摘している。だから、キリスト教の真の一神教からの〈逸脱〉の元凶はフルール(hullul)の教義――すなわち、何ごとかまたは何者かが神のかたわらに位し、あるいは神と人との仲だちをすることができるという思想としての〈化肉説〉にあるとのイスラム教徒の伝統的な見解には(再度いうまでもなく純粋に記述的な意味だが)、多少なりとも正当な理由がある。神が化肉するというキリスト教の中核的な観念がその軌跡のもとに他の多種多様な超越性の修正をもたらし、大勢の天使や聖人たちをもってカトリシズムがその宗教的実在を豊かにし、ついには聖マリアを仲保者および共同の救い主として祭り上げるまでにいたったことは、驚くに当らないであろう。神の超越性が修正されるにつれて、世界は〈再神秘化〉(あるいはお望みならば、〈再神話化〉)されたのである。たしかに、カトリシズムは、聖書宗教と非聖書的な宇宙論的諸観念とを大規模に止揚することによって、新装の宇宙秩序を打ち立てることに成功したのだと主張することができる。こうしてみれば、神と人、天上と地上のあいだに存在の類比をみる(analogia entis)というカトリックの教義は、古代の聖書以前の宗教の擬態を再現しているのである。他にどんなに重要な相違点があるとしても、われわれのみるところ、ローマ・カトリック教とギリシア正教はともに基本的にはこのレベルでの共通の復元を果たしている。まさしくこの意味においてこそ、カトリックの世界はその〈住民たち〉にとって安心の場なのであり、この理由からして今日にいたるまで強い魅力をもっているのである。カトリシズムが、ある種の最古からの人間の宗教的憧憬を現代世界に存続せしめるものとして理解することができるのも、この同じ意味においてなのである。

そのうえ、カトリシズムは倫理上の合理化のプロセスをも妨げた。たしかにローマ・カトリック教はローマから受け継いだ高度に合理的な遵法の精神を吸収しはしたが、その根強い秘蹟の体系が、旧約上の預言、あるいは実際は律法主義ユダヤ教によって要請された生活上の全面的な合理化の類いからの〈逃げ口〉を無数に提供した。預言者の性格に属する倫理絶対主義は多かれ少なかれ修道院制度の機構内に安全に隔離されて、キリスト教の全身を汚染するにはいたらなかった。またしても、イスラエルの宗教観念のもつ厳格さが、禁欲生活を進んで選びとった少数の選ばれた人たちを除けば、修正され骨抜きにされたのである。理論上のレベルでは自然法に関するカトリックの見解は、倫理の〈再自然化〉——ある意味では、イスラエル人がヤーヴェの砂漠へとそこから脱出した、エジプト人のマートにおける神と人との連続へと回帰すること——を象徴していると言って差し支えあるまい。実践のレベルでは、カトリックの信仰と道義とは世界の徹底した合理化を何ら必要せしめない生き方をもたらしたのである。(30)

(30) 再度、この点でわれわれがウェーバーの見解にもとづいていることを明らかにする。また、Ernst Troeltsch, *Die Soziallehren der christlichen Kirchen*, 1911 をも参照のこと。

しかしながら、キリスト教が、とりわけその優勢なカトリックの形態をもって、超越化作用と倫理的合理化のもつ世俗化へのモチーフを覆すか少なくとも食い止めたと論じることはうなずけるにしても、歴史化のモチーフについては別と考えねばならない。西欧のラテン系キリスト教は、ともかくもその世界観において完全に歴史的であり続けた。いつも異端すれすれを行くような（聖書を典拠とする一神教の枠内ではどこにでもあることだが）神秘派の運動は別にすれば、ラテン系キリスト教は聖書に独特の史的神義論を温存して、贖いの場としての現世に絶望せしめるような宗教上の構成を拒絶してきた。かくしてカトリック系キリスト教は革命的な種子を、たとえそれがカトリック世界がもつ〈コスモス化〉の効果のおかげで長い間の冬眠を繰り返したにしても、その身内に蓄えていたのである。これが再三にわたって噴出し、さまざまな至福千年説になったのだが、その世界史的な規模の力を発揮するのは、西欧人が信憑するに足る構造としてのキリスト教世界が分裂してからのことであった。

キリスト教にはもう一つの中核的な特色があり、それが、これもまた別に意図した形ではないのだが、結果的には世俗化のプロセスを助けたことになる――すなわち、キリスト教会の社会的形態である。宗教社会学上の比較によれば、キリスト教会は宗教の制度的個性においてきわめて異例のケース、つまりとりわけ宗教だけに関与する結社として社会の他のあらゆる団体機構に対抗する位置にあるという事例なのである[31]。このような展開は宗教の歴史では比較的稀なケースであり、たいていは宗教の活動と象徴とが制度的機構全般に混ざり合っていることが多いが、だからといって、キリスト教のケースが唯一無比というわけではない（たとえば、かなり違った形だが、仏教徒の僧伽《そうぎゃ》はこのような制度的個性化のもうひとつの例である）。しかしながら、宗教の活動と象徴が唯一の結社の域内に集中することは、事実上、社会の残りの部分を〈世間〉として、聖なるものの管轄から少なくともある程度除外された俗の領域と規定することになる。この概念がもつ世俗化への潜在力は、キリスト教世界が聖と俗との微妙なバランスを保ちながら社会的実在として存在する限りは〈保有され〉得たものであった。ところが、この実在性が崩壊するにつれて〈世間〉はなおいっそう急速に世俗化され、もはや聖にふさわしい言表の埒外でしかない領域とみなされてしまったのである。これが論理的に行きつくところは、ルーテル派の教義にみられる二つの王国であろうが、この場合には、俗なる〈世間〉の自律性に事実上一種の神学的な合法性が賦与されているのだ。(32)

(31) この点については、ルックマンがすぐれた叙述をしている。前掲書参照。

(32) Troeltsch, *Die Soziallehren*, およびウェーバーの『プロテスタンティズムの倫理と資本主義の精神』におけるルーテル主義に関する討究を参照のこと。

かくして、旧約聖書から発した巨大な宗教群に注目すれば、われわれはそこに、聖書のもつ世俗化への推進力に対するきわめて相異なった関わり方を見出すことになる。ユダヤ教は一種のカプセル化となって、こうした力が高度に合理化されてはいるが歴史的にはあまり役に立たない形で出現したが、その史的無力の原因には、キリスト教世界の内側では異民族でしかないというユダヤ人の宿命が外的因子となり、その内的因子には、ユダヤ的遵法主義からくる保守的インパクトがともに考えられるのである。後者の面では、イスラム教がユダヤ教と大変よく似ているが、両者の明らかな違いは、イスラム教がその保守的な構造をたんに孤立した下位文化の内部にはめこむだけではなく、それを超えて巨大な地理的拡がりをもつ帝国全体にまでそれを及ぼすことに成功した点にある。(33) カトリック・キリスト教については、そのラテン系とギリシア系の双方を含めて、わずかにそれが旧約聖書の教義典範を捨てなかった（マルキオン派の異端を退けるという一度の機会だけで決定された）ところから、その内部に（少なくともラテン系西方教会では）世俗化への潜勢力を温存したとはいえ、そのいずれをも、世俗化のドラマを開幕するについてはむしろこれを妨げ、逆行する段どりとみなしてよかろう。しかしながら、宗教改革については、まさしくカトリシズムが〈内包していた〉この世俗化への促進力を強力に復活せしめたものであり、しかもそれがたんに温存した旧約聖書そのままをなぞるのではなく、決定的にそれを超え出ることによって実現されたと理解することができよう。古典古代のきわめて相異なった世俗化の力を蘇らせたということで、プロテスタンティズムのインパクトとルネッサンスのそれとが歴史的に合致する点については、どの程度までがたんに偶然であり、あるいはむしろたがいに依存する現象であったのかはここで討究することはできない。なおまた、ここで、最近四百年間にわたる世俗化のプロセスにおいて、〈観念的〉と〈物質的〉の双方にわたる他の諸因子と比較してプロテスタンティズムがもたらした効果を考量することもできない。ただ指摘しておきたいことは、世俗化の現象をめぐって問われる〈近代西欧で何故〉という疑問には、少なくとも部分的にではあるが、そのルーツを近代西欧の宗教的伝統のなかに見ることによって答えなければなるまい。

(33) Montgomery Watt, *Islam and the Integration of Society*, Evanston, Northwestern University Press, 1961, および Reuben Levy, *The Social Structure of Islam*, Cambridge, Cambridge University Press, 1962 を参照のこと。イスラム教の世俗化に対する全般的な関わり方をめぐってのきわめて興味ぶかい問題については、いうまでもなくここでは追究する

ことができない。

本書の冒頭の部分で論じた一般的な社会宗教的プロセスからみると、世俗化は近代人にほとんど全く新しい状況をもたらしたことになる。おそらく歴史上はじめて、世界に対する宗教的正当化作用がたんに数少ない知識人たちや他のマージナルな個人たちのあいだでその信憑性を喪失してしまったばかりではなく、社会全体にわたる広範な大衆のあいだでもそのもっともらしさを失ってしまったのである。このことは、大規模な社会制度のノモス化にとってばかりか、個人の生活史上のそれにとっても重大な危機をもたらした。いいかえれば、そこには国家や経済関係の諸制度にばかりか、生活上の日常茶飯事にまでも〈無意味さ〉の問題がもちあがったのである。もちろんこの問題には各種の理論家たち（哲学者、神学者、心理学者等々）が強く自覚してきたものだが、しかし、それにふさわしい理論的思索力をもたず、ただ自分たちの人生上の危機を解決することだけに関心を抱いている一般庶民の心情の内にもやはりこの問題が顕著であると考えられる理由が充分にある。もっとも重大なことは、苦悩をめぐるキリスト教独特の神義論が、その信憑性を失い、そのために多種多様な世俗的救世論への道が開かれたが、その多くは、たとえ歴史を正当化するのに何らかの信憑性を獲得するにしても、個々の人生上の悲嘆を慰藉することは到底できないという結果に終わっている。そして最後には、キリスト教の世界観のもつ疎外構造が崩壊して、社会的現実を根本的に脱疎外し〈人間化する〉批判的思想の運動

（社会学的構想もまたこうした運動のひとつ）を発生させたが、それが成熟するには深刻なアノミーと実存的な不安をもって購うことが少なくなかった。こうしたことすべてが現代社会に何を意味するのかという問題は、実証的な知識社会学に枢要なテーマである。当面の考究の範囲内では、この趣旨をそれだけならともかく、これを全面的に扱うことはできない。だが、われわれが次におもむく予定の課題は、世俗化のプロセスが伝統的な宗教内容に対して何を意味し、それを体現している制度に対して何を意味してきたのかというテーマである。

6章　信憑性の問題

世俗化が庶民にまで及ぶにいたったきわめて明瞭な道筋のひとつは、宗教における〈信憑性の危機〉という形である。いいかえれば、世俗化が伝統的な宗教上の現実規定のもつ信憑性を広範に崩壊せしめる結果をもたらしたのである。この世俗化の意識レベルでの顕現（あるいは〈主観的世俗化〉）には、これに対応して社会‐構造レベルの相関（あるいは〈客観的世俗化〉）がみられる。主観的には、庶民はともすると宗教的な事柄にあやふやになりがちである。客観的に巷の庶民が直面するのは、彼の帰依を求めるか、あるいは少なくとも彼の興味を惹くことにやっきとなって競い合うような多種多様な宗教、その他現実規定の機関であって、そのどれもがもはや彼に忠誠を強制する立場にはないものばかりである。別言すれば、〈多元主義〉[1]と呼ばれる現象は、意識の世俗化現象にともなう一種の社会的‐構造的な相関なのである。

（1）　この章のおもなポイントは、以前に、ピーター・バーガーとトーマス・ルックマン共同執筆の "Secularization and Pluralism," *International Yearbook for the Sociology of Religi-*

on, 1966, pp. 73 ff. に指摘されている。多元主義と汎教会性に関するより狭い問題については、拙稿の"A Market Model for the Analysis of Ecumenicity," *Social Research*, Spring 1963, pp. 77 ff. を参照のこと。現代宗教に関する私の社会心理学上の見解には、トーマス・ルックマンに負うところ非常に大きい。彼の著書 *Das Problem der Religion in der modernen Gesellschaft*, Freiburg, Rombach, 1963——English version, *The Invisible Religion*, New York, Macmillan, 1967(赤池憲昭、ヤン・スィンゲドー訳『見えない宗教』ヨルダン社、一九七六年)を参照されたい。

このような分析は、理論的にはあらかじめ進めておいた宗教とその下部構造とのあいだの弁証法的な関係を具体的に呈示する絶好の機会をもたらしてくれる。それがまるで現代社会での具体的な下部構造的プロセスの〈反映〉に見えるかのような方法で世俗化を分析することはできる。世俗化が一種の〈積極性を欠いた〉現象の様相を呈するだけに、なおさら人になるほどと思わせる。つまり、それ自身のなかに原因として働き得る効力を欠いているかに見える上に、たえず、他のプロセスに依存しているようにみえるからである。しかしながら、そのような分析は、仮に現代の状況がその歴史的背景から切り離して眺められる場合だけに限って、その説得力を保つにすぎない。なるほど、世俗化の圧力の下にある宗教は、今日ではたしかにひとつの〈従属変数〉として分析することが可能であろう。だが、世俗化の歴史的淵源を問われた途端に、問題は全く別の様相を呈する。すでに指摘を試みたように、こうなると西欧文化の宗教的伝統に特有の諸要素をまさしく歴史因子として、つまり〈独立変数〉として考えなければならなくなる。

宗教と社会との弁証法的な関係は、かくして〈観念論〉にしろ〈唯物論〉にしろ教条的なアプローチを妨げることになる。宗教の〈諸観念〉が、たとえそれがどんなに深遠なものであろうとも、社会構造のなかに経験的に確かめ得る変化をもたらすものであることを具体的な事例で示すことは可能である。また他の事例において、経験的に妥当な変化がいかに宗教的意識や思想の営みのレベルに効果を発揮してきたかを示すこともできる。こうした諸関係の一種弁証法的な理解だけが、一方に偏った〈観念論者〉と〈唯物論者〉の解釈がもたらす歪曲を避けるのである。そのような弁証法的理解は、宗教的その他を問わず、すべての意識が日常的実践の世界に根ざしていることを主張することになろうが、しかし、これを機械的な原因の意味に解しないよう充分に注意することが必要である。(2)

(2) この方法によってこそ、少なくとも一般理論のレベルにおいて（つまり、歴史的解釈のもつ個別的な矛盾をひとまずおいて）、またマルクスと教条的なマルクス主義とを区別する場合に限り、マルクス派の宗教概念とウェーバー派のそれとを理論的に統合することができる。

まったく別の事柄のひとつに、特定の歴史的な状況の下ではその下部構造に〈反作用する〉という、宗教のもつ潜勢力の問題がある。これについては、そのような力は状況のちがいによって大きな変化を見せるということができよう。かくして宗教はある状況の下では形成力となって現われるが、歴史的に状況が推移すれば、他に依存する形態を示すことにもなろう[3]。そのような変化を表現して、宗教とそれに関連する下部構造との因果関係の〈方向〉における〈逆転〉とすることもできよう。ここで考察する現象は、この点にふさわしい事例である。聖書的伝統に起因する宗教的発展は近代の世俗化された世界を形成する因子とみることができるのである。だが、いったん形成されてからは、この世界がまさに形成力として宗教が引きつづき働きかける効力を阻害する。われわれが主張したいのは、ここにこそ宗教と世俗化の間柄における偉大な歴史のイロニーがあって、歴史の上からは、キリスト教が自ら墓穴を掘ってしまったとでも言えば図式的に収まりそうなイロニーだということである。現代の状況のなかで宗教がこうむった信憑性の崩壊をみるには、この時点では社会構造から始めて意識や思想におもむく方が、その逆を行くよりも論理的である。その理論上の当否は別にして、この手順は、ある理解を超えた精神的・知的な恩寵の喪失を世俗化の責任に帰するという落し穴（宗教的に偏向した傍観者がとりわけ陥りやすいものだが）を避けて通ることになろう。むしろそれが明らかにするものは、この恩寵の喪失（この言葉は記述的に便利である）が経験的に妥当な社会‐構造上のプロセスに根ざしているという点である。

（3）　ウェーバーのカリスマとカリスマの日常化に関する理論が、この種の細かい分析のためのモデルを提供してくれる。拙稿“The Sociological Study of Sectarianism,” *Social Research*, Winter 1954, pp. 467 ff. を参照されたい。

すでに指摘しておいたように、世俗化現象がそもそも始まった〈現場〉は、経済の領域、とりわけ、資本主義化と工業化のプロセスによって形造られた経済部門においてであった。ひきつづいて近代社会の他の諸階層が、このプロセスの近くにあるか遠ざかっているかの位置に応じた違いを見せながら世俗化の影響を受けてきた。高度に世俗化した階層は、この同じプロセスにきびすを接して出現した。いいかえれば、近代の工業社会は、宗教に関する〈解放区〉とでも言えるような部門をその中枢の〈位置〉に生み出したのである。世俗化はこの部門から〈外側に向かって〉移動し、社会の他の領域に及んでいった。その結果として興味ぶかいことに、宗教が制度的秩序のもっとも公的な部門ともっとも私的な部門とに両極化し、とりわけ国家制度と家族制度とに分極化する傾向を示してきた。仕事や仕事に関連して生きているような日常生活というもっとも世俗化の徹底した位置にあっても、なお国家や家族の諸制度に配された宗教的な象徴を見出すことができよう。たとえば、「宗教は工場の門内に立ち入らない」ことを誰もが当り前と考えている場合でも、にもかかわらず、これもまた当然と心得ているのは、戦争をするにも結婚をするにも伝統的な宗教上の象徴的手続きを抜きにして始めるわけにはいかないということである。(4)

(4) アメリカのプロテスタンティズムという社会学的に特有な事例について論じたものと

しては、拙著 *The Noise of Solemn Assemblies*, Garden City, N. Y., Doubleday, 1961 を参照されたい。

共通の社会学的用語でこれを表現すれば、一方の経済上の世俗化と他方の国家や家族の世俗化とのあいだには一種の〈文化的なズレ〉があったということになる。国家に関する限りでいえば、いくつかの国ではすでに近代的な工業化社会への途上にありながら、政治的秩序に対する伝統的な宗教上の正当化がひきつづいて行なわれているということを意味する。英国の場合はたしかにこの例で、こうした旅立ちに乗り出した最初の国である。他方、世俗化を促す政治勢力が、資本主義的な工業化の進展の面ではまだ立ち遅れている諸国において活発であった場合もあって、たとえば、十八世紀後半におけるフランスや今日の発展途上国の多くがこれにあたる。だから、社会経済的な近代化と政治的な世俗化との関係は単純なものではない。それにしてもあえて主張しておきたいことは、近代の産業中心主義の進展には必然的に政治的秩序の世俗化傾向がともなっているという点である。とりわけ、国家と宗教の制度上の分離化傾向というものがある。これが、アメリカの場合のように成立当初からイデオロギー上の反聖職権主義とは無縁の現実的な事柄であるのか、あるいはフランスの場合のように、これが反聖職権さらには反宗教でさえある〈俗化主義〉に結びついていくのかについては、それぞれの国家社会で作動する固有の歴史的因子が左右することである。だが事例すべてに共通する世界的な趨勢は、政治行動が宗教制度あるいは宗教的原理のどちらの支配からも解放される国家の出現という方向だと思われる。このことはまた、同種の政治的世俗化が相変わらず宗教と政治を統合する伝統的なシンボルで飾り立てられているという、英国やスウェーデンのようないわば〈懐古趣味〉的な例の場合にもあてはまる。たしかにこうした場合における伝統的シンボルは、それにもかかわらず実現するにいたった世俗化がまさしく事実であることを、その時代錯誤をもって際立たせる働きをしているにすぎないのである。

その結果もっとも重要なことは、国家がもはや、かつて支配的であった宗教的機構のためにそれを補強する機関として奉仕することをしないという点である。事実、これが〈他のちがいが何であるにしても〉そのアメリカ版とフランス版に共通して、国家と宗教の分離に関する政治的原則のおもな主張のひとつであって、しかもそのことは、英国やドイツ、あるいはスカンジナビア諸国のようにそれらが国家と教会の分離という形では正当化されていない場合でさえも、宗教上の寛容と自由に関するさまざまな原則のなかでひとしく強調されているのである。国家は今や、自由競争の資本主義におけるその役割を鮮やかに想起せしめるような、競合する宗教集団に対抗する立場に立って、基本的には、たがいに独立して自由な競争者たちのあいだの秩序を公平に維持する役割を負うのである。やがて明らかになることだが、経済と宗教のあいだの〈自由企業〉というこのアナロジーは決して偶然的なものではないのである。

いうまでもなく、それぞれの国家社会において国家が宗教に対してとる固有の態度にはちがいがある。だが、強制に終止符を打ったことは基本的に同じであることを考えれば、そうしたちがいは何ら決定的なものとはならない。だから明らかなちがいがあるとすれば、一方ではアメリカの状況のように国家がおおむね宗教に寛容で各宗教団体は免税法によって保障された財政上の高収益に等しく恵まれているのに対し、他方では共産主義体制下の東欧のように、国家が奉持するイデオロギー上の理由から宗教に対して思想的にも実際的にも敵対しているという点にある。だがそれにもかかわらず銘記すべき大切な点は、こうした状況がいずれも、伝統的な〈キリスト教社会〉に比べれば、教会がもはや政治的武器をもって忠誠への要求を強化することができないという点までは同じだということである。いうまでもなく、アメリカの国家が教会の努力に便宜をはかっているのと同程度に共産主義国家はそれを妨げようとするのではあるけれども、どちらの状況にしても、教会は〈独力で〉それぞれの常連たちの自発的な忠誠心を獲得せねばならない。同様に興味深いのは、近代化への諸条件の下で国家が従来通りの強制的な宗教支持を再現しようとして失敗する点である。現代のスペインとイスラエルがそうした試みの興味深い例であって、いずれの場合もその試みが今や失敗に帰しつつあると言って差し支えあるまい。これらの国に成功するチャンスがあるとすれば、ただひとつ近代化へのプロセスを逆転せしめるしかなく、そうすれば必然的に工業化以前の社会を造り直すということになるが、これは歴史上いかなるものにもまして、不可能に近い目標だと言わねばなるまい。

この背後にある力学はけっして神秘的なものではない。そのルーツは、一般的には社会における近代化（つまり、最初に資本家、次に産業上の社会経済秩序の確立によるもの）、そして特殊な場合には政治制度における近代化がもたらす合理化のプロセスに根ざしている。[(5)]さきに述べたように、社会の世俗化した部門のもつ〈解放区〉が資本主義的産業経済の内部や周辺にひどく集中しているので、それを宗教政治的な伝統主義の名の下で〈再征服〉しようとすると、この経済の働きを断つ危険を冒すことになる。近代の産業社会には科学技術者からなる大量の中堅幹部の存在が必要であって、その養成と維持のための社会機構は、たんに下部構造のレベルだけでなく意識のレベルにおいても高度の合理化を前提としているのである。だから伝統主義的な〈再征服〉のどんな試みも近代社会の合理的基盤を撤去することになりかねない。それに、資本主義産業の合理化がもつ世俗化への圧力は自己維持するばかりか自己増殖する。資本主義と産業の複合体が拡大するにつれて、その理論的根拠に支配された社会階層も拡大し、それらを制して伝統的なコントロールを成立させることがますますむずかしくなる。この種の複合体の拡大が国際的（今日ではほぼ世界的規模）なのであるから、特定の国家社会を同時に経済的後退の条件下にとどめることなしにそれのもつ合理化効果から隔離することがいっそうむずかしくなるのである。近代的なマス・コミュニケーションと大量交通運搬手段（その双方が観光事業の出現にみごとに集約されている）が現代のスペインに与えているインパクトは、そのよい例になろう。現代の国家が工業生産の巨大な経済機構のために必要な政治法制上の便益に忙殺されてくるにつれて、国家はこの目標に対して国家自身の機構とイデオロギーとを連動せしめねばならなくなる。機構のレベルでいえば、これはなかんずく高度に合理的な官僚行政の確立を意味し、イデオロギーのレベルでは、そのような官僚体制に妥当な正当性の維持ということになる。かくしてそこにいやおうなく進行するものは、経済分野と政治分野とのあいだの機構面と〈精神面〉での親和性である。そのとき、世俗化は、経済分野から政治分野にかけてほとんど動かすべからざる〈拡散〉のプロセスを辿って波及する。そこで国家の宗教的正当性はほとんど一掃されてしまうか、たとえ残るにしても社会的現実性を欠いたレトリカルな飾り物でしかない。付言すれば、工業化が高度に進んだ国家の場合、この点に関する限り、政治的秩序の合理化が資本家の手で実現しようと、社会主義者の手で行なわれようと、また民主主義的にあるいは独裁主義的に進められようと結果はほとんど同じである。世俗化のための決定的な変数は、特殊な所有関係の制度化でもなければ、それぞれに異なった立憲制度の特質でもなく、むしろ近代的タイプの産業社会の前提条件である合理化のプロセスそのものであるかに思えるのである。

（5）合理化のカテゴリーは、ここでは再びウェーバー的な意味合いで適用されている。

近代的政治制度の内部における宗教の存在が典型的にはイデオロギー上のレトリックの

事柄に属するからといって、対立する他方の〈極〉についてこのことが言えるわけではない。家族とそれが緊密に結ばれている社会関係の領域では、宗教は依然としてかなりの〈実在〉能力を持っており、要するに、日常的な社会活動の分野での人びとの動機や自己理解の面で有効でありつづけているのである。宗教と家族との象徴的なつながりは、いうまでもなく、旧い家柄の場合、親族制度そのものの非常な古代性に根ざしている。このつながりの持続は、だから事例によっては、一つの制度的な〈生き残り〉として単純に尊重される場合もある。ところがもっと興味深いことに、たとえば現代アメリカの中産階級の場合のように、高度に世俗化した社会階層においても家族の宗教的な権威づけが再登場している。(6) こうした例では、宗教が独特の近代的形態の下に、つまり一種の強制されない顧客によって自発的に採用された正当化の体系として立ち現われている。そのもの自体は、日常的な社会生活の私的領域に位置づけられていて、現代社会におけるこの領域の非常に独特の性格がそれを際立たせている。(7) その基本的な特性のひとつが、いわゆる〈個人化〉である。その意味するところは、私化された宗教が事実上共同の結合的資質を欠いて、個人または核家族の〈選択〉や〈趣好〉の問題だということである。このような私的宗教性は、それを採用する個人にとってどんなに〈リアル〉なものであっても、もはや宗教の古典的な働き、つまりそのなかでは社会生活の全体が何人《なんぴと》にも結びつく究極的意味を与えられるような共同世界を構築する働きを果たすことができない。その代わりに、この宗教性は近代社会の世俗化した分野から効果的に隔離されるところの社会生活の特別保護区に限定される。私的宗教性に関連する諸価値は、典型的には私的分野以外の制度的文脈には妥当しない。たとえば、実業家や政治家は家庭生活の宗教的に保証された規範には忠実に従うであろうが、それと同時に、公的な分野ではいかなる宗教的価値にも顧慮することなく自分の活動を実行することができる。宗教をこのように私的分野の内だけに隔離することが、近代的な社会的・政治的制度の高度に合理化された秩序を維持するのにきわめて〈有効〉なのだと理解することはむずかしいことではない。この宗教的伝統の私化が、この伝統を体現している制度についての問題を神学者たちに投げかけているという事実については、当面われわれがとり上げる必要はなかろう。

（6）これに関しては、Dennison Nash and Peter Berger, "The Child, the Family and the Religious Revival in Suburbia," *Journal for the Scientific Study of Religion*, Fall 1962, pp. 85 ff. を参照されたい。

（7）近代社会における公的領域と私的領域の一般現象については、Arnold Gehlen, *Die Seele im technischen Zeitalter*, Hamburg, Rowohlt, 1957; Luckmann, *op. cit.*; Juergen Habermas, *Strukturwandel der Öffentlichkeit*, Neuwied/Rhein, Luchterhand, 1962 を参照されたい。

さきに述べた〈両極化〉の総合的な効果は大変奇妙である。宗教が公的にはレトリックとして、私的には美徳として、その姿を現わしている。いいかえれば、宗教が公共のものである限り〈実在性〉を欠き、それが「実在」である限りは公共性を欠いている。この状況は、宗教の伝統的な働きが深刻なほど崩壊したことを示しているが、その働きこそは、まさしく一社会の成員たちのために意味の共有世界として役立つことのできる現実規定の統合体を構築することであった。宗教の世界構成力は、かくして下位世界の構築、断片化した意味の世界の構築に限定され、それをめぐる信憑性の構造が場合によっては核家族に等しい大きさしかない。現代の家族は制度としては評判通りに虚弱であるから（その体質は私的領域の諸形態全部と共有するものだが）、これが意味するところは、この種の信憑構造に依存する宗教は必然的に貧弱な骨格だということである。ごく単純に言えば、〈宗教上の好み〉はそれが最初に採用されたのと同じようにたやすく放棄されることがあり得るのである。この虚弱体質はもっと広範に基礎づけられた信憑構造を探し求めることによって改善することができる（実はしなければならない）。典型的には、これらは教会かあるいは他のもっと広範な宗教結社なのである。ところが、そもそもが私的領域に〈位置づけられた〉自発的関心集団というその社会的性格なるが故に、このような教会は必要な信憑構造の強さと耐久性をある限られた程度までしか発揮できないのである。

世俗化によってもたらされた宗教の〈両極化〉、およびそれに伴う公共性と（または）〈実在性〉の喪失については、世俗化が事実それ自身として一種の多元的状況を導き出すという言い方をもって説明することも可能である。〈多元主義〉という言葉は、たしかに、普通は（アメリカの例がその基本型であるように）種類の異なった宗教集団が国家によって許容され、おたがいに自由競争の関係で結ばれている場合にのみ適用されてきた。専門用語について議論する余地はないし、この限定された言葉の使用については少しも問題はない。ところが、この限定された多元主義をも生み出している底流の社会諸力に目を向けるとき、世俗化と多元主義とのあいだのもっと奥深い結びつきが明らかになってくる。そこで言えることは、すでに見てきたように世俗化が宗教的伝統の一種の非独占化をもたらしたのであり、かくして事実上多元的状況をそれが導き出したのだということである。

人間の歴史のほとんどを通じて、宗教体制は社会内の独占事業として——つまり、個人と集団の生活を究極的に正当化する独占事業として存続してきた。宗教の諸制度はたしかに適切な意味で制度と言ってよく、要するに思想と行動の両面にわたる取締り機関であった。当該の宗教制度によって規定されるものとしての世界は、まさしく世界であって、ただたんに社会の俗的権力とそれらの社会統制機関とによって維持されるばかりでなく、さらにもっと根本のところでその社会の成員たちの〈常識〉によって、支えられていたものであった。宗教的に規定された世界の埒外に踏み出すことは、一種のカオス的な闇黒に踏み入ることであり、規範喪失やおそらくは狂気に踏み込むことであった。これは、独占的な宗教制度がその現実規定を強制する点で外面的に暴虐非道であったということを必ずしも意味するものではない。たしかに、この意味での宗教的な〈専制支配〉は、おもに聖書を基盤とする宗教の諸流に特有のものであって、東アジアの大宗教の軌道上には全般的に見当らない。だが、たとえばヒンズー教が一種の異端者弾圧を生み出さなかったという事実があるからといって、古典的インド社会において現実規定と正当化の効果的な独占をそれが達成しなかったということにはならない。対抗するほどの現実規定は、ある場合には(ヒンズー教内部の一種姓または一宗派となることによって)社会的にも思想的にもヒンズー教体制のなかに吸収されるか、あるいはそれらが体制内のものには宗教的にスレちがいのままに終るといった方法できめつけられた(このようにして非ヒンズー教徒はすべて、まず最初は儀礼的に不浄として扱われ、ついで彼らの〈狂った〉思想が彼らの存在そのものの不浄性からくる当然の表現であるとして、ヒンズー教徒の意識内に中和されるがままになるのであった)。対抗する現実規定を体現する集団が物理的に体制の領土内に現存する場合には、それらは同様の儀礼的な禁忌によってヒンズー教社会から巧妙に隔離され、それによってヒンズー教が規定する世界を〈汚染すること〉のないよう防止されたのである(ゾロアスター教のパルシー派がその好例である)。ヒンズー教の重大な危機が訪れたのは、インドがこうした方法ではもはや対処できない外国人たちによって征服された時であったが、イスラム教やキリスト教の支配の下にあってさえも、ヒンズー教社会は長い間にわたって自己カプセル化という伝統的な方法を使うことに成功して、征服が内部分裂にまで至るのを防いだのである。ごく最近におけるインドの近代化に伴って、やっと本来の意味での多元主義の芽生えを、独立国インドの世俗国家としての自己規定によって政治的に表現された形で看取ることができる。

西欧においては、宗教上の独占を表現するものは、キリスト教の概念とその社会的実在とであった。ヒンズー教とは対照的に、キリスト教は、その門外（とりわけイスラム教に対する十字軍遠征において）と門内（異端者とユダヤ教徒の迫害にみられるように）との両面において非信者たちに対する軍事的暴力を自由にふるった。キリスト教の独占的性格は、二つの体制、すなわち教会と帝国とがその原理的体現であることの名誉をおたがいに奪い合ったという事実があるからといって、それで損われるようなものではなかった。両体制はともに同じ宗教的世界を代表したのである。両者の争いは、外部の宿敵との対立というよりはむしろ内部的葛藤の性格――アナロジーが許されるとすれば、会社間の競争というよりも会社内の二派閥のあいだの抗争に似た性格を帯びていた。やはりこのことが、キリスト教会特有の体制がその内部に一種の世俗化への潜勢力を抱えていたとさきに論じたのと同じ意味で、真の多元的な状況が後に完成するのを助長したのだとも言えよう。多元への潜在力は、宗教戦争のあとに続いて現実化した。こうした戦争の解決が国王の国教決定権の原則を打ち立てた時点では、もちろん、それだけで多元的な状況が進められたわけではない。むしろその反対に、プロテスタントたちは、自分たちの支配領内を独占的な統制におこうと努力する点ではカトリック教徒と同様に暴力的であった。だが、キリスト教の統一がいったん事実上破れると、ひとつの過程が動き出していっそうの分裂がさらに生じやすくなり、その結果イデオロギーよりも実際上の理由から、プロテスタント圏とカトリック圏双方の領内での宗教的逸脱に対する寛容の拡大を導き出したのである。ここは、この過程の詳細な歴史に踏み込む場ではない。周知の歴史的理由から、多元化のプロセスは最初にアメリカで結実し、その結果、今日にいたるまで持続しているところの相互に寛容な教派（デノミネーション）のシステムを確立せしめた。アメリカ型の教派は、たしかに、自領内における他の諸教会との永続的な共存と競争とにうまく対処しなければならない一教会のあり方とみなされてきたのである。[8]

（8）デノミネーションのこの規定は最初にH・リチャード・ニーバーが彼の著書『教派制の社会的基礎』（*The Social Sources of Denominationalism*, 1929）のなかで行なったものである。

教派制のアメリカ的なタイプ（これは、他のアメリカの諸制度とちがって、国際的に注目されるべき輸出可能な産物の様相を呈している）では、ちがった宗教の諸集団が、すべて同等の法的地位でもってたがいに競い合うのである。ところが、多元主義はこのタイプの宗教間の競争に限られるものではない。世俗化の結果として、宗教集団はまた世界を規定する事業において多種多様な非宗教的なライバルと競い合うことを余儀なくされているが、そのなかには高度に組織されたもの（たとえば革命やナショナリズムをめぐるさまざまなイデオロギー運動など）もあれば、もっと制度的には拡散したもの（たとえば〈個人主義〉や性の解放のような現代の価値体系など）もある。だから、なにもアメリカ型の教派体制をもつ国家社会でばかりではなく、脱独占化した宗教が現実規定の点で法的に認容され社会的に強力なライバルに対処せざるを得ない場合には、どこにおいても多元主義を語ることができよう。このような事情で、たとえばフランスのカトリシズムが多元的な競合に追い込まれざるを得なかったのは、ほとんど取るに足らないプロテスタントの少数勢力のおかげではなく、非宗教的なライバルが社会の各階層にわたって数多く存在していたためであった（その高度に組織されたものは労働者階級の運動に見られ、拡散しては中産階級のいわゆる〈世俗主義〉の形をとっている）。結局のところ、宗教上の自由と教団宗教の一般的な社会‐倫理上の姿勢とに関する〈アメリカ的〉な観念が、かつて一度もアメリカ型の教派体制を発達させたこともないところにも、それに共鳴するものを見出すとしても驚くに当らない。これは、なにもアメリカ・プロテスタントの自由主義がその伝道に成功したからというわけではなく、むしろ近代社会の下部構造に根ざす現象のひとつとしての多元主義がもつ世界規模の力学に、その原因があるのである。

あらゆる多元主義的状況の核心的な特徴は、それらのこと細かな歴史的背景がどんなものであれ、独占性を失った宗教はもはやその帰属住民たちの忠誠を当然のものと考えることができないということである。忠誠は自発的なものであり、だから定義からみて確かなものではない。その結果、宗教的伝統は、かつては威信をもって強制することのできたものが、今や市場化されねばならない。もはや〈買う〉ことを強制されていない顧客に〈売り〉込まねばならない。多元的状況は、なかんずく一種の市場相場なのである。そのなかで各宗教教団は市場取引き機関となり、宗教的伝統は消費者のための商品となる。そしてある程度、この状況における宗教活動の相当部分は市場経済の論理に支配されてくるのである。

この状況がさまざまな宗教集団の社会機構に広範囲の影響をもたらすだろうということは理解するにむずかしいことではない。ここに生じるものは、きわめて単純には、宗教集団が独占事業体から競合する市場取引き機関に移行することである。かつて宗教集団は、帰属する全住民に対する排他的な統制を執行するにふさわしい機関として組織されていた。今や宗教集団は、同じ目的をもつ他の諸集団と競い合いながら消費者としての住民に愛願を求めるにふさわしく組織化しなければならない。にわかに〈成果〉の問題が重要になる。独占的状況では社会 - 宗教的機構には〈成果〉を生み出す何らの圧力もかからない――状況そのものが〈成果〉を先規定するのである。たとえば、中世のフランスは、規定上カトリックであった。ところが現代フランスをそのように規定しようとすれば、必ずや圧倒的に逆の証拠に立ち向かわねばならない。フランスは、まさしく伝道の地になってしまったのである。おかげで、カトリック教会がほかならぬ伝道上の〈成果〉の達成を可能にするためには、それ自身の社会機構を問題にしなければならない。この問題に直面したことが、近年フランス・カトリシズムがこうむっている混乱をかなりの程度まで説明してくれるのである。[9]

（9） H. Godin and Y. Daniel, *France, pays de mission?* Paris, Cerf, 1943 を参照のこと。また、Adrien Dansette, *Destin du catholicisme français*, Paris, Flammarion, 1957 を参照のこと。

競合する状況のなかで〈成果〉を挙げるという圧力は、必然的に社会—宗教上の機構の合理化を伴う。神学者たちがどんなふうにこれを正当化するにせよ、多様な宗教集団の世俗的な安定に責任をもつ人びとは、必ずや機構がその集団の〈伝道〉の合理的な実施を可能にするようにしむけなければならない。近代社会における他の制度的分野と同様に、そのような機構上の合理化は何よりもまず官僚制の現象として現われてくる。[10]

（10） 現代宗教の場に官僚制が広く見られ、このことがそれに携わっている人びとの間に広く知られているという見地からすれば、それに対して宗教社会学の調査研究が、たとえば地方教区にふんだんに注がれている注目に比べると何とわずかの関心しか払われないのかと驚くばかりである。これに対するもっともらしい説明の一つは、非常に多くの調査研究が従来宗務庁自身によって主宰されてきたし、その実際的な関心はまさしく〈外側におかれた〉宗務庁の目標の達成にこそあって、それ自身の機能性に関する反省に向けられていなかったという事実である。数少ない宗務機関の研究の一つとしては、Paul Harrison, *Authority and Power in the Free Church Tradition*, Princeton, Princeton University Press, 1959 を参照のこと。その経済面に関する論議については、F. Ernest Johnson and J. Emory Ackerman, *The Church as Employer, Money Raiser and Investor*, New York, Harper, 1959 を参照。

官僚的構造がすべての宗教団体に行きわたってくると、各宗教団体は、その多種多彩な神学的伝統にかかわりなく、社会学的にはだんだんとおたがいに似通ってくる。〈組織体〉の問題にかかわる伝統的な用語法がいつもこの事実を不透明にする。ある一つの役職Aは、二つのおたがいにちがった宗教集団のなかで同じ事務機関上の役割を果たす場合もあるが、それが一方の教団では神学の常套句Bで、他の教団ではCといううきまり文句で正当化される場合もあって、実際のところ、二つの神学的正当化が直接にはたがいに反立しながら、その矛盾は当の役職の機能には何の影響をも与えていないということもあろう。たとえば、出資金の監督が、ある教団では司教の責任である場合もあれば、他の教団では一般信者の構成する委員会の委員長の責任であることもあるが、この役職に要する実際の事務的活動は、司教職や俗人の機能に関する伝統的な合法化には、たとえあるにしてもごくわずかの関係しかないはずである。たしかに、この過程に組み込まれるべき官僚制のモデルまたは理念像にちがいはある。かくてヨーロッパのプロテスタント教会は、国家-教会状況での永い経験から政治的な官僚制のモデルを採用する傾向があるが、アメリカのプロテスタンティズムは経済界の会社の官僚機構をまねる傾きがある。他方、カトリック教会の中央執行機関は独自の官僚的伝統をもっており、それが今にいたるまで近代化への改革には強い抵抗を示してきた。だが合理性への要求は他の事例すべてとよく似ており、そのさまざまな社会‐宗教上の構造に対して同様に強い圧力を行使している。

宗教の現代的状況は、このように教団組織の進行する官僚主義化をその特徴としている。教団の内外双方の社会関係がこのプロセスを示しているのである。内的には、教団組織はたんに官僚主義的に管理されるだけではなく、その日々の運営は官僚制に特有の諸問題や〈論理〉によって支配されている。外的には、教団組織は官僚制的な相互作用の典型的な諸形式を通じておたがい同士ばかりか他の社会組織とも交渉している。消費者たる篤信者たちとの〈公的な諸関係〉、政府に対する〈ロビー活動〉、政府機関や私的企業に対する〈募金活動〉、〈とくに出資を通じた〉世俗経済への多面的なかかわり合い――〈布教活動〉のこうしたすべての側面において、教団組織は必要上、同じ問題を抱えた他の官僚機構が採用するのと大変よく似た手段をもって〈成果〉を求めざるを得ないのである。とりわけ重要なことは、その同じ官僚制的な〈論理〉が、宗教教団同士の交渉にもあてはまることである。

官僚機構は特殊なタイプの人員を必要とする。この種の人間は、その職務と必要な技能の点でのみならず、その心理的性格の点でも特殊なのである。官僚的組織はその運営上必要とする人間のタイプを選定もすれば作り出しもする。[11] ということは、いくつかの教団組織のなかには、この点に関する伝統的なパターンにかかわりなく、同じタイプの指導者が出現することを意味する。官僚機構の必要条件が〈預言者〉対〈祭司〉、〈学者〉対〈聖人〉といった伝統的な宗教指導者の分化を乗り越えてしまう。だから、ある官僚的な職務担当者が〈預言者的〉聖職というプロテスタントの伝統からの出身であろうが、カトリックの伝統の〈司祭〉職出身であろうが、それは大した問題にはならない——いずれの場合にしろ、彼は何よりもまず彼の官僚的な役職の要件に自分を適合させねばならないのである。できるならば、伝統的な表現語句が残されて新しい社会心理的なタイプを正当化するだろうが、それがもはや不可能ならば、その語句が修正されてこのような正当化を可能にしなければならない。たとえば、神学の学識はプロテスタントの牧師という職務に伝統的に中心をなすものであった。ところが、〈卸売り〉（官僚制執行機関）と〈小売り〉（地方市場取引き）との運営の両面で、それがだんだんと牧師の職務に適切なものでなくなってしまった。それに伴って、プロテスタントの牧師養成のための教育機関は、彼らを認証する理論的根拠をともに修正しながら再構成されてきている。[12] 官僚制的な教団組織の指導者として出現した社会心理的なタイプは、当然のことながら他の教団を背景にして生まれてきた官僚的人格と同じであり——実践家で実利的に物事を考え、行政処理には不必要な反省力はもたないが対人関係面に熟練していて、〈活動的〉だが同時に保守的でもあるというふうな人格である。このタイプに合致した人びとは、別々の教団組織にいても同じ言葉をしゃべり、だから当然のことにおたがいを理解し合い、おたがいの問題もわかり合える。いいかえれば、教団組織の官僚主義化は、〈教会合同《エキュメニシティ》〉に向かう社会心理的な基盤を準備するのである——これは了解されるべき重要な事実だと主張しておきたい。

(11) Hans Gerth and C. Wright Mills, *Character and Social Structure*, New York, Harcourt, Brace, 1953（古城利明訳『性格と社会構造』〈現代社会学大系第十五巻〉青木書店、一九七〇年）. とくに pp. 165 ff. を参照のこと。

(12) 拙稿 Religious Establishment and Theological Education, *Theology Today*, July, 1962, pp. 178 ff. を参照されたい。

〈教会合同〉は、しかしながら、宗教市場のなかで結びつけられた別々の集団のあいだにだんだんと友好的な協力が高まったという意味では、多元主義的状況全体の要請するところであって、ただたんに宗教官僚的人物たちの社会心理的な親和性からくるだけのものではない。少なくとも、こうした親和性が保証することは、宗教上のライバルが〈敵〉とみなされるよりは、むしろ同じ問題を抱えた同志とみなされるということである。このことは明らかに相互協力を容易にする。だが協力する必要性は多元主義的状況における相互競争そのものを合理化する必要から生じるのである。競合する市場は、宗教上のライバルを排除するのに社会の政治的仕組みを利用することができなくなってから成立する。この市場の諸勢力はその時から自由放任の資本主義のそれに非常によく似た自由競争のシステムに向かっていく。ところが、そのようなシステムは、それが成長するにつれていっそうの合理化が必要になる。各市場取引き機関のあいだの自由競争は、外部からはめられたり機関同士の取り決めなどによる何らの抑制もないと、そのような競争のコストがそこから得るべき利益を危うくし始める時点で不合理なものになる。このコストは、何よりもまず政治的であり、〈公共的イメージ〉に関わるものであろう。だから、各教会が協調し合う方がおたがいに相手を出し抜こうと画策するよりも、宗教的に中立の政府機関から恩恵を引き出しやすいのである。また、消費者の引立てを奪い合って過度に激烈な競争をすれば、その結果、各階層の潜在的な〈ひいき筋〉を宗教市場そのものから疎外することになって自滅しかねない。拘束されない競争はまた、不合理、つまり純粋に経済の面からしてコストがかかりすぎることになりやすい。物質であれ別のものであれ、商品を現代の大衆相手に市場化することは、きわめて複雑で金のかかる仕事である。だから、教会の側で新しい思い切った事業をするには、(とくにアメリカにおいて〈教会拡張〉と称せるもの)それが何であれ、相当な財源の支出を必要とするのである。こうした事業を担当する官僚たちはすべてを合理的に計算せねばならず、そのことがかえって彼らに可能な限りリスクを減らすよう仕向けることになる。聖職者の養成、宗教施設の建設と維持、事業資材の製作、増大していく官僚行政機関の運営費――これらすべてが膨大な資金を必要とし、その合理的な使用は宗教官僚たちの責任である。その責任は増大して、ついには、こうした諸目的に対する資金の供給が急務になる。その理由は、収入源が不安定になってしまう場合もあるからである――強制されない信者たちからと、あるいは政府の財政当局からの〈寄金〉の慣行が正確に予測しがたいので、その結果、算定にリスクの要素が入り込んでしまうのである。あるいは経済全体のインフレーションが原因になることもあって、すべての支出をさらにリスクの大きいものにしてしまう（アメリカにおけるすべての〈教会拡張〉プログラムでもっとも重大な要素のひとつである）。リスクを減らす確かな方法のひとつは、その競争者とあらゆる種類の申し合せをすること――〈価格を固定する〉こと――つまり、カルテルを結ぶことによって競争を合理化することである。

これが意味するところを具体的に示すすぐれた事例のひとつは、アメリカのプロテスタンティズムにおける〈互譲法〉（comity）の展開である。[13] この言葉は（今は間違って使用されているが）、異なった教派同士がその活動地域についてそれぞれが立てている〈拡張〉計画に沿って配分調整されるように交わす協定をいう。このような配置法（今では、大部分地域社会計画の分野から編み出された、さらに官僚行政的な用語法でこう表現されている）は、高度に合理化され、通常は教派の運営機関自体がもつ調査部門によって収集された調査資料とともに、国勢調査のデータや土地家屋などの不動産や民勢上の諸計画まで適用されている。したがって、ひとつの然るべき地域（たとえばある新しい近郊地区の開発など）をある特定の教派に配分する決定がなされるのは、たんに政治的な協定の所産というだけではなく、高度に合理的で客観的な情報にもとづくものなのである。アメリカのプロテスタンティズムにおいて各教派の調整機関（つまり、いわゆる〈宗教会議〉運動）が局地的にも地方的にも育っていることは、直接的にこうした官僚行政上の要請につながっており、（レトリックを離れても）その活動の大部分がこれに連動しつづけているのである。どんな形であれこのパターンが急激に変化すれば、必ずや一定数の教派の運営に深刻な混乱をもたらすにちがいない。

（13） Robert Lee, *The Social Sources of Church Unity*, New York, Abingdon, 1960 を参照されたい。リーはこれらの展開を非常によく記述しているが、その背景をなす社会経済的な諸力についてはほとんど注意を払っていない。

カルテル化は、この場合でも自由競争市場という状況での他の分野と同様に、二つの面をもっている。すなわち、競合する単位が合併によってその数を減らし、そして残った単位が相互協定によって市場を組織するのである。現代の状況下では〈世界教会論〉は、もちろんこの二つの面をともにその特徴としている。ともかくもプロテスタンティズムのなかでは諸教会が相当程度合併を進めてきており、よりいっそうの合併をめざす協約がかなりのペースで進められている。プロテスタンティズムの内部とそれを超えた範囲との両方で、合同のプロセスを〈生き残った〉大きな団体同士のあいだにはますます相互協議と協力関係が増えてきている。だが重要なのは、このカルテル化の方向は、単一の独占体制の再建に向っているのではないことを承知することである——いいかえれば、成果としての来たるべき〈世界教会〉という概念は経験的には実現され得べくもないのである。むしろその方向は明らかに寡占体制であって、めざされる合併は、あくまでそうした合同が競争関係を合理化するにあたって有効である程度までにすぎない。この限度を超えてしまうならば、これが神学上の正当化の面での口振りはともかくとして、数個の教団当局の制度上の関心からすれば実際的には合理的でなくなってしまう。それに、これが消費者たちの需要に応えるものとは考えにくいのである(この需要というものは、皮肉なことに、教団官僚たちが考えるよりはよほど、教派への忠誠心において伝統的であることが多いのである)。

多元的状況は、このように、大きくは社会、および教団相互での合理的な取引関係によって結び合わされた官僚制的構造間のネットワークを内包している。多元的状況は、それがカルテル化に向かっている限り、その社会的・政治的・経済的な動態において〈世界教会論〉の方向をとっている。この言葉をとくにカッコでくくった理由は、この傾向が必ずしも先験的にこの言葉のある特定な神学上の意味に結びつけられる必要がないということである。現在における教会統一運動らしきものも、今ではそれを正当化するのに使われているような特定の神学的展開がたとえ当時はなかった場合でも、何らかの形で多元的状況から起こってきたことであることが非常に多い。たしかに、ともかくも社会学者にとってみれば、それによって多元的下部構造に〈反作用する〉能力を否定するわけではないが、神学的展開をその下部構造をもたらす原因とみるよりはむしろ、その結果とみなす方が賛同しやすい。もちろん言うまでもないことだが、このように事態を見るからといって、教会統一運動にたずさわる者の神学上の動機の真剣さを批判するわけでは決してない。いわゆる〈陰謀論〉は、それが大規模な社会現象の場合であればあるほど得心し難いものだが、とりわけ、その現象がある宗教的な性格を帯びている場合にはなおさら納得しがたいのである。

多元的状況のもたらす効果は、宗教の社会構造上の局面だけに限られてはいない。それはまた、宗教のもつ内容、つまり宗教の市場取引き機関の製品にも及んでいる。さきの構造変化をめぐる論議からすれば、なぜそうした事態であるかを理解することは困難ではない。宗教教団が社会内で単一の独占的地位を占めている限りは、その内容は神学的知識の面で宗教的指導体制にとって賛同できるものや好都合のものにのっとって決定され得よう。もちろん、だからといって、指導体制とその神学的決定が、より大きな社会に根ざす諸勢力、たとえばその社会の権力中枢のなかで免疫的存在であったということではない。宗教はつねに高度に世俗的な影響に対しては敏感であったし、それは、そのもっとも精妙な理論的構成にまで及んでいる。ところが、多元的状況が新しい形の世俗的影響をもち込んだが、それは、宗教的内容を変形せしめるのにおそらくは国王たちの要求とか諸階級に内在する利害といった古い形の影響に比べてさらに強力なもの――つまり、消費者の選択という勢力である。

繰り返して言えば、多元的状況の社会学的・社会心理学的に決定的な特徴は、宗教がもはや無条件に押しつけられるのではなく、市場的に売買されねばならないという点である。強制されない消費者層に商品についての彼らの好みを考慮せずにそれを売りつけることは初めからできない相談である。なるほど、宗教教団はあまりにも急激な宗教選択上の自由さから一定数の住民グループをひきとめている伝統的な結びつきを依然としてあてにすることができよう――商品市場的には、多少の〈古くからの顧客〉グループの間にはまだ根強い〈製品への愛着心〉があるのである。そのうえ、宗教教団は自ら企画する各種の活動によって、こうしたグループにきざす離反をある程度はおさえることができる。だがそれでも、公衆に対する勧誘の姿勢をとることが基本的に必要であることからみて、そこには、販売されている製品に対する消費者側のコントロールが及んでいるわけである。

ということは、その状況のなかにあるダイナミックな要素、つまり、よし変化そのものでなくとも、変化の可能性の契機がもたらされていることを示しているが、これは本来的には宗教的伝統主義にとって有害なのである。いいかえれば、この状況下では宗教的伝統を不変の真理として維持することがしだいにむずかしくなる。その代わりに、消費者の選択という力学が宗教の分野にもち込まれる。宗教的内容が〈ファッション〉の主題になる。このことは必ずしも、急速な変化が起こるとか、不変性の原理が神学的に敗退することを意味するのではないが、ともかくも変化の可能性がその状況にもち込まれたことを示している。遅かれ早かれ、諸変化が生じて、その可能性が現実のものになり、可能性が結局は神学上の理論化のレベルで正当化されることになる。この事態は、明らかに宗教集団のあるグループにとっては他のグループよりも(たとえば、プロテスタント系教団のほうがカトリック系教団よりも)受け容れやすいものだが、しかしどんな教団もこの影響を完全に免かれることはできないのである。

消費者側の選択という力学は、それ自体が実質的な内容を決定するわけではない——これが設定するのは、それが変化に動じやすくなるということであって、変化の方向を決定するわけではない。しかしながら、現代の状況のなかには、この変化の性格に実質的な影響を与えているような他の因子がいくつかある。肝心の消費者の世界が世俗化している以上は、その選択の方向がこれに反映されるのである。要するに、彼らは世俗化した意識に調和し得る宗教的製品のほうを、調和できないものよりも好んで選びとるにちがいない。いうまでもなく、これは、それぞれ異なった宗教教団の常得意となっている階層によってさまざまな様相を呈する。たとえば、アメリカにおける中流の上クラスの都市近郊住民のあいだの消費者的要求は、南部農村地帯の消費者傾向とはこの点でちがっているのである。

異なった階層の世俗化の度合いがさまざまであれば、宗教需要者としてのこうした階層による世俗化の影響も多様になる。だが世俗化が世界的な傾向である限りは、宗教の内容が世俗化の方向に変形される世界的な傾向も存在する。その極端な場合には〈自由主義的なプロテスタンティズムとユダヤ教のように〉、宗教的伝統からすべてまたはほとんどすべての〈超自然的な〉要素を徹底して取り除き、かつてはその伝統を体現してきた教団組織の存続を純粋に世俗的な意味で正当化するまでになることがある。他の場合では、〈超自然的な〉諸要素が強調されなくなるか背景に押しやられるかして、教団組織の方が世俗化された意識に見合う価値を商標にして〈売り〉出されるのである。たとえば、カトリック教会は、多くのプロテスタント系の競争相手に比べて明らかにその内容を〈非神話化〉しやすい態勢ではないが、それでも伝統的なカトリシズムは〈進歩的な〉プロテスタンティズムに伍して国民の道徳的資質を強化するもの、あるいは〈〈心の平安〉といった類いの〉さまざまな心理的恩恵を授けるものとして効果的に宣伝することができるのである。もう一つの実質的影響は、現代社会における宗教の組織上の〈地位〉からもたらされる。宗教の社会的に意義のある〈妥当性〉は何よりも私的な領域にあるのであるから、消費者の選択もこの領域の〈欲求〉を反映する。このことは、宗教が、大きな公的組織に特殊な応用が効くものとして宣伝されるよりも、私的生活に〈適切な〉ものであることが示される場合の方が、よりたやすく商品化されることを意味する。これは、宗教の道徳的・精神治療的な働きとしてとりわけ重要である。その結果、宗教教団が私的生活における個人の道徳的・精神治療的な〈欲求〉に適応してきている。これが、現代の各教団の活動や企画における個人的な諸問題の重視となって現われている――家族や隣人関係と並んで、私的な個人の心理学的〈欲求〉に対しても同様に重点がおかれている。こうした分野にこそ宗教が世俗化のすすんだ階層においても〈適切〉でありつづけるのであって、一方では、同じ階層内で政治的・経済的な諸問題に対して宗教的な見解をあてはめることは〈筋違い〉だと広くみなされてきている。たまたまこれが説明を助けてくれるのは、教会が従来、教会に所属するメンバーたちに対してさえもその経済的・政治的見解については、比較的わずかな影響力しかもたなかったのに、一方では依然として彼らの私的な個人の生き方のなかで大事にされつづけているのは何故かという点についてである。

多元的状況が、だから教団における俗信者への新たな力入れと対応してきたことは驚くにあたらない。多くの神学者たちによって規定されたいわゆる〈俗信者の時代〉は、消費者層としてのこの俗信者たちの性格にもとづいているのである。換言すれば、俗信者の役割に関する神学上の命題は、現代の宗教市場という下部構造に根ざした展開を後追い的に正当化するものと心得てよい。やはり、宗教的伝統によっては、この方向で修正することが他の伝統よりも容易であったものがある。かくして、フリー・チャーチの伝統のなかにあるプロテスタントは、神聖な神学上の命題を用いて消費者側の要求とコントロールの優越性を正当化することができたのであった（いうまでもなく、本来はまったくちがった状況――たとえば、清教徒の盟約を指して言うはずのこうした命題が消費者の協力とはほとんど無関係だという事実があるにもかかわらずである）。この同じ〈俗信者の再発見〉が、カトリシズムの場合のようにこうした正当化をかつては持ち合わせなかった宗教的伝統のなかにも起こってきたのをみると、これはなおさら興味深いことである。[14]

（14） Yves Congar, *Jalons pour une théologie du laïcat*, Paris, Cerf, 1953 を参照のこと。本書は、この問題をめぐるカトリックの考え方に決定的な変化があることを記している。

宗教的内容に対する消費者側のコントロールにみられる他の二つの効果は、平準化と周辺的分化――つまり、自由市場のもつ一般的な動態を再度映し出すものである。顧客たち、あるいは潜在的な顧客の層のもつ宗教的な〈欲求〉が等質なものである以上、こうした〈欲求〉を満たしている各教団は、それに応じてそれぞれの製品を平準化していくことになる。たとえば、アメリカでの中流の上クラスの市場を指向している全教団は、その製品を世俗化し心理化する圧力を受けるにちがいない――そうしなければ、これらが買いとられるチャンスは急激に減ってしまう。だから近郊住宅地のカトリック司祭といえども、ファティマ*について語る機会は、〈宗教と心の健康〉について誰か役に立つ精神分析家との〈対話〉に参加する機会よりもよほど少ないということになる。プロテスタント系やユダヤ教系の同業者たちのほうは、いうまでもなく、もうずっと以前からその実践行動すべてをある種の家族心理療法として正当化してしまいやすい。この宗教的内容の平準化は、消費者側の圧力によってもたらされるから、伝統的な信仰告白上の仕分けを強調しなくなる傾向を生じる。その結果、多元的状況の構造的な性格によって要請されてきたカルテル化が容易になる。A集団がB集団と、たんに両教団当局が直面する実際的な問題の結果として合併するか、〈価格協定〉をする場合があるが、しかしその作戦がさらに完成されやすくなるには、事実上AとBの内容がたがいに似たものになって見分けにくくなってしまう場合である。

ところが、多元的状況は〈世界教会の時代〉を生んだばかりか、見かけ上それと矛盾して〈告解的選民再発見の時代〉をも生み出している。これは、しばしば、ある種の〈反動現象〉として注目されたり指摘されるに止まったりして、場合によっては歓迎されたり慨嘆されたりもしてきた(15)。ただ主張しておきたい重要な点は、教派的な個体識別（とりわけ、カルテル化の過程をしのいできたような個体識別）の事改めての強調は、実際上競争の合理化という同一過程の一部にほかならないとわきまえることである。〈反動現象〉は、平準化という全面的な状況のなかで生じる周辺的な分化への欲求がもたらすものである。ごく単純に言って、仮にA集団が、事実上おたがいの製品がほぼ完全に平準化してしまったにもかかわらず、B集団と合併しないと決める場合、消費者たちが二つの製品を区別し、その一つを選び取ることができるように何らかの手段がとられなければならない。それぞれの集団がもつ〈告解的選民〉を強調することが、こうすることの明確な方法のひとつなのである。時にはこれが、現実に平準化の過程を引き留めたり、逆転せしめることさえあるかも知れない。あるいは（このほうがたぶん多いだろうが）仕分けが一種の〈パッケージング〉（袋詰め）にすぎず――パッケージの中身は依然として同じもとの規格化された製品のままだという場合もある。いずれにせよ、ありそうなことは、周辺的分化がそれぞれ特定の市場における消費者需要の動態によって必要とされる限りにおいてのみ進行するのだということである。だから、固有の告解的伝統に応じてというよりは、むしろ一般的な社会的階層分化という点での消費者の〈欲求〉の多様性に応じて、これはさまざまに展開するにちがいない。したがって〈告解的選民の再発見〉は、必ずしも〈世界教会〉に対する〈反動現象〉とは言えそうもなく、むしろ、前者にとって構造上必要な相補的半面と理解されるべきであろう。そうなると、こうした意味での宗教的製品の分化は一種の社会心理学的な相関物をもつことになる。つまり、ひとたびA集団がその〈再発見された〉伝統によって〈描き出され〉たからには、A集団の代表者たちは他集団の代表者たちに対面するたびにこの伝統に拠って立つ者として自己規定せねばならなくなる。このことがさらに説明していることは、現代の世界教会主義の〈名士録〉――定義上、これに参加する者はすべてそれぞれ何ものかでなければならない――における身分証明と自己同定の動力学である。つまり、状況のもたらすあらゆる社会心理学的な圧力が彼を圧迫するから、彼は、どうしてもそうとみなされるほどの者、つまり彼が選任された宗教的伝統にふさわしい代表者にならねばならなくなるのである。

(15) Lee, *op. cit.*, pp. 188 ff. を参照のこと。

このことすべてが、明らかにさまざまな教団の神学者たちのかかえる深刻な問題を生ぜしめている――つまり、それが神学上の正当化の問題のひとつをもたらすのである。これについては、次の章でもう少し詳しく取り上げるはずである。だが、ここで理解しておかねばならないひとつの社会心理学上の過程がその下に横たわっている。すなわち、意識内における宗教の〈位置〉の変化である。[16]

(16) これからの論考は、近代の〈主観主義化〉に関するゲーレン (Gehlen) の一般理論にもとづいているが、それはとりわけ、さきに引用した彼の著作『技術時代の精神』のなかで展開されているものである。現代宗教の社会学にこの方法を適用したものについては、Helmut Schelsky, "Ist die Dauerreflektion institutionalisierbar?" *Zeitschrift für evangelische Ethik*, 1957: 4, および Luckmann の前掲書を参照されたい。opinion religion (自説宗教) の実証的研究については、Hans-Otto Wölber, *Religion ohne Entscheidung*, Göttingen, Vandenhöck & Ruprecht, 1959 を参照のこと。

ずっと先の方で見てきたように、宗教的世界の客体性 (つまり客観的現実) は、経験的に妥当な社会過程を通して構築され、維持される。特定の宗教的世界はいずれも、それにふさわしい信憑性の構造が存続する限りにおいてのみ意識に現実として現われる。信憑性の構造がしっかりとして耐え得るものであれば、それに支えられる宗教的世界は意識のなかでしっかりとして充分にリアルである。最善のケースでは、宗教的世界は至極当り前なものとみなされる。ところが、その信憑性の構造が弱体化するにつれて、当の宗教的世界の主観的な現実が弱体化する。不確実性がその姿を現わしてくる。かつては自明の現実と無条件にみなされていたことが、今度はある慎重な努力、つまり〈信仰〉の営みをもってしなければ成立しなくなる。しかもその営みは言葉の定義からして背後にたえず伏在する懐疑を克服しなければならない。信憑性の構造がさらに崩壊すれば、旧来の宗教的内容が意識の内にとどめられるとしても、わずかに〈持論〉または〈情感〉として——あるいは、アメリカ風の言葉遣いをすれば、一種の〈宗教好み〉でしかなくなってしまう。これは、意識内でのこうした内容が占める〈位置〉のズレを伴っている。これらは、少なくとも〈正気な〉人たちならば皆が同意するはずの基本的な〈真実〉を内容とする意識のレベルから、いわば〈滲み出して〉しまって、各人各様の〈主観的な〉意見——それには知的な人たちならすぐに反論しやすい代物で、当人も完全には確信していないような意見——がくりひろげられるようなレベルに移動するのである。

現代的意識のなかで何かこうした手順が宗教に生じてきていることは、広く認められている。まさしく今の時代は、広く〈懐疑主義の時代〉と称されている。しかしながら、広くは認められていないことは、この事実が意識それ自体のある種の神秘的なメタモルフォーズのおかげではなく、むしろ経験的に確かめられる社会的進展の面から説明されるべきものだという点である。要するに、さきに記述した多元的状況の事実それ自体が宗教を信頼性の危機におとし入れたのである。

まず最初に、それが世俗化と結びつくことによって果たされる。すでに見てきたように、多元化と世俗化という二つの世界規模の過程がしっかりと結びついている。ところが世俗化の〈担い手〉との連結とはまったく無関係であっても、社会構造的な現象のひとつとしての多元主義によってもたらされる信頼性の危機があり得る。多元的状況は、宗教を非独占化していくうちに、宗教のために新しく育つことのできるはずの信憑性の構造を維持したり構築することをますます困難にするのである。信憑性の構造は、それが、社会的な裏付けの目標に役立つべく社会全体の協力をとりつけることがもはやできなくなるが故に、その強固さを失う。簡単に言えば、そこにはつねに当の宗教的世界を承認することを拒絶するような〈その他すべての者〉がつねに存在する。別の方法で略言すると、何か特定の宗教的世界の〈住民たち〉が現代社会のなかでここだけのものとして残りつづけることがだんだんとむずかしくなるのである。承認を拒否する他者（たんに個人のレベルでなく、階層全体の場合もある）は、もはや安全に〈自分のもの〉から遠ざけておくことができない。そのうえ、信憑性の構造がさきに述べたような消費者文化の動力学がもたらす結果のひとつとして耐久性の様相を喪失する。宗教的内容がいわゆる〈ファッション〉に動かされやすくなるにつれて、それらを変わらざる真実として維持することがしだいにむずかしくなる。繰り返して言えば、こうした過程は、それをただ意識の現象としてだけ見るならば理解がとどかない——むしろ、これは、現代の産業社会が築き上げた特有の下部構造に根ざすものとして理解されねばならないのである。やや誇張にはなるが、工業の生産性または資本の拡大をめぐる経済上のデータの方が、ある特定社会における宗教的な信頼性の危機については、その社会の〈思想史〉から引き出されたデータよりも容易に予告することができるとさえ言えるのである。

多元的状況は、たがいに競合する信憑構造の数を増加させていく。事実上、状況そのものがそれらの宗教的内容を相対化する。もっと明確には、宗教的内容が〈非客観化される〉、つまり意識上にごく当然とされた客観的現実としての地位を剝奪されるのである。それらは二重の意味で〈主観化されて〉しまう。すなわち、その〈現実〉が個人の〈私的〉事実となり、要するに自明の相互主観的な信憑性の資質を失い——かくして、誰ももはや宗教について〈本気で話せなくなる〉。しかもその〈現実〉については、それが個人によってまだ支持されている限りは、外的世界の事実性によりもむしろ個人の意識に根ざすものとみなされる——宗教はもはや宇宙や歴史を語るものではなく、個人の実存または心理に語りかけるのである。

理論化の次元では、この現象は実存主義と心理学主義の概念機構への神学からの最近の結びつきを説明してくれる。たしかに、こうした概念機構は、それらが現代人の意識内の宗教の〈位置〉を正確に反映し、それをただ理論的に正当化してくれる限りにおいては、〈経験的に妥当〉である。肝心なことは、こうした正当化が意識の前論理的な現象にもとづいており、しかも現象の方は現代社会の下部構造に根ざしているということを理解することである。事実として、個人は宗教を自分の主観的な意識の内部に〈発見し〉、ともかくも自分自身の内に〈沈潜する〉――だから、実存主義者やフロイト派の理論家はただこの〈発見〉を理論のレベルで明らかにするにすぎない。もう一度主張するが、私たちは、たとえば〈無意識〉の働きに関するどんな〈データ〉によるよりも、経済的データによるほうがもっと正確にこうした現象を予測することができる。実際、〈無意識〉それ自体の出現は、近代工業社会の特有な構造的展開の面から分析して差し支えないのである。[17]

(17) 拙稿 "Towards a Sociological Understanding of Psychoanalysis," *Social Research*, Spring 1965, pp. 26 ff. を参照されたい。

このようなわけで、宗教の非独占化は、社会心理的でありつつも社会構造的な過程のひとつである。宗教はもはや〈世界〉を正当化しない。むしろ、異なった宗教集団がそれぞれちがった方法によって、競合する部分的世界の複数共存性に応じてそれ独自の局部的世界を維持しようと努力する。それに伴って、宗教的正当化のこの多元性が、意識のなかにそのどれを選んでもよい可能性の多元性として内面化される。実際において、特定の選択はどれも相対的で確実なものではない。どんな確実性があるにせよ、それは主観的な意識のなかからかき集められねばならない。なぜなら、それはもはや、外的な社会的に共有された当り前の世界からは引き出すことができないからである。この〈かき集め〉は、だからある種の申し立てられた実存的あるいは心理的なデータの〈発見〉のひとつとして正当化されることになる。宗教的伝統は社会全体をおおうシンボルとしての性格を失ってしまったのであって、社会はその統合のシンボル体系を別のところで探さねばならないのである。依然として宗教的伝統が規定する世界に固執し続けようとすれば、その人は知的少数者の地位——社会心理学的にも理論的にも問題をかかえている地位——に自分がいることを知ることになろう。

多元的状況は、宗教教団に二つの理念型的な選択を提供する。教団はこの状況に順応して、宗教的自由企業という多元的なゲームを演じ、消費者の需要動向に応じてその製品を手直しすることによって全力で信憑性の問題に折り合いをつけることができよう。あるいは教団は順応することを拒否することもできるのであって、自分たちが維持し構築することのできる何らかの社会-宗教的構造の背後に立て籠もり、まるで何事も起こらなかったかのように精いっぱい旧き客観的妥当性を公言しつづけるのである。明らかにこの二つの理念型的な選択のあいだには、順応と非妥協の程度に応じてさまざまな中間的可能性がある。二つの理念型的な選択は、両方とも理論上にも〈社会工学〉上にもいくつかの問題を抱えている。こうした問題がともにかかわり合いつつ、現代社会における〈神学の危機〉と〈教会の危機〉とを醸成しているのである。これについては次の章で論じることにしよう。

7章　正当化の問題

宗教現象における理論と実践との関係をめぐっての本論の方法が〈観念論〉でも〈唯物論〉でもないことは、ここまでの内容ですでに充分明らかにされたはずである。たしかに、宗教の特定の歴史状況に注目する場合には、この両分野のどちらから始めるべきかはおおよそ便宜上の問題（もっと正確には、限定された究明目標にかかわる問題）である。その出発点に応じて、ある特定の理論配置がある一定の実践的な下部構造から生まれていることを明らかにすることもできれば、その反対に、ある特定の社会構造が思想領域のある運動の結果であることを示すこともできる。かくして、さきの分析において、多元的状況が世俗化を生み出すのだとも、あるいは世俗化が多元的状況を生むのだとも言うことができるのである。あえて言うが、これは決して考え方のだらしなさとか用語の曖昧さからくることではなく、むしろ究明すべき現象、さらには社会－歴史的現象一般に内在する弁証法的性格に由来することなのである。だから、われわれがこの議論をいくつかの宗教理論化の要素に注目して締めくくるとしても、だからといって、われわれがこうした要素こそまさしくこれまで分析してきた社会構造的諸過程の結果に〈ほかならない〉とか、あるいはそれらが結局はその状況における〈真実の〉あるいは〈基底的な〉力とみなすことができるのだと言うつもりは毛頭ないのである。要するに、これはただ偶然にわれわれの論考を締めくくるのに都合のよい場所であるにすぎない。

現代の宗教状況における〈神学の危機〉は、いかなる理論化にも先行する一種の信憑性の危機に根ざしている。つまり、伝統的宗教による現実規定の信憑性が神学に何の知識もない一般人どころか、神学に関心を寄せている者でさえもその心に疑問となってきたのである。前章において明らかにしようとしたのは、常識的知識のレベルでのこの宗教の危機が、何ら不可思議な意識の変貌によるものではなく、むしろ現代社会の社会構造と社会心理の面での経験的に確かめ得る展開という点から説明することができるものだということである。すでにみてきたように、宗教教団の根本問題は、もはやその現実規定を当然のものとはみなさない環境にあってどうしたらその生命を保ち続けることができるか、ということである。またわれわれは、教団に許される二つの基本的な選択はこの環境のもつ圧倒的な圧力に対する順応と抵抗のいずれかであることも示してきた。どちらを選ぶにせよ、いずれも実践上と理論上の困難を抱えることは明らかである。実践的にも理論的にも、順応的姿勢がもつ困難は、〈どの程度まで進めたらよいか〉という問題を見定めるところにあり、抵抗する姿勢のむずかしさは、〈防御がどの程度固いのか〉という点を知るところにある。実践的な困難は〈社会工学〉の手段をもって対処しなければならない——順応姿勢の場合には、教団体制を再編成してそれを現代世界に〈いっそうしっくりとした〉ものにしなければならず、抵抗姿勢の場合には教団体制を維持し改造して、拡大社会による保証の得られない現実規定のための育成可能な信憑構造としてそれを役立たせねばならない。両方の選択がともに理論的な正当化を必要とすることはいうまでもない。まさしくこの正当化にこそ〈神学の危機〉が根ざしているのである。

世俗化と多元主義が今日世界的な現象であるからには、神学的危機もまた、正当化されるべき宗教的内容にもちろん大きな相違があるにしても、世界的に広範である。なるほど、同じ包括的な危機のなかに非宗教的な世界観、とりわけ教条的マルクス主義の理論家たちが直面している困難を含めてもおかしくはない。だが真の意味では、やはりプロテスタントの辿る方向が祖型的であって、その点では、おそらくはきっと現代の状況における他のすべての宗教伝統が、宿命的にプロテスタントの経験の派生的形態を辿るにちがいないとさえ言うことができよう。いうまでもなく、プロテスタンティズムが祖型的性格をもつ理由は、それが現代世界の起源と内的性格への固有の関わり方をもっているところにあるのであって、その点はすでに論じてきたところである。したがって、これから先は、われわれの関心はもっと広範な現象にあるのではあるが、プロテスタンティズムにおける〈神学の危機〉を明らかにすることに専心する予定である。仮に現代のドラマが宗教の衰退であるとすれば、プロテスタンティズムこそその舞台稽古よろしく記述されてしかるべきであろう。

よく知られているように、初期のプロテスタンティズムが世俗化を促す思想に譲歩したり多元的状況の制約を受け容れたりする構えのなかった点では、敵対するカトリックと変わりがなかった(1)。三つのおもな宗教改革の流れ――ルーテル派、英国教会、およびカルヴィン派――がすべてそれぞれの勢力圏のなかでキリスト教本来の姿を打ち立てようとした。各派ともその中世のモデルに比較すれば、その縮小された規模のためと、たえず状況の矛盾する規定に直面するおかげで信憑性に欠けていたと論じることができる。だが、この現実性喪失が神学的正当化のレベルに反映され始めるのには相当の時を要した。ルーテル派、英国教会およびカルヴィン派の正統的信仰は、状況の偶然性が許す限り閉鎖的に保たれた信憑構造のなかで――時にはカトリックのそれと同様の退行的な手段を通じてわが身を守った。神学的理論化のレベルでは、プロテスタントの正統神学は十九世紀に先立って前に二度の激しい衝撃を経験した。一つは敬虔主義の衝撃だが、三つのおもなプロテスタント諸流によってそれぞれちがった形態――ルーテル主義における敬虔主義そのもの、英国教会のなかに起こったメソディスト運動、それにカルヴィン主義陣営内のさまざまな信仰復興運動(たとえばジョナサン・エドワーズの時代におけるニュー・イングランドの第一次大覚醒運動)――をとっている。敬虔主義がプロテスタント正統神学に衝撃を与えることになったのは、それがさまざまな形の主情主義をもって後者の教条的構造を〈溶解〉してしまったからである。かくて、〈熱せられた心〉というウェスレイの言葉が巧みに描いているように、それは非客観化、あるいは〈主観化〉（前章で説明された意味で）なのであった。これが包含している〈主観化〉は二重の性格を帯びている——すなわち、主観的な主情性が客観的な教義にとって代わって宗教的正当性の基準となるのだが、それがキリスト教の〈心理主義化〉の基盤を築くことになり、しかもその同じ過程が宗教的内容を相対化する。その理由は、一個人の〈心情〉は他人の〈心情〉とはちがった事柄を言い立てることができるからなのである。敬虔主義はまた、その多元化傾向をもってプロテスタントをおびやかし、小単位キリスト教を維持する努力を促した。シュペーナーとツィンツェンドルフによる最初の教会の中の小教会（ecclesiola in ecclesia）から始まって、敬虔主義はそのあらゆる形態において伝統的教会の内外での分派傾向をもたらした。

（1）プロテスタント神学の全般的な展開については、アルブレヒト・リッツルおよびアドルフ・フォン・ハルナックによる教理史に関する古典的な業績が、相変わらず基本的なものである。シュライエルマッヘル以来の展開については、H. R. Mackintosh, *Types of Modern Theology*, 1937; Karl Barth, *Die protestantische Theologie im 19 Jahrhundert*, 1947（佐藤敏夫・岩波哲男・高尾利数・小樋井滋訳『十九世紀のプロテスタント神学』カール・バルト著作集第十一—十三巻、新教出版社、一九七一年）; Horst Stephan und Martin Schmidt,

Geschichte der deutschen evangelischen Theologie, 1960 を参照のこと。

もうひとつの衝撃は啓蒙運動の合理主義であり、プロテスタント世界全体に正統的信仰に対する重大な挑戦として受けとられた。おそらくこれは、敬虔主義による正統信仰の侵食の（もちろん意図的ではないが）論理的な帰結のひとつとみなされるべきであり――しかも事実、敬虔主義と合理主義とは、それ以来ずっとかなりの親和性を示しており、今日における心理主義での両者の融合にまでいたっているのである。神学思想における啓蒙合理主義は国際的な運動の一つであって、それがルーテル派、英国教会、カルヴィン派のいずれの背景のなかで出現してもたがいに非常に似通った形を示している。この運動を代表する人物が、レッシングなのである。

こうした展開の下部構造的局面に関する問題は、たしかにプロテスタンティズムの歴史社会学にとっては重要にちがいないが、当面これを追究すると本題から離れてしまうことになる。そこでごく大雑把に触れておくだけでよい点は、いうまでもなくこうした神学的展開が、その存在理由を、プロテスタンティズムが存在する社会に影響を及ぼす広範な過程のなかにもっているということである。それらがたとえどんな形であるにせよ、プロテスタント正統信仰の本当の〈危機〉は、十九世紀になって表面化してきた。しかも十九世紀プロテスタント神学の主要な成果は、それがたとえ少なくともその古典的形態としての歴史現象は短命であっても、与える印象の強い理論的視野であったところの強力な神学的自由主義の出現であった。これはすべての領域の神学思想――聖書学、教会史、倫理それに組織神学――に影響を及ぼした。はじめの二つの領域では、とりわけドイツにおいてプロテスタント自由主義が今日の歴史研究のもっとも印象的な成果のいくつかをもたらした。非常にちがった概念を道具としながらも、プロテスタント自由主義はトマス神学者のそれに匹敵し得るような理論的総合をなし遂げたのである。

このリベラルな総合の〈父〉はフリードリッヒ・シュライエルマッヘルであって、のちの自由主義神学のおもな特徴はすでに彼自身の思想のなかに明瞭に認められる。[2] そこには、一種の〈絶対者への感情〉、のちには〈絶対依属の感情〉として理解された宗教経験に対する集中的な強調がある。すべての教義的な公式はこれにもとづいて相対化される。キリスト教の伝統におけるあらゆる〈超自然的〉要素が一種の〈自然的な〉宗教のために軽視され、そこでは理性と感情がともに満たされることになる。宗教の歴史が進化論の枠で理解され、キリスト教はそれがおそらくは比類ない性格をもつが故に〈最高の宗教〉と解釈される。イエスの人柄をめぐって一種の伝奇《ロマン》的な（そしてその底には敬虔主義的な）魅惑がもたらされる。そこにはキリスト教倫理の楽天的な考え方があって、個人と文化の両方に一群の肯定的価値を提供し、とくに後者の面では、よく文化的プロテスタンティズムとも呼ばれたもの――プロテスタント自由主義とすでに神学上の現象の下部構造的根拠を示しているブルジョワジーの自由主義文化とのあいだの媒体――を支える役を果たしたのでである。

（2） Stephan und Schmidt, *op. cit.*, pp. 92 ff.

何にもまして心に留めるべきは、キリスト教の埒外にある哲学と科学、すなわち世俗的理性と決定的な真理とみなされている事柄に対抗しての防御の態度である。いいかえれば、神学の企てが、今やつねに世俗の知識人たちの関連あるグループ――正確には、シュライエルマッヘルが一七九九年に有名な講演を行なった時に彼が語りかける相手としたような宗教の〈文化的軽蔑者たち〉――を考慮に入れて実行されるのである。彼らは、今や自分たちの育った伝統に対してよりもむしろ、プロテスタント神学者に対して認識的に受け容れることが可能か否かの裁決者としての役に立っている。彼らに対してこそ、必要な知的和解が〈結ばれ〉るのである。この防衛的態度〈現代的な意味で〈弁《アポロジエティク》解的〉であって、決して教会における〈弁証論《アポロジエティクス》〉のような古典的な意味ではない〉がプロテスタント神学においてシュライエルマッヘル以来の〈自由な世紀〉の決定的な性格として継続したのである。まさしくこの神学は、世俗思想との莫大な取引きの過程ということができよう――「あなた方にイエスの奇蹟をあげましょう。だがわれわれの方は彼の道徳論をとっておきます」「あなた方に処女懐胎をあげますが、復活はわれわれの方に残します」といった具合である。キエルケゴールのごとき人物たちは、こうしたやり方に従うことを嫌って神学の場では周辺にとどまっていたのであり、やっと、〈シュライエルマッヘル時代〉が終わったあとになって登場してきたのである。

われわれは、プロテスタントの自由主義神学の展開をその（時には魅力的な）歴史の細部にわたって論じることはとうていできない。ただ指摘だけしておきたいのは、疑いようもなくプロテスタント自由主義の下部構造的基盤とみなし得るもの――すなわち、経済と技術における資本主義者の勝利、西欧の進出拡大、ブルジョワ文化の支配の時代――要するに、ブルジョワ資本主義の〈黄金時代〉についてである。これは、西欧文明の文化、政治、経済にわたる諸価値に対する大きな確信の時代であって、この確信はプロテスタント自由主義の楽観的な世界観のなかに充分反映されたのである。その結果、神学者による和解が強迫されて結ばれたものではなく、たんに物質的にではなくその価値の点でも著しく魅力的で賞讃に値するものとみなされた世俗文化に立ち向かっての和解であった。露骨に言えば、伝統のもついくつかの特質を売り払って得をしたのである。プロテスタント自由主義の権勢ぶりが、このブルジョワ世界がその魅力と、文字通りその信頼性とを保っていた時代と符合することは何ら驚くに値しない。

第一次世界大戦はこの世界に対する最初の大きな衝撃であった――そして、当然のことに、プロテスタント自由主義に対して最初の重大な挑戦がほとんど同時に起こったのである。ヨーロッパにおいて、最初に大陸で、次にやや遅れて英国で起こったプロテスタント自由主義支配の崩壊は、第一次世界大戦に次ぐ一連の衝撃に同調し得るものであったが、それらのショックは、一九二〇年代にはごく当然とされた文化様式としての旧ブルジョワの生活態度の崩壊であり、自由ブルジョワ陣営の左派にも右派にも現われた革命運動の擡頭であり、ナチズムの出現のやや形而上的な衝撃（その最初の神学上の結果は一九三〇年代のドイツの教会闘争に現われている）であり、さらには第二次世界大戦の恐怖であった。アメリカでは、プロテスタンティズムの性格にかなりの相違があるにもかかわらず、約三十年ほどの時間的ズレをおいて同じような展開がみられた。第一次世界大戦は大西洋のこちら側のブルジョワ世界には、さほど大きなショックではなかった。こちらでの最初の大きな衝撃は大恐慌とともにやってきて、それに第二次世界大戦が続き、さらに今も続いている国際共産主義への対決の危機と、相次いでいる（最後のものは近年では西ヨーロッパよりもむしろアメリカでより深刻に感じられている）。アメリカでのプロテスタント自由主義に対する最初の重大な挑戦は、かくしてやっと一九四〇年代に入ってからであり、とりわけラインホルト・ニーバーの影響に結びついた形でであった。われわれが主張しておきたいのは、神学的展開におけるこの年代的ズレを説明するものは、ヨーロッパとアメリカとのあいだにある下部構造的な事件のちがいなのであって、よく言われるような両大陸間における文化伝播上の法則ではむしろないという点である。

いうまでもなく、このような場合に〈支配的である〉と言ったからといって、その場にそれ以外の何ものもないと言っているわけでは決してない。プロテスタント自由主義が大勢を支配していた時代にも、相変わらずさまざまな形態の正統信仰が存在し、その信奉者たちが世俗思想と多元主義的寛容の侵害に対して決然たる抵抗の姿勢をとり続けていたのである。ところが、自由主義に対する大きな反動が第一次世界大戦後にやって来、それに伴って〈弁証法的〉とか〈新正統主義〉とかといろいろに称されて、わかりやすくは、その自由主義的な批判者が一種の戦後ノイローゼときめつけたような神学運動が出現した。(3)

(3) *ibid.*, pp. 316 ff. を参照。

この運動における有力な人物は、今日にいたるまでカール・バルトであって、その自由主義攻撃の第一弾はバルトによるロマ書注解の出版をもって一九一九年に放たれた。バルトは自らこの出版の成果を巧みなイメージで表現したことがある——一人の男が真暗な教会の塔の中の階段をよじのぼっていき、足をすべらせて何かにつかまろうとして一本のロープにしがみつく——するとその時、思いがけなく自分が力強い鐘を鳴らし始めていたことに気づく、というのである。このイメージに付け加えてしかるべきことは、鳴っている鐘が気づかれるためには、人びとがしかるべき方向に聞き取らねばならないという点である。中部ヨーロッパのドイツ語圏の諸国では、まだ戦争の破壊的な圧力からよろめき出つつあるなかで、バルトの力強い鐘の音がまさしく神の恩寵のごとき瞬間に鳴りひびいたわけである。

ここでもまた、新正統主義神学（アメリカで通用するようになり、またその性格をもっともよく表現している名前でこう呼ぶことにする〉の展開を説明することはとうていできないことである。一九二〇年代にドイツ語圏のプロテスタント陣営で着実に成長していくなかで、この運動は最初に強力な反撃に遭遇し、それからのち一九三〇年代にいたって急速に影響力をもちはじめた。この擡頭が、ナチズムと〈告白教会〉として知られるドイツ・プロテスタンティズムの一派とのあいだに繰り広げられつつあった闘争と関連があることを示す好例がある。(4) この闘争のなかでバルト派の新正統神学は一種のレジスタンス・イデオロギーとしての性格を帯びた。ナチ革命の世界観からキリスト教の伝統を守る努力のなかで〈告白教会〉が発したもっとも重要な声明である、一九三四年のいわゆるバルメン宣言*は、完全にバルト神学の諸前提にもとづいている。きわめて当然なことに、それはまたナチズムに敵対するけれども神学的にはバルトとはちがう立場の人たちの支援も得ていた。一般的にナチの状況は、ちがった環境であれば別に宗教的な関心を持たず、ましてや猛烈に反現代主義的なバルト派の神学などに何の好意も持たない多勢の人々を教会の回り、とりわけその〈抵抗する〉分子(一種の〈レジスタンス〉だが、付け加えるべきは、それはほんのわずかな政治的要素しかもっていない)のなかへ誘い込んだのである。ヨーロッパにおける一九三〇年代の新正統主義神学の擡頭を理解するには、この時代における〈現代的〉とは、何よりもまずナチズムに同調することを意味したということ――もっと近年のプロテスタンティズムの語法で言えば、教会内部でのナチ・イデオロギーの大立者たちこそが当時の世俗的状況に〈ふさわしかった〉のであって、決して〈告解教会〉の方ではなかったという点を銘記することがもっとも大切である。

（4） Heinrich Hermelink (ed.), *Kirche im Kampf*, Tübingen, Wunderlich, 1950 を参照のこと。この闘争におけるドイツ・プロテスタンティズムのさまざまな党派との関係をめぐる社会学的な討究については、拙稿の「宗教自由主義と全体主義的状況」*Hartford Seminary Foundation Bulletin*, March 1960, pp. 3 ff. を参照されたい。

新正統主義は、そのあらゆる形態のなかに（これにはルーテル派と英国教会のグループにおける正統神学の復活をも付け加えるべきである）伝統の客観性についての精力的な再主張を必然的に伴っている（ただし、いうまでもなく、一体なにが伝統なのかについては、たとえばバルト派と新ルーテル派とのあいだに意見の相違がある）。自由主義神学による主観化、妥協、調停のための努力は激情的に拒絶される――たとえば、自分でははっきりと新正統主義に自分を同一化しているが、もっと意欲的には〈自然的な〉自由主義神学にある程度の譲歩をしたいと思っているような、エミール・ブルナーに対するバルトの返答、否！ を表題にするにふさわしい返答などにそれは表われている。キリスト教の呼びかけの外在性と非主観性とが強く主張される。バルト自身の言葉によれば、神の恩寵は他者の義（justitia aliena）であって、外側から、人間自身の存在内部でのいかなる〈仲介〉を経ることなしに人間にもたらされるものである。キリスト教のメッセージは我を超えたもの

extra nos であって、人間の思想と人間の歴史の相対性からははるかな高みに独立している。この〈自由主義に比較すれば〉神学上の〈コペルニクス的革命〉にもとづくことによって、新正統主義は世俗の世界観の移り変わる流行に対して無頓着な態度をとり得るし、さらにはまた〈非常に重要なことだが〉キリスト教の伝統そのものに適用されて、その相対化をもたらすような歴史学者の発見に対しても平然としていることができる。やや露骨に言えば、伝統の客観性がこうしたすべての偶然的事柄とは独立したものと規定されてしまうのであるから、神学者にとっては〈本当のところ何事も起こるはずがない〉のである。この神学の立場が、どのようにして混乱の時代のめまぐるしい潮流に抗して立つべき確かな岩場となることができたかを知るのはむずかしいことではない。この種の客観性をもっともらしく主張することができる場合には、今日でも依然としてそれが一種の〈アルキメデスの支点〉の役を果たし、そこから逆にすべての矛盾する現実規定を相対化することができるのである。

新正統主義は、従来いわゆる〈教会の再発見〉、つまりリベラルな個人主義に対決するものとしてのキリスト教の団体的性格のあらたな神学上の強調と密接に関わり合ってきている。この結びつきは、それぞれの展開を知識社会学の視角で眺める者にとっては、一種のミステリー以外の何ものでもない。教会の重視が、なぜ新正統主義の神学的前提から論理的に導かれねばならないかは、完全には明らかでない。ただ銘記しておかねばならないのは、キェルケゴールが、結局のところこの運動を鼓吹する者の一人であった点である。この運動が進められるにつれて、それがしだいに本来の〈実存主義者〉の基盤から縁を切る形（バルト自身の神学的展開のなかにはっきりと刻まれている）をとり、ついには今日では〈実存主義〉がもっぱらそれに敵対する者の兵器庫にある武器のひとつになるまでにいたっている。ここで主張したいのは、認識上の逸脱を堅持するのに本質的に欠くべからざる〈社会工学〉――要するに、維持されるべきはずの偏向した現実規定には、一般社会が是認しようとしないなかで堅固な信憑構造を築き上げるために絶対必要なもの――について考えをめぐらせば、おのずからこの事実がいっそうよく納得されてくるということである。平たく言えば、新正統主義が信じてほしいと思う内容を現代の状況のなかで信じようとするには、人はむしろ心して自分の同信者たちと親密にたえず身を寄せ合うことが必要なのである。

世俗化-多元化しつつある状況のなかで正統主義の客観性を再肯定するには、したがって必然的にセクト主義的な形態の社会-宗教的組織を伴うことになる。その古典的な宗教社会学概念としてのセクト（宗派）は、敵対的、あるいは少なくとも信仰不在の環境に抗して一個の認識上の少数派を組織するためのモデルの役を果たす。この必要性は、神学的見解のいかんにまったく関係なく、教会の本質の上にその姿を現わす――カトリックの場合には（普遍主義的で大いに反セクト主義的なカトリック教会論の性格にもかかわらず）、カトリック信仰が圧倒的な非カトリック的環境のなかで生き続けようとするところではどこにでもそれが認められるし、また正統主義または新正統主義が自由教会の伝統をもつプロテスタント団体のなかで保持される場合にも認められる（この場合には、もちろん、新しいセクト主義を伝統的な概念で正当化することが可能な有利さが存在する）。ところが、〈社会工学〉の要請は当然のことに企画の問題を伴ってくる――つまり、人びとはセクトの信者にとどまるか信者になるように動機づけられねばならないのである。これは、〈外側の〉世界が魅力的である場合には厄介なことである。ヨーロッパでは、一般社会が第二次世界大戦後二、三年でもう一度その魅力を取り戻した。ドイツ（依然として多くのプロテスタント神学運動の中心地）では、その折り返し点を、とまどうほどはっきりと一九四八年――つまり、通貨改革と経済復興の始まった年――に位置づけることができる[5]。この時点で、〈外の〉世界は、その世俗化した性格をも含めて〈敵〉とみなしたり、〈悪魔的な勢力〉の体現とみなしたりすることがさらにむずかしくなったのである。突如として〈世俗性〉の新しい神学的正当化がその姿を現わす。そして新正統主義の支配が、とりわけ教会闘争の世代に属さない若い神学者たちのあいだできわめて急速に崩れ始めるのである。

（5）この点はヘルマン・リューベの『世俗化』(Hermann Lübbe, *Säkularisierung*, Freiburg, Alber, 1965)が、一一七頁以下で指摘している。

ドイツでは、新しい神学上の雰囲気が、ルドルフ・ブルトマンによって展開された〈非神話化〉の概念をめぐる激しい論争のなかで成立した。[6] 新約聖書の〈非神話化〉を提案するブルトマンのオリジナルな論文は、戦時中に書かれて、関心を抱く神学者たちの小グループのあいだに謄写版刷りの形で回読されたが、公開の論争は戦後の出版までは噴出しなかった。これはドイツの神学分野を数年にわたって独占し、まもなくドイツの外に拡がっていった。今度は大へん興味深いことに、大西洋の両岸での神学上の展開のズレは、よしんばあるにしても、ほんのわずかにすぎなかった。ブルトマン論争がヨーロッパでもち上がったほとんど同じ時期に、パウル・ティリッヒがアメリカで彼の著作『組織神学』を数巻ほど出版し始めていた。[7] ティリッヒの神学は、アメリカとやや遅れてヨーロッパで、とりわけ新正統主義に幻滅した若い神学者たちが結集する中心点となった。世俗世界に対する新しい態度がフリードリッヒ・ゴーガルテンによって一九五三年に出版された著書のなかで力強く表明された（彼はすでに一九二〇年代の初めに若い新正統主義と交流していたが、バルトとは、彼が初期の実存主義者としての学問から離反して新しい教義的客観性の立場に転じた時点で袂をわかってしまっている）。[8] やや調和を欠いた言葉である〈世俗神学〉または〈世俗キリスト教〉が流布し始めたのはこれから後のことである。ディートリッヒ・ボンヘッファーの後期の業績、とりわけ監獄からのボンヘッファーの応答のなかで展開された〈宗教ならざるキリスト教〉の概念は、新しい接近方法を正当化するのに広く使われたが、ただしボンヘッファーがもし戦争に生き残ったとして、彼が果たしてこの方向を辿ったか否かは決して明らかではない[9]。ドイツにおける新正統主義への攻撃は、一九六三年に若手神学者の一グループによって公開され、あたかもバルトにつらあてするように〈歴史としての啓示〉と題された神学宣言で、ある頂点に達したのである[10]。

（6）数年にわたるこの論争の概説書としては、Hans Bartsch (ed.), *Kerygma und Mythos*, Vols. 1-4, Hamburg, Reich, 1948-55 を参照されたい。

（7）Paul Tillich, *Systematic Theology*, Vols. 1-3, Chicago, University of Chicago Press, 1951-63（鈴木光武訳『組織神学』Ⅰ、Ⅱ、新教出版社、一九五五、一九五九年）

（8）Friedrich Gogarten, *Verhängnis und Hoffnung der Neuzeit*, Stuttgart, Vorwerk, 1953. ゴーガルテンの業績への便利な入門書としては、Larry Shiner, *The Secularization of History*, Nashville, Abingdon, 1966 を参照のこと。

（9）Eberhard Bethge (ed.), *Die mündige Welt*, Vols. 1-2, Munich, Kaiser, 1955-56; Martin Marty (ed.), *The Place of Bonhoeffer*, New York, Association Press, 1962 を参照のこと。

（10）Wolfhart Pannenberg (ed.), *Offenbarung als Geschichte*, Göttingen, Vandenhöck & Ruprecht, 1963.

こうしたアカデミックな神学の内での展開は、これまで明らかにしようとしてきたように戦後の状況にはきわめて〈ふさわしい〉ものではあったが、実際的には通俗化を欠くものであった。その祈りが聞き届けられたのは（もしこの表現が〈非神話化〉の文脈で許されるとすれば）、一九六三年にジョン・ロビンソンの『神への誠実』の出版によってであった。[11]この本は、英国で出版されたとたんに広範な論争の嵐を巻き起こしたが、この時は神学雑誌のなかでではなく、日刊新聞や他のマス・コミュニケーションのメディアでの論争であった。この様式は、アメリカと、この本が翻訳刊行された他の諸国にも受け継がれた。アメリカでは、マス・メディアに報道された論争がこの〈新しい神学〉を広範な大衆の注目のなかに押し出して、まもなく若手神学者グループのあいだに〈神の死〉運動というさらにもっと〈急進的な〉現象を導き出した。[12]〈新世俗主義〉が神学者たちのあいだだけではなく、重要なことに新しい〈計画〉を求めている教会組織人たちのあいだにももてはやされるようになった。もうひとつのベスト・セラー本であるハーヴェイ・コックスの『世俗都市』は、世俗世界に対するこの新しい態度にとって一種の宣言文となったのである。[13]

（11） John Robinson, *Honest to God*, London, SCM Press, 1963.
（12） 後者の有益な概説書としては、Thomas Altizer and William Hamilton, *Radical Theology and the Death of God*, Indianapolis, Bobbs-Merril, 1966 を参照されたい。
（13） Harvey Cox, *The Secular City*, New York, Macmillan, 1965.

まさしく、これらの立場の初期における神学的表明とそれらの後期における〈通俗もの〉とのあいだにはかなりの知的なギャップがあるがためにこそ、両者の連続性——つまり、その思想史とその通俗化のレベルにばかりでなく、その通俗化した思想とその〈オリジナル〉とがともにもつ下部構造上の展開への親和力のなかにも横たわっている一種の連続性――を理解することが重要である。この視角のなかでは、新正統主義が世俗化という包括的な過程を多かれ少なかれ〈偶発事件的に〉さえぎるものに見えてくるが、この〈偶発事件〉とは、いうまでもなく、最初の自由主義時代に終わりをもたらした政治上の大変革のことである。かくして、〈新自由主義〉とでも呼べるようなものの現代における噴出は、以前の自由主義が消え去った場所に生じているのであり、まさしくそれに介在する期間があったからこそ、かなりいっそう〈徹底した〉方式でそうなるのである。したがって後者の事実は、前章で描き出したような一種の多元的状況がしだいに世界的規模で恒久的に確立したことに起因するとともに、いっそう成熟の進んだ世俗化のいっそう徹底しつつある効果にも起因するのかも知れない。

新しい自由主義は、徹底した形とその言葉の二つの意味とにおいて宗教を〈主観化〉している。世界の伝統宗教的な規定の客観性の喪失あるいは実在性の喪失が進むにつれて、宗教はしだいに自由な主観的選択の対象となり、つまりその共同主観的に義務的な性格を失っていく。また、宗教的な〈諸現実〉が個人意識の外にある事実性を判断する枠組みから、それらを意識の内に位置づけるための枠組みにだんだんと〈翻訳されて〉いく。かくてたとえば、キリストの甦りは、もはや物理的自然の外的世界における出来事とはみなされずに、信仰者の意識内での実存的または心理的現象を指示するものと〈翻訳される〉のである。別の言い方をすれば、宗教が指示する現実がその宇宙あるいは歴史から個人意識の方へ移し替えられるのである。宇宙論が心理学になる。歴史が伝記となる。この〈翻訳〉過程では、むろん神学が近代の世俗化した思想の現実に関する諸前提に自己をあてはめていく――実際、宗教的伝統をそのようにあてはめる（それを〈ふさわしい〉ものにする）必要性の申し立てが、該当する神学運動のレゾン・デートルとして共通に引用されるのである。

さまざまな概念上の仕掛けが今までにこの企てのなかで採用されてきた。〈象徴〉の概念が、新カント派哲学で展開されたように、従来よく役に立つものであった。伝統的宗教の断言を今や〈象徴〉とみなすことができる――つまり、たぶんそれらが〈象徴して〉いるものが、たいていは人間意識の〈深層〉に存在すると推定される何らかの実在であると判明するのである。心理主義および（または）実存主義との一種の概念的な媒体はこの文脈でこそ意味をなすのであり、また実際これが多くの現代における新自由主義をも性格づけている。心理主義は、たとえそれがフロイト派、新フロイト派あるいはユング派などの諸派であろうとも、いずれも宗教を解釈して、それを〈実は〉心理的現象を指示しているところの〈象徴体系〉のひとつとみなすことを可能にする。この特殊な媒体は、とくにアメリカで実現されたのだが、宗教活動をある種の心理療法として正当化するのに大変好都合なものである。[14] 心理療法的なプログラムがアメリカの状況で〈即効性〉を保証されているので、この特殊な正当化は宗教教団の観点から実用的に大変有益なのである。実存主義が、〈翻訳〉目的のためにもうひとつ概念上の機構を供給している。実存主義者のもつ諸前提をもし人間的条件の基本的なあり方に据えることが可能であれば、宗教を解釈してそのあり方を〈象徴化するもの〉とみなすことができよう。ドイツの神学者が設定したヒストリー（Historie）とゲシヒテ（Geschichte）の区別（残念ながら英語では不可能な区別）がこの〈翻訳〉の性格を見事に説明してくれる——かくしてたとえば、復活はもはやヒストリー（つまり、外在的で科学的に確かめることのできる歴史）として理解してはならず、むしろゲシヒテ（つまり、個人の実存的な歴史における一事件）として理解されるべきものである。ティリッヒに始まって、とくにアメリカでは心理主義者と実存主義者のもつ概念が〈翻訳〉の目的のために一緒に採用されてきている。神学的傾向のある知識人のレベルにも大衆的な〈宗教的関心〉のレベルにも、こうした概念が前述の意味できわめて〈有効な〉ものであることがわかったのである。

（14） Louis Schneider and Sanford Dornbusch, *Popular Religion*, Chicago, University of Chicago Press, 1958; Samuel Klausner, *Psychiatry and Religion*, New York, Free Press, 1964 を参照のこと。

社会学の分野から生まれた諸概念が、この〈翻訳〉事業がまず〈必要〉であることを明らかにするためにこれに加わっている。すでに見てきたように、きわめて容易に示すことができるのは、現代の意識が高度に世俗化してしまったということ、つまり、伝統的な宗教上の断言がますます多くの人びとにとって〈無力な〉ものになってきてしまっているということである。ところが、新自由主義的な〈翻訳〉作業は社会学を独特の方法で利用している。社会学のデータを知見的な記述から規範的な見解に転換する――つまり、ある意識の状態が事実として現代社会に拡がっているという実証的な記述を一歩進めて、こうした意識状態が神学者の論証基準の役を果たすべきだという認識論上の主張にまで達しているのである。知見上の〈欠陥〉が、宗教的伝統によりもむしろ現代の意識のほうにあり得るという理論上の可能性が、この過程では共通にないがしろにされている。

現在、プロテスタンティズムのあいだでもてはやされているような極端な形での〈急進的〉神学が定着するとはどうもあまり考えられないが、そのごく単純な理由は、それらが、正当化すべく意図されたはずの宗教機構の存在そのものをくつがえすことになるからである。正当化手段としてはそれらは自滅的である。だが、キリスト教を世俗化した意識のある中核的な現実措定に沿わすためのもっと穏健な試みは続けられる気配が強い。とくに宗教の〈主観化〉、とりわけ心理主義の概念機構を手段とするものは、見透しの効く範囲の将来に逆転する可能性のまずない広範な傾向と理解して差し支えなかろう――ただし、この成行きが、両大戦のあいだに新正統主義を生み出したような一種の大変革で、再度

〈妨害され〉なければの話であるが。

プロテスタントの事例については、すでにやや詳しく見てきたが、これは、以前に指摘した理由でそれが現代世界における宗教の状況の原型とみてよいからである。その伝統の実在性喪失に直面してひとつの宗教機構を正当化することをめぐっての基本的な問題がプロテスタンティズムに典型的に示されており、プロテスタンティズムは、それ自体がかの実在性喪失の歴史的な起源における重要な因子であったという理由からも、この問題には抜本的にしかもいち早く対処しなければならなかったのである。だが、西欧文化の枠内にある他の宗教的伝統もすべて、遅かれ早かれこの同じ問題に直面せざるを得なかった。カトリシズムは、その伝統に固有な理由もあって、世俗化と多元主義を前にして堅い抵抗の姿勢を崩さないことに最大の努力をし、事実、二十世紀にいたるまで少なくとも限られた領土内にキリスト教世界らしきものを再建するよう計画された活発な反撃には加担しようとしてきた。スペインのファシスト革命では、その軍隊がキリストの王権を標榜する旗をかざして戦場におもむいたが、これがこの線に沿うもっとも過激な努力の表われであった。最近になって頻繁化した処置は、大規模社会内部に下属する諸文化ごとにカトリシズムの城郭を固める方法で、もはや何人といえどもレコンキスタ（カトリックによる再征服）に屈服させる望みをもてなくなった世俗社会を向うにまわして防衛するためのカトリックの城砦を築くのである。これは、いうまでもなく、さきに言及したあらゆる〈社会工学〉上の諸問題、つまり大衆的教養、マス・コミュニケーション、および大量移動の時代にセクト的なゲットーを維持していく上での〈技術〉的な問題を提起することになる。この種の防衛法がその全般的な姿勢に残っている限りは、カトリシズムは当然、世俗化した思想に譲歩するという点では柔軟性をほとんどもつことができなかった。一八六四年の謬説表(Syllabus of Errors)では、まだ穏やかに「ローマ教皇は進歩、自由主義および近年導入された如き文明に融和し、同意することが可能であるし、またしなければならない」という考え方を非難することができた。しかも教皇不可謬の原則が、その「近年導入された如き文明」をものともせずに第一回ヴァチカン公会議によって一八七〇年に宣言されたのだが、そのわずか二カ月後にその文明はヴィクター・エマヌエルという人物の姿でローマ市内に進軍してきた。たしかに、ローマ教皇職の政治的な非妥協性は、その後十年のあいだに柔らげられたが、相変わらずの神学面のそれは、二十世紀の最初の年でのいわゆるモダニスト運動の弾圧によく表わされている。とりわけ、第二回ヴァチカン公会議以来諸国におけるカトリック神学の内部で自由化への強力な運動が続いてきたことはもちろんだが、これがはたして教団内の強大な保守主義を変えさせるほどのところまで行きつくかどうかは疑わしい。実際、さきに論じたプロテスタントの展開を銘記しているとすれば、あまりにも急進的な現代化に対する保守的な反対者のほうに相当な社会学的本能があると信じなければならない。

ここでふたたび、ユダヤ人の場合が、ユダヤ人の西欧世界における社会的存在の特殊性と宗教的伝統としてのユダヤ教の特殊性との両方の結果として、きわめて特色のある様相を呈していることになる。ユダヤ教における客観性は、どんな場合でも理論上の問題であるよりも実践上の問題（もっと正確には、教義上よりも慣習法上の問題）であって、その結果、非客観化は教義上の異端の形よりも宗教的実践の分裂という形でより重大な意味をもってその姿を現わした。またいうまでもなく、宗教的伝統および民族的実体としてユダヤ教の特殊性が意味するものは、その信憑性の問題が事実それ自体としていわゆる〈ユダヤ人の自己同定の危機〉を必然的に伴うということである。ユダヤ人であることを一種の国民的自覚の形で再規定するシオニストの試みは、かくして一方ではユダヤ的実存のための客観的な信憑構造を再建しながら、同時に他方では宗教としてのユダヤ教がユダヤ的実存のレゾン・デートルであるべきだとする主張を疑問におとし入れてしまうという両価矛《アンビヴァレ》盾《ンス》——イスラエルにおいて〈教会〉と国家とのあいだのたえざる難問題に現われている一種の両価矛盾——の性格を帯びているのである。それにもかかわらず、反抗か妥協かの基本的な選択は、ユダヤ教がとりわけアメリカにおいて直面しなければならないが、その形は、キリスト教の諸教会が直面しているものとそれほど様変わりなものではない。とくにその選択は、守勢的に単一のユダヤ的下位文化（それは第一義的に宗教的な表現とも、また第一義的に国家的な表現ともみなして差し支えない）を維持するか、あるいは他の下位文化とも一緒に多元的なゲームを演じるかのどちらかである。このディレンマをもっともはっきり示しているのは、ユダヤ系アメリカ人の指導者たちが、異教徒間の通婚がユダヤ人社会の継承に及ぼす脅威についてしだいに警戒の声を高めてきたまさにその時に、改革派ユダヤ教の有力な唱導者の一人が、自分の教派は異邦人たちのなかで〈伝道〉すべきだと主張したという事実である。いいかえれば、ユダヤ教のごとき多元主義の精神に無縁な伝統にあってさえも、市場の論理は、下位文化的な防衛のための〈社会工学〉が困難になりすぎてしまうほどに押しかぶさっているのである。

非西欧的な諸宗教についてその世俗化によって課せられた諸問題は、それをたとえかいつまんで論ずるとしても、迷路に踏み込むことになろう。そこでもう一度だけ強調するにとどめておきたいのは、近代化が今日では世界規模の現象のひとつであり、現代の工業化社会の諸構造は、異なった地域や国民文化によって形態上にかなりのちがいがあるにしても、宗教的伝統とそれを体現する諸制度に対して驚くほど似通った状況を生み出すということである。実際このためにこそ、非西欧諸国における宗教の将来を見通したいとする時に、その展開がたとえ社会主義者かあるいは非社会主義者による政治体制下ですすめられようとも、近代における西欧の宗教的諸伝統が得た経験は貴重なのである。特定の国のこうした将来についてこと細かな予想を立てることは向う見ずもよいところである。やはり無難なところを予想すれば、どこにあっても宗教の将来は、すべて本章とこれに先立つ諸章で論じてきた諸契機——すなわち、世俗化、多元化および〈主観化〉の諸力と、宗教の側でいくつかの教団がこれらに反発するその様式とによって決定的に方向づけられるということになろう。

補論

補論Ⅰ　社会学における宗教の定義

定義というものは、その本質上〈真〉でも〈偽〉でもありえず、せいぜい有効か否かでしかない。そんなわけで諸定義を過度に論議してもほとんど意味がない。だが、ある所与の分野における諸定義のあいだに食い違いがある場合に、それぞれのもつ有効性を論じてみることは無意味ではないのである。本稿では、この点について比較的小さな問題は適当に省略しながら論じてみたい。

実際のところ明らかに間違った前提にもとづく定義さえも何ほどかの役に立っていることを示す好例が、少なくとも宗教の分野にはあり得る。たとえば、〈言語の疾病〉とみなすマックス・ミューラーの宗教概念（『比較神話学論集』一八五六年）は、まったく不適切な合理主義的言語理論によっているのだが、それでも言語を人間の偉大な世界構築の手段として指摘し、神々の構成にそれが持つもっとも広範囲な力に言及している点で役に立っている。たとえそれが他に何であろうとも、宗教はともかく人間が構築した意味の世界であり、その構築は言語的な手段によって成就する。もう一つの例をあげれば、エドワード・タイラーのアニミズム論とこの理論にもとづいた彼の宗教概念（『原始文化』一八七一年）は、未開人を一種の未熟な哲学者とみなすきわめて的外れの観念から出発しており、そのうえ基本的な宗教カテゴリーとして霊魂をあまりにも偏狭に強調しすぎている。だが、宗教が必然的に伴うものが、人間の、実は自分自身に似通ったものになるはずの世界を探求することであると心得ておくことは、いまだに大事なことである。要するに、定義の問題をめぐって唯一分別のある態度とは、闊達な寛容のそれなのである。

マックス・ウェーバーは、『経済と社会』のなかで宗教社会学を論じるにあたって、宗教の定義が可能であるにしても、それは自分が手がけ始めている作業の最終の部分に到来すべきもので、決して最初の部分ではあり得ないという立場をとっている。しごく当然だが、彼はついにそのような最終段階に達することがなく、そのおかげでウェーバーの著作の読者は約束された定義の完成に待ちぼうけを食うことになる。私は決して、定義と研究の本体との妥当な順序に関するウェーバーの立場に納得するわけではないが、その理由は、研究というものが、その研究に関連して何が扱うにふさわしく何がふさわしくないかを規定すべき参照の枠組みにあてはめてこそ進めて行くことができるからである。事実、ウェーバーは当時の宗教の学（Religionswissenschaft）において主流をなす宗教の見方の規定に従っている——さもなければ、たとえば〈国家〉または家（oikos）の問題を、それらが『経済と社会』に登場する章の全く別の表題に代わって、宗教社会学を見出しに使って論じても差し支えなかったはずである。思うに、科学的な研究において定義づけを回避したり延引したりする結果がおもに生むものは、あるいは研究の領域がぼやけてしまう（これはたしかにウェーバーの場合にあてはまらない）か、あるいは作業が明確な定義よりもむしろ暗黙のそれの下にすすめられる（ウェーバーの場合はまさしくこれだと信じる）かのどちらかである。明解にすることがいっそう望ましい方向だと私は考える。

エミール・デュルケームは、『宗教生活の原初形態』において宗教現象をとりわけ聖／俗の二極対抗の視点で、本体的に記述することから始めているが、最終的には宗教がもつ一般的な社会機能からみた定義をもって結びとしている。この場合ウェーバーとはちがって、宗教を何らかの方法で本体的に規定しようとした当時の宗教研究上の学問的傾向に背くものである。この観点からすれば、デュルケームの宗教への接近の仕方はウェーバーのそれよりも徹底して社会学的であるとも言えよう——つまり、宗教がまさしくデュルケーム学派の意味における〈社会的事実〉のひとつとして捉えられているのである。

本体論の定義か機能論の定義かの二者択一性は、いうまでもなく社会学の分析に属するすべての分野に常在する。その擁護論はどちらの選択にもなされてよいのだが、実際には機能論的定義に与《くみ》するもっとも強力な見解のなかに、これこそがいっそう曖昧さを除いた社会学にふさわしい、したがって〈より正確で〉〈より明晰な〉分析の方向を可能にするという議論がある。私は別に、あらゆる時代と場所を通じて生じた本体論的定義のすべてを好むあまりに、ある絶対の学理的な立場をとるつもりは毛頭なく、ただここで、ある本体論的定義を選び取ることを弁護することだけには興味をもっているのである。

社会的な機能の点で宗教を定義する試みのなかでもっとも説得力があって透徹したものは、トーマス・ルックマンのそれである（彼の著書『現代社会における宗教の問題』一九六三年刊。英語版は『見えない宗教』一九六七年刊）。この試みは、相当程度デュルケームを乗り越えている一般人間学上の考察にもとづいて論をすすめているが、明らかにデュルケーム学派の伝統に根ざしている。また、ルックマンは慎重に彼の機能概念と近年の構造機能主義のそれとを区別している。その機能とは一定の原理的な人間学上の諸前提に根ざしていて、歴史的に相対的で事実上普遍性の地位に乗せえないような特殊な制度的配列（たとえば、西欧文化に固有な宗教の制度化にすぎない教会ばかりにしばられている宗教社会学者たちがそうしている類いのもの）に根ざすものではない。格別に興味をひかれる論点をおおまかに言えば、ルックマンの宗教概念の核心は、生物としての人間が、客観的で、精神を結合しすべてを包括する意味の世界の構築を通してその生物学上の資質を超越することのできる能力なのである。その結果、宗教は（デュルケームの場合のように）一定の社会的現象となるばかりか、まぎれもなくすぐれて人間学的な現象となるわけである。とりわけ、宗教は象徴的な自己超越に等しいものとされている。かくして本来的に人間的なものはすべてそれ自体で宗教的なのであり、人間の領域においてわずかに非宗教的な現象といえば、それは人間の動物的な資質に根ざしたもの、もっと正確には、彼が他の動物たちと共有しているその生物学的体質の部分に根ざしたものでしかないのである。

私は全面的にルックマンの人間学上の諸前提を共有している(『日常世界の構成』一九六六年のなかでのわれわれ共同の理論的努力を参照されたい——そのなかで充分に筋を通して宗教の定義をめぐるわれわれの見解の相違を回避している)し、またある歴史的に相対的な宗教の制度化にすぎない教会にとらわれた宗教社会学に対する彼の批判にも賛同する。それにもかかわらず、私は宗教を即人間なるものと等しいとする定義の効用には疑わしく思う。宗教の人間学上の根拠を人間の自己超越の能力のなかに指摘するのはよいが、その両者を等しいとみなすこととは別のことである。結局のところ、自己超越の様式と付随する象徴的宇宙とがあって、それらが人間学的起源の点でいかに一致しようとも、両者にはたがいに大きな相違がある。かくして私の見解では、たとえば近代科学を宗教の一形式だと称してもほとんど何の得るところはないのである。仮にそうするとしても、その結果として、今度は近代科学がどんな具合にいわゆる宗教の学(Religionswissenschaft)にたずさわる者をも含めた万人が宗教と称してきたものとちがっているかを定義しなければならなくなる——つまり、同じ定義上の問題をまた再び提起することになるのである。それよりもずっと有益な試みとわかってきたものは、最初から宗教の本体論的な定義をすることであり、その人間学的な起源の問題とその社会的機能の問題とを別個の事柄として扱うことなのである。

私が本書において神聖宇宙《コスモス》を設定することによって宗教の本体論的定義を稼動しようとしてきたのはこの理由からである（本書1章を参照されたい）。この定義における本質的基準は、いうまでもなく神聖の範疇であり、私はそれを基本的にはルドルフ・オットー以来の宗教の学 Religionswissenschaft によって理解された意味で捉えてきている（ついでながら、ルックマンはこれを実質的には彼の宗教性概念をもって置き換え得るものとして扱っているが、こうなると象徴化のさまざまな歴史的形態に区別を立てることがさらに一段とむずかしくなる）。これは概念上たんにいっそうの保守的な方向であるばかりでなく、思うにこれが、経験的に妥当な諸々の宇宙のより面倒の少ない弁別を可能にすることになろう。だがここで強調せねばならないのは、定義の選択は必ずしもそのまま特定の社会-歴史的展開の解釈の相違を意味するものではないということである（このことは、先の論議、とりわけ6章における論議のなかで容易に理解できることであり、その点では私はルックマンに同意するばかりか、大いに彼のおかげをこうむっている）。思うに結局のところ、定義は好き嫌いの問題であって、せいぜい趣味の範囲内に落ち着くのである。

補論Ⅱ　社会学と神学――その視角をめぐって――

本書での論考は、厳格に社会学理論の考え方の枠内で進めてきた。その論議のなかにはどこにも神学上の意味合いもなければ、またそれだからといって反神学的な含みも見当らないはずである――そのような含意が秘かに潜在するにちがいないと信じる者がいるにしても、私はその人の間違いだと断言するしかない。また本書で理解してきたように、別に社会学理論が神学と一種の〈対話〉を是非ともまじえねばならないというような内在的必然性もあるわけではない。社会学者はただ何かの質問を出すだけで、それに答えを出せるのは〈対話〉の相手をする神学者だという考え方をいまだにもっている者が神学者たちのなかにいるが、これは、ごく単純な方法論上の立場から否定されねばならない。ある経験原則の参照枠から出された問題（私は社会学理論を断然そのような枠内にあるものと考えたい）は、非経験的で規範的な原則からなる参照枠から出てくる解答にはなじまないし、その逆の場合もまた適切ではない。社会学理論によって提起された問題は、社会学で論議する世界に属する用語をもって応答されねばならない。この方法論的にわかりきった物言いは、しかしながら社会学の視角には神学者にかかわりのあるものがあるという事実まで締め出してしまうわけではない。もっともその場合、彼が自分の研究領域でその関連部分を接合しようとする時には、前述した両者の相違に充分留意するよう助言を受けて然るべきであろう。要するに、本書の論考は社会学上の理論化の企てとして成り立ちもし、崩れもするのであって、それ自体は、神学からの支持にも批判にもたやすく左右されるものではないのである。

だが、こう言い置いた上で、私がことさら本稿でしたいと思うことは、この視角の神学的思考への関連性をめぐってのいくつかの論評である。そうするについては二つの理由がある。一つには、ごく素朴な願いとして、とくに神学に関心のある読者の誤解を受けたくないということがある（こうした人に対しては私が格別に暖かい感情を抱いていることを許されたい）。二つには、以前の著作（とくに拙著『揺らぐ状景』（*The Precarious Vision*）一九六一年刊）のなかで今ではもう妥当と考えていないような言明を社会学の視角と神学の視角との関係について記したことがあり、それにたぶんやや昔気質の考え方、つまり前に紙上で言ったことで今ではもう放棄している見解については紙上できちんと訂正すべきだという考えを自分がもっているからである。

この書の本論のなかで何度か、宗教の現実規定の究極的な地位に関する限りその場でなされた言明にはすべて厳格にカッコづけをしていることを明らかにする必要を感じてきた。

とりわけ、この類いの理論化がもつ〈方法上の無神論〉をただの無神論と誤解される危険を感じた場合にそうしてきたのである。私はこの点をもう一度この場で精いっぱい強調しておきたい。ここに提出する社会学理論の基本的視角は、宗教を人間による投射のひとつで、人間の歴史の特殊な下部構造に根ざしているものと理解すべきだということである。一定の宗教または倫理に属する価値観からすれば、この視角に読み込む意味が〈良く〉も〈悪く〉もなり得ることを納得するのは、さしてむずかしいことではない。そこで、宗教が人びとを規範喪失《アノミー》から守るということが〈良い〉のだと思うこともあれば、また逆に宗教が人びと自らの手で造り出したはずの世界から彼らを疎外してしまうことが〈いけない〉と感じることもある。このような評価は、宗教を規範秩序《ノモス》として、あるいは虚偽意識として理論の上で分析するものと厳密に切り離しておかねばならないのであって、この種の分析はその参照枠の範囲内にとどめて、そうした二つの見方についてはどちらにも価値的にとらわれてはならないのである。

見方を変えれば、社会学の理論（そして実は、経験原則の枠組みに従う他の理論すべてもだが）は、どんな時にも宗教を時間の相のもとに眺めようとするから、宗教がはたしてまた永遠の相のもとに眺められるか否かの問題については必然的に白紙のままに残すことになる。社会学の理論は、だから、それ自身の論理によって宗教を人間的な投射として眺めなければならないし、しかも同じ論理から、はたしてこの投射が投射する者の存在以外の何かを指示するのか否かの可能性については何もいうことはできないのである。言いかえれば、宗教が人間による投射だと言うからといって、投射された意味が人間から独立したある究極的な地位を持ち得るかも知れない可能性をも論理的に締め出すことにはならない。実際、宗教の世界観が設定されると、こうした投射の人間学的基盤はそれ自体が世界と人間の双方を含み込んだ現実の反映であるだろうから、その結果として人間による宇宙への意味の射出が、究極的には彼自身が拠って立つ包括的な意味を指示することになる。それこそがまさしくヘーゲル初期の弁証法思想の展開をあたえた想念であったことをその関係のなかに見出すのは、少なからず興味のあることである。人間事象の経験的な理解のためにヘーゲルの弁証法を逆転せしめたことでマルクスに社会学者として感謝するからといって、それが直ちに神学者としてもう一度マルクスを逆立ちさせることができるかも知れないという可能性を締め出してしまうことにはならない——ただしそれは、彼がこの二つの弁証法的構成はたがいにはっきりと相容れない考え方の枠のなかでそれぞれ成立しているのだということをしっかりとわきまえてこその話である。要するにその意味するところは、人間が現実に究極的な意味を投射するのは、その現実がまさしく究極的に意味深いからであり、また彼自身の存在（こうした投射の経験的基盤）がこうした同じ究極的な意味深さを含み込み、めざしているからこそなのである。このような神学的手続きがもし実行可能であるとすれば、フォイエルバッハをめぐる面白い仕事になる——つまり、神学の人間学への還元が結局のところ神学形式による人間学の再構成に行きつくことになるかも知れないのである。残念なことに、私はそのような、人間が犬にかみつく類いの知的な離れ業《わざ》をここで披露するわけにはいかないが、せめて神学者にむかってその可能性を暗示することだけはしたいと思う。

数学を例にとると、この関係に対して示唆が多い。疑いもなく数学は、人間意識のある構造の現実に対する一投射である。だが近代科学に関するもっとも驚くべき事実は、こうした構造が（徳にすぐれた主教ロビンソンの言葉を借りれば）〈外に在る〉事物に符合するとわかったことである。数学者、物理科学者、科学哲学者たちがいまだに何とかしてこれがどうして可能なのかを理解しようと努力している。さらに驚くことには、近代思想の歴史におけるこうした投射の発達がその起源を非常に特殊な下部構造のなかにもっており、それなくしては、この発達がとうてい実現されるべくもなかったということを社会学的に明らかにすることができるのである。近代科学は、だからこそひとつの偉大な幻想とみなされるべきなのだと提議した者は今までのところ見当らない。もちろんのこと宗教の場合との対比は完全なものではないが、検討してみる価値は充分にある。

こうなると結局、しばしば宗教社会学関係の本の序文に見られるようなごくありふれた発言、すなわち神学者は神学者らしく、社会学者が宗教について何と言おうとも、それについて過度に思い煩うべきではないという見解に落ちつくことになる。だが同時に、すべての神学的立場が社会学の側からの危害を等しく免れていると主張するのは、愚かなことである。論理的に、神学者は、彼の立場が経験上の否認を免れないような命題を抱えている場合にはとうぜん思い悩まねばならないはずである。たとえば、宗教がそれ自体において心理的な幸福にとって本質的な要素のひとつだという命題は、社会学や社会心理学の吟味にさらされた場合、いやおうなく疑問に付される運命にある。この場合の論理は、歴史家による宗教の研究がもつものと同じである。たしかに歴史的な主張と神学的な主張とは、矛盾し合っておたがいに免疫どうしの思考枠のなかで成立するのだと言い張ることはできよう。しかしながら、もし神学者が歴史的にかつて一度も起こったことがないか、あるいは彼が主張することとはまったくちがった形で起こったということをいずれも明らかに示すことができる事柄に固執し、しかもその主張が彼の拠るべき立場にとって決定的であるとすれば、彼は、自分が何ら歴史家の業績を恐れることはないと安心することは、もはやできない。聖書の歴史的研究がこの種の豊富な実例を提供しているのである。

社会学は、このように神学者に向かって、彼の立場がある一定の社会‐歴史的前提によって左右されるのだという程度までは問題を投げかけているのである。良かれ悪しかれ、そのような諸前提がとりわけユダヤ‐キリスト教系統の神学思想に特徴的だが、その理由は周知の事実で、聖書的伝統の抜きがたい歴史志向と無関係ではない。したがって、キリスト教神学者がもし社会学を安易に考えて、彼の教会が置かれた社会環境がもつ〈外的〉

な諸問題を理解するのに彼の手助けになる（あるいはもっと多くの場合、実際的な教会人に役立つ）ような補助的学問のひとつとみなすだけだとすると、彼は分別が足りないということになる。たしかに社会学には、（たとえば教会組織のあいだで近年非常に普及してきた社会学まがいの調査研究のような）その意味ではきわめて〈害のない〉もので、すぐにでも功利的な教会目標にあてはめることができるタイプのものがいくつかある。教会人（聖職者）が彼のために宗教的な市場調査をしてくれている社会学者から予期する情報のうちで最悪のものは、出席するはずだと彼が考えるより少数の人びとしか教会に出向かないという歓迎されざるニュースである。しかし、もし彼が慎重に社会学的分析をそれ以上に行きすぎたものにさせないのであれば、彼はまだしも賢明である。彼は自分が取引きで当てにしている以上の利益を得ることになるかも知れない。なかんずく彼は、自分のいっさいの活動を別の角度から見るように自分を導いてくれるような、より広い社会学上の視角を獲得することになるかも知れないのである。

繰り返して言うと、厳密に方法論的な基盤に立つ場合には、神学者がこの新しい視角を他に比べるべくもない自分だけの仕事には無縁のものだとして却《しりぞ》けることができよう。ところが、結局のところ自分は神学者として最初から生まれてきたわけではなく、神学を始めるより前から特定の社会‐歴史的状況に置かれた一個の人間として生きてきた――つまり、彼の神学ではないにせよ、彼自身が社会学者の照明装置に照らし出されるということを彼が省みる途端に、これが一段とできにくくなる。その時点において、彼はいきなり、自分が神学的営みの方法論上の聖地から引き離されるのがわかり、また自分も、「かくありし我が、そも我が大いなる疑いなり」(“Factum eram ipse mihi magna quaestio”)というアウグスチヌスの嘆きを、まったく別の意味だが繰り返していることに気づくことになろう。たぶん彼は、さらに何らかの形でこの厄介な視角を自分の心の中で中和してしまわないと、それが自分の神学的営みにも差し障りのあるものになることを知るにちがいない。要するに、方法論的にみて生身を離れた議論の世界としての神学からみれば、社会学はきわめて〈無害な〉ものとみなされようが――実存的には社会的な場を占め社会的な生い立ちをもつ生きた人間としての神学者からすれば、社会学はまさにひどく危険に満ちた代物にもなり得るのである。

社会学の大問題は、形式的には歴史がもつ問題と非常に似通っている。つまり、社会-歴史的な相対性の世界のなかでどうしたらそこから宗教上の諸問題に認識上たしかな言説をすべき一種の〈アルキメデスの支点〉に到達することができるのか、という点である。社会学理論からすれば、この問題がやや相を変えたものになる。すなわち、宗教的主張が、すべて少なくともまた特定の下部構造に根ざす投射だとすると、どうしたら過ちを生む下部構造から真実を生む下部構造を区別することができるのか、そして仮にすべての宗教上の信憑性が〈社会工学〉に左右されるとすると、人はどうしたら自分が信奉するほどの宗教命題（または、その意味では〈宗教経験〉）がたんにかの〈社会工学〉の所産ではなくて、それ自体以外の何ものでもないと確信することができるのか、などである。社会学が登場してくるずっと以前に、こうした問題に類するものが存在したことは簡単に認められる。いかに真の予言と偽りの予言とを区別すべきかというエレミアの問題、神の存在の論証に対する自分の信仰が結局のところ〈習慣〉の問題ではないかという点で明らかにトマス・アクィナスを苦しめた深刻な懐疑、どうしたら真実の教会を見つけることができるかをめぐって（とりわけプロテスタントの分離以来）無数のキリスト教徒を悩ませた問題、などにこれらのものがみられる。ところが、社会学の視角のなかでは、まさしく社会学がそれ自身の分析のレベルで一種の解答を与えるが故に、そのような問題が新たな毒性をもつにいたる。神学思想の上に歴史の学問がかねてもたらしてきた相対性という目まいが、かくして社会学の視角のなかでいっそう深刻なものになったといえよう。この際、神学が最終的には別個の参照枠の内で成立するのだという方法論上の保証はたいして役に立たない。そのような保証が安心を与えるのは、わずかに人が無事にそのような参照枠内に収まって、いわば神学をすでに進めている場合に限られる。ところが実存的な問題とは、最初の段階でどのように人が神学の営みをはじめたらよいか、ということなのである。

正統神学の立場は、典型的な場合この問題を無視する――〈気づかずに〉か故意になのかはその場合によって異なる。そして事実、そのような立場を今日でも〈無邪気に〉とることができる者（つまり、どんな理由にしろ、かつて一度も相対性の目まいに冒されたことのない者）には、この問題は存在しない。現在みずから〈急進派神学〉を名乗っているような過激な神学上の自由主義は、この問題に対する解答を見つけることをすでに諦めて、その試みを放棄したと言ってよかろう（7章でのこの論考を参照されたい）。この二つの極端な立場の中間には、新正統主義に代表される非常に興味深い試みがあり、いわばケーキを取って食べてみる——つまり相対化の視角の圧力を全面的に吸収しながら、しかも相対化に対して免疫をもつ領域に一種の〈アルキメデスの支点〉を設置しようとする試みである。これが、教会のケリュグマ（福音宣布）の形で表わされ、信仰によって把握された形での〈言葉〉の領域である。この試みのなかでとくに興味ぶかい点は、〈宗教〉と〈キリスト教〉、あるいは〈宗教〉と〈信仰〉の分断である。〈キリスト教〉と〈キリスト教信仰〉とが、〈宗教〉とはまったくちがったものと解釈されている。そのおかげで、後者を相対化の分析（歴史、社会学、心理学その他）というケルベロスに向って機嫌よく投げ与えることができ、同時に神学者は、いうまでもなく関心を〈宗教〉—では—ない—〈キリスト教〉に集中して、自分の仕事を申し分のない〈客観性〉のなかで進めて行くことができる。カール・バルトは、この課題を実行して素晴らしい成果を収めた（もっとも重要なものは『教会教義学』二巻中の第一巻に——そしてきわめて啓発的な成果は、フォイエルバッハの『基督教の本質』に関する彼の論文に見られる）。この同じ手続きがかなり多くの神学者たちをしてルドルフ・ブルトマンのいわゆる〈非神話化〉の計画に協調することを可能にさせた。ディートリッヒ・ボンヘッファーの一種の〈宗教抜きのキリスト教〉に関する断片的な思想は、おそらくは同じ方向に向っているのである。

ついでながら、非常によく似た可能性がキリスト教を基本的に神秘主義によって理解する場合にも存在することは興味あることである。はやくマイスター・エックハルトは〈神〉と〈神性〉とを区別して、〈神〉の生成と衰滅を心に描き続けることができた。エックハルトの言葉にして、「人が神について考え及ぶ限りのことすべて、それは神ならず」ということを主張できる場合には、事実上、免疫の領域が設定されることになる。だから相対性は、「人が神について思い及ぶ」事柄――究極的には神秘な真実に妥当しないとすでに決めつけられた領域――にしか触れないのである。シモーヌ・ヴェイユが、最近のキリスト教思想でのこの可能性をたいへん明快に代表している。

〈宗教〉と〈キリスト教信仰〉との分断は、『揺らぐ状景』(*The Precarious Vision*) の本筋での重要な内容をなすものだが、少なくともその点については新正統主義の方法を採っている(ついでながら、その点は当時の私自身よりも批評家の方がはっきりとこれを見抜いていた)。この分断とそこから生まれた結果は、今では私のまったく承認しがたいことである。同じ分析手段(歴史学や社会学など)が、〈宗教〉にも〈信仰〉にも適用できる。実際どんな経験原則をもってしても、〈キリスト教信仰〉は端的にみて〈宗教〉なる現象のもう一つの事例である。経験上、分断は何の意味もなさない。それは、神学上のア・プリオリとして仮定されるにすぎない。これをうまくこなすことができれば、問題は消滅する。そうなれば、フォイエルバッハをバルト流に処理することができる(ついでに言えば、この手続きはキリスト教徒がどんなマルクス主義と〈対話〉するにしても非常に便利である——もっともマルクス主義者たちがこの理論上の手品に同意できればの話だが)。しかしながら私としては、神学上のア・プリオリをそこから出発させるべき立場に自分をはめ込むことはできない。したがって私は、帰納を優先する限りあらゆる点で無意味でしかない分断を放棄せざるを得ないのである。

このように認識論的に安全な壇上によじのぼる能力がないとすれば、相対化の分析をめぐってはどんな特権的地位をもキリスト教にも他の宗教の歴史形態にも与えることはできないのである。キリスト教の内容は、他のあらゆる宗教的伝統のそれと同様に、人間による投射として分析されねばならず、しかもキリスト教神学者は、それによって惹き起こされる露わな不安とつき合わなければならない。キリスト教およびそのさまざまな歴史形態は、特定の下部構造に根ざし、信憑性醸成の特殊なプロセスを通して主観的にリアルなものとして維持されて、他の宗教的投射と少しも変わらない投射として理解されるはずである。私の考えでは、神学者がいったんこれを真剣に受け容れると、こうした投射が他の何であるのかについての問題に答えるものとしては、新伝統主義も〈急進派〉つまり新自由主義的短絡も、ともにそれから排除されることになる。その結果神学者は、急進的な帰依にしろ急進的な否定にしろ、どちらによっても心理的に解放する可能性を奪われてしまう。思うに彼に残されるものは、伝統的な命題を自分なりの認識的基準（それは必ずしも聞こえのよい〈近代的意識〉のそれである必要はない）によって一歩ずつ再評価していく必要性である。伝統において真実なのはあれか、これか。それともそれは偽りなのか。〈信仰上の飛躍〉によっても、どんな世俗の規律をもってしても、そのような問題に対して、てっとり早い解答があるとは思えないのである。

さらに私が思うには、そのような神学的状況の規定は、その細部にわたってではないにせよ、古典的なプロテスタント自由主義の精神に人をして背を向けさせることになる。たしかに、かの自由主義が提出した解答は、今日ではそのほとんどを臆面もなく再現することはできない。宗教の進化、キリスト教と他の世界宗教との関係、宗教の道徳的次元、なかんずく〈イエスの倫理観〉などをめぐるリベラルな思想――これらのどれをとっても今日ではほとんどの人が救い難いとしか思えない、支持し難い経験上の諸前提に立っていることを明らかにすることができる。文化的楽天主義というリベラルな雰囲気もまた、私たちの置かれた状況では蘇ってくる気配がない。ところが、この神学がもつ精神は、その個別的には誤った組立ての積み重ねを超えたものである。なかんずく知的勇気の気概こそは、正統主義がもつ認識上の限定主義からも、また今日では新自由主義の名で通っているものの知的小心さからも等しくかけ離れたものである。しかも付け加えてよいのは、それが自らを知的少数派——教会内部でだけでなく（これは今日ではそれほど苦痛なものではない）、今日多くの神学者の主要な拠点集団となっている世俗知識人たちのサークルのなかでも——に甘んじさせる勇気をも持つ精神だということである。

とくに自由主義神学とは、Historie と Geschichte とを分割するような理論上のごまかしをしないで、宗教の歴史性を精いっぱい真剣に考え、そうすることによって宗教の性格を真正面から人間の所産とみなすということにほかならない。思うに、これが出発点でなければならない。神学者は、自ら宗教の歴史的相対性に直面して後にはじめて、その歴史のどの時点で発見——すなわち、それらの下部構造がもつ相対的性格を超越するような発見——について語ることができるのかを本当にたずねることができるにちがいない。そして、宗教は人間の所産または投射だということが何を意味するのかを真に把握した後にこそはじめて、人はこの投射の洪水のさなかでやがて超越の印だということになるかも知れないものを探しはじめることが可能なのである。私は、そのような探求がしだいに投射から投射する主体に移行する、つまり人間学に属する企てになるだろうという点については、強い疑いをもっている。〈経験神学〉などは、もちろん方法論的にあり得ないのである。しかしながら、経験的に人間について言えることに一つ一つ関連をもちながら進んでいく神学は、真剣に取り組んでみる価値が充分にある。

そのような企てのなかでこそ、社会学と神学との対話がもっとも知的な成果を稔らせやすいのである。これには双方からの広く胸襟を開いたパートナーが不可欠であることは、以上の点から明らかであろう。そのようなパートナーを欠いているようでは、いっそ沈黙の方がまだましというものである。

訳　注（本文中、説明を要すると思われる語は＊の記号で示し、訳注に簡単な解説を付す。）

1章

意味秩序すなわちノモス（nomos）——本文四一ページ

1章の原注（23）で著者が解説するところによれば、E・デュルケームのアノミー（規範喪失）概念から著者自身がそれに対応するものとして設定した分析概念である。その意図を斟酌《しんしゃく》すれば、従来機能主義社会学の理論で採用されてきたnorm（規範）という概念がやや実体的であるのに対して、より広く日常的世界を現実たらしめる意味秩序の総体を指すために新しく工夫された概念である。それに著者は、ノモスが強固であるのは、それ自身が超越的に投影されてコスモス（宇宙秩序）が客体化し、さらにノモスがそのミクロ・コスモスの相を帯びることを強調する。したがって、訳語にはnorm（規範）との混同を避けるために、〈意味秩序〉を採用した。

2章

信憑構造（plausibility structure）——本文八四ページ

2章の原注（20）での指摘だけでは充分な理解が行き届かないが、少なくとも本文の理解からすると、ある特定の社会的世界を真実として不断に構築し維持する相互主観的な機構を言っている。何よりも当事者たちがその世界の「もっともらしさ」を信憑し合わなければならない。その意味で「もっともらしさ」を〈信憑性〉とし、その機構を〈信憑性の構造〉または〈信憑構造〉と訳出することにした。

アルビ派（the Albigensians）——本文九〇ページ

十二、三世紀に南仏アルビ地方で栄えたキリスト教異端。ドイツのカタリ派に近く、マニ教的で霊肉二元説をとる。肉を悪と考えるので、キリストの復活を信ぜず、また婚姻の秘蹟を否定した。一一六五年以後、教会により排斥され、インノケンチウス三世の十字軍（一二〇九）と宗教裁判所の設置（一二二九）により根絶された。

3章

シャバタイ・ツヴィ（Shabbatai Zvi）〔一六二六—七六〕——本文一二四ページ

ユダヤ教の異端的な神秘思想カバリズムにもとづいて出現したメシアの一人。トルコのイズミールに現われ、一六五六年に自分が救世主（マシュアハ）であると宣言した。このメシア宣言は、当時オリエント、アフリカ、ヨーロッパで多数民の圧迫に苦しんでいたユダヤ教徒には天来のメッセージのように思われ、多くの者が彼を信奉した。彼らのなかには、メシア到来とともに、ユダヤ教の伝説どおり自分たちも奇蹟的にイスラエルの地に導かれると信じて、家財を売り払った者もいたほどであった。一六六五年、シャバタイはコンスタンチノープルへ行き、サルタンに会見したが、そこで捕えられ、のちに多くの期待を裏切ってイスラムに改宗してしまった。この個人的メシアの背信行為は、多くのユダヤ教徒を失望させ、混乱におとし入れた。いわゆるシャバタイズムの結果があまりにもみじめに終わったので、ユダヤ教徒はその後、個人的メシアの出現に期待をかけなくなり、集団でメシア思想を実践するという考え方に変わった。

アッバースの反乱 (the Abbasid rebellion) ——本文一二五ページ

マホメットの後を継ぐカリフ(預言者の後継者の意)の相続権をめぐって三代ウスマーン(六四四—六五六)の出たウマイア家の系譜をつぐウマイア王朝の支配に反抗した反乱。四代カリフ、アリー(六五六—六六一)を出したハーシム家系統のアッバース族が七五〇年に決起し、結局九十年続いたウマイア朝を倒してアッバース朝(七五〇—一二五八)を建てる契機となった。

スーダンのマーディー (the Sudanese Mahdi) ——本文一二五ページ

アフリカにおける回教徒のメシア運動の多くは、マーディズムを背景とする。マーディー(正しく導かれた人)が、最後の審判の日に再臨して混乱と抑圧の時代を終わらしめるというメシア期待の信仰である。一八八五年、スーダンに出現したマーディーは、モハメッド・アーメドという人物で、彼の説教は霊的であるとともにきわめて政治的でもあったため、それに促された信奉者たちは外国人追放の行動をおこし、一時は、スーダンからイギリス=エジプト混成軍を撤退させるほどの勢いを示した。

ゴースト・ダンス（Ghost Dance）——本文一二五ページ
一八七〇年と一八九〇年の二度にわたって、ほぼ北米全土のアメリカ・インディアン諸族に流行した復古主義的宗教運動の一つ。ヴォヴォカというパイウテ族の唱導者によるもので、昔日の黄金時代の再現、祖先の復活、白人の追放を説き、祖先も生きかえる永遠の楽園到来を期待して、夜間に死者の霊（ゴースト）を謡《うた》い、踊り明かす儀礼を中心とした。

カーゴ・カルト（Cargo Cult）——本文一二五ページ
一九二〇年代と三〇年代を中心に二十世紀初頭から中葉にかけてメラネシア諸島で頻発したメシア運動のひとつ。解放と財宝をもたらす死者の帰還という伝統的な死者崇拝と、キリスト教伝道によるメシア期待とが、白人到来の船荷（カーゴ）を霊的賜物とみなすことによって結びつき、船の入港ごとに熱狂的な儀礼をして仕事を放棄した。

「神のいやが上にも大いなる栄光のために」——本文一三四ページ
ad maiorem Dei gloriam（略称、A. M. D. G.）、ローマ・カトリックに属する僧団、イエズス会のモットー。イグナチウス・ロヨラによって創設され、一五四〇年にパウロ三世が公認したイエズス会は、反宗教改革の先頭に立って、ヨーロッパをはじめ、新大陸、日本などの海外伝道を戦闘的にすすめたが、一五五〇年にロヨラが制作した僧団規約には、団員の聖別と霊の救済のための奉仕活動とによって、神の栄光を実現することが強調されている。

〈御名の聖別〉（kiddush-hashem）——本文一三七ページ

ユダヤ教における安息日(シャバット)や祝祭における聖別の祈りをいう。神の御名を称える祈りによって祝日を聖別する儀礼。タルムードによれば、キドゥッシュの儀式は、エズラ以来おこなわれた結集(Great Synagogue)の会衆によって始められ、紀元一世紀頃に制度化したものである。

カバラー派の摂神論(kabbalistic theosophies)——本文一三七ページ

十二世紀頃からヨーロッパ各地のゲットーで展開したユダヤ教神秘思想、カバリズムが主張したグノーシス的な摂神論。聖典や戒律、儀律を象徴的に解読することによって、神の世界と人間の世界とが共働して創造が成就するとみなす。世界の堕落とイスラエルの苦難は神的世界の決定的な崩壊を示しており、人間の罪がこの崩壊を生ぜしめたのだが、熱烈な神命の遵守と宗教的な瞑想こそ、これを癒やすことができる。かくて、すべての行為や思考は宇宙的な意味をもち、瞑想の努力と神聖な生活とによって、その修復を促すのがイスラエル民族の任務だと主張した。

5章

ヨム・キップール(Yom Kippur)——本文二一二ページ

贖罪の日の意。ユダヤ暦による新年(秋九月または十月にあたる)の祭のクライマックスにあたる正月十日。年間でもっとも神聖で厳粛な日で、すべての仕事を休み、断食をして悔い改めの安息日とする。レビ記によれば、「年に一度、イスラエルの人々のためにそのすべての罪の贖いの儀式を行うためである」(一六・三四)としている。

6章

ファティマ(Fatima)——本文二五七ページ

ポルトガル中部にあるマリア巡礼地。一九一七年、三人の牧童に聖母マリアが五回にわたって出現し、ロザリオの祈りを勧め、マリアのために会堂を建てることを促した。そこでこの地に会堂を建てたところ、相次いで癒やしの奇蹟がおこり、多くの巡礼者を集めるにいたっている。

7章

バルメン宣言(the so-called Barmen Declaration)——本文二七八ページ

バルメン(Barmen)は、旧西ドイツの北ライン地方、ヴェストファリア州デュッセルドルフの東北にある町、一九三〇年にブッパータールと改名している。一九三四年に当地で告白教会最初の総会(第一回告白会議会)が開催され、その時に採択された宣言を通称、バルメン宣言と言った。正式には、「ドイツ福音主義教会の現状に関する神学的宣言」と称する。その狙いは、ナチズムを背景にして当時、教会内に擡頭してきた「ドイツ・キリスト者」グループの民族主義的傾向に抵抗して、本来の福音主義を強調するところにあった。三人の起草委員の一人がカール・バルトであり、その内容はほとんどバルトの草案によるものである。いわば、かつての宗教改革の伝統をよみがえらせるものとして、その正統主義を踏襲するものであった。

訳者あとがき

この本は、Peter L. Berger, *The Sacred Canopy — Elements of a Sociological Theory of Religion* (N.Y., Doubleday & Co., 1967) を全訳したものである。イギリスで一九六七年に出版された際 (Faber & Faber) には、題名を変更して *Social Reality of Religion* となり、一九七三年に出版の Penguin University Books 版も後者の題名を踏襲している。前者の「聖なる天蓋」という名は、バーガーが本書で主題としている人間社会の超越的秩序を伝統的なイメージで表現したものであり、後者の「宗教の社会的現実」という名には、彼が他の業績を含めて一貫している現象学的社会学の立場、すなわち相互主観のレベルにすべての現実構成の拠点をおくという理論的視角をもって宗教の社会的性格を論じる姿勢がよく現われている。

著者ピーター・L・バーガーは、一九二九年にウィーンで生まれ、第二次大戦後の一九四六年にアメリカに移住して、一九五二年に市民権を得ている。渡米後、ワグナー大学で哲学を学び、さらにニューヨークの New School for Social Research で、やはりウィーン出の現象学者アルフレッド・シュッツに学んで、一九五四年に社会学の博士号を取得した。その後、ジョージア大学などの講師を経て、一九六三年から一九七〇年まで母校New School for Social Researchの大学院教授を勤め、一九七〇年からニュー・ジャージー州のラトガース大学の社会学教授として現在にいたっている。専門は、知識社会学と宗教社会学と言ってよいが、後で説明するように、むしろ現象学的人間学の視点から社会における〈知識〉と〈宗教〉の二領域を有機的に捉えるという、その結果からなる専門分野であるから、従来の、少なくともアメリカと日本で固定されてきた両社会学の性格には、必ずしもあてはまらない。またそれだからこそ一九六〇年代にはじまる業績の発表は、その新しい視角が新鮮な反響を呼び、当時の学界の枠をも超えた広い分野に賛否両論をまき起こしたのである。

とくに広く読まれている代表作は、学問的に同門であり同志でもあるトーマス・ルックマンとの共著*The Social Construction of Reality—A Treatise in the Sociology of Knowledge*, N.Y. Doubleday, 1966（山口節郎訳『日常世界の構成——アイデンティティと社会の弁証法』新曜社、一九七七年）であるが、それ以前の*The Precarious Vision—A Sociologist Looks at Social Fictions and Christian Faith*（1961）や*Invitation to Sociology—A Humanistic Perspective*（1963）（水野節夫・村山研一訳『社会学への招待』思索社、一九七九年）、およびその直後の一九六七年に刊行された本書なども広範な読者を得て、各国語に翻訳されている。

大変精力的な人で、多数の論文、編著があるが、現在まで出版されたものは、前述のほかに次のものがある。

The Noise of Solemn Assemblies（Doubleday, 1961）

A Rumor of Angels—Modern Society and the Rediscovery of the Supernatural（Doubleday, 1970）

Movement and Revolution（with Richard J. Neuhaus, Doubleday, 1970）

Sociology—A Biographical Approach（with B. Berger, Basic Books, 1972）

The Homeless Mind—Modernization and Consciousness（with B. Berger & H. Kellner, Random House, 1973）（高山真知子・馬場伸也・馬場恭子訳『故郷喪失者たち——近代化と日常意識』新曜社、一九七七年）

Pyramids of Sacrifice（Basic Books, 1974）（加茂雄三他訳『犠牲のピラミッド』紀伊國屋書店、一九七六年）

Religion in a Revolutionary Society（American Enterprise Institute for Public Research, 1974）

Protocol of a Damnation（Seaburg, 1975）

To Empower People（American Enterprise Institute for Public Research, 1977）

さらに近刊として、*The Heretical Imperative—Contemporary Possibilities of Religious Affirmation* (Doubleday, 1979) がある。

訳者自身としては、宗教学を専攻する関係からバーガーの全体像をここで云々できる余力を持ち合わせていないので、以下、自分の狭い関心の範囲内で本書の性格と意義を粗述し、最後に訳語上の問題点を明らかにして、いちおうの責を果たしておきたい。

私事に及んで恐縮だが、一九六九年から二年間、宗教社会学者R・N・ベラ教授の御厚意で、カリフォルニア州立大学バークレイ校の日本朝鮮研究センターに滞在した当時、私が衝撃に近い示唆を受けたのは、アルフレッド・シュッツのリアリティ相対論であった。当時、日本の伝統的宗教、とくに神道のエトスを考える上で祭現象を研究の対象にしながら、いわば客観的にみてそれが社会の統合を補強するという機能主義的理解にとどまってしまうことに、あるいらだちと方法上の限界をいたく感じていた。祭の中で祭る者が構成する内的事態をどうしたら学的に扱えるのか、という問題である。そんな時に主観でも客観でもなく、相互主観の立場から、まず日常の現実構成を捉え、それとの関連で宗教や芸術などの非日常的な現実の、いわば市民権を認めるシュッツの社会現象論には、正直に言って眼からウロコがとれる思いがしたものである。しかしながら、だからといって事が簡単に済むわけではない。あれから十年に近い歳月を費やしているが、いまだに祭を論じながら、宗教学的なそれへの接近方法は模索中である。

シュッツの場合、リアリティの非日常的事態にシンボルを結びつけた理論的展開はあるが、とくに宗教的経験の世界に踏み込んだ展開があるわけではない。そこを補うというか、シュッツ理論を発展させながら、「リアリティの社会的構成」(the social construction of reality)を体系的に論じすすめるとともに、それとの関連で宗教の分野をおもな対象領域に収めているのが、シュッツに学んだバーガーとルックマンである。私の関心から言えば、両人はともにいわば社会構成論の立場に拠り、たえず構築され維持されねばならない社会的現実の世界を、超越的に意味づけるシンボリックな宇宙(秩序)の、かつてはすべて宗教にもとづくものであったことを認める。その点では、宗教現象学者ミルチャ・エリアーデのコスモス論に近い。だが、神聖コスモスとの関係で〈世俗化〉のプロセスをどう捉えるかで、バーガーとルックマンとは微妙な見解の差を見せる。その点は本書の補論Iでバーガー自身が明らかにしているように、バーガーは宗教の指標としてあくまで〈神聖性〉を重視するのに対し、ルックマンはすぐれて人間的なものはそれ自体で宗教だとする。つまりヒトがその動物的資質を象徴的に自己超越して人間になることが宗教なのである。だから、ルックマンによれば、〈世俗化〉はあくまで制度的宗教、つまり教会支配の後退であって、たとえ現代の世俗社会といえども個人的宗教または〈見えない宗教〉は人間社会である以上は、今後とも存在する。ところが、バーガーは〈世俗化〉を世俗領域の自律化とみなす。歴史的にはユダヤ=キリスト教の伝統のなかで社会的世界がいったん聖と俗の二領域に分断されたあと、〈世俗化〉の過程で俗領域の自律が制度から意識のレベルまですすんだのが、近代西欧の実相である。彼によれば〈世俗化〉とともに、宗教の時代は終りつつある。社会の規範秩序（ノモス）に対する神聖な正当化作用は、そのもっともらしさ、すなわち信憑性（プローザビリティ）を喪失しつつある。宗教に代わる象徴的宇宙として、いわゆる科学的世界観などが擡頭しつつあるが、これにはかつての神聖コスモスのように人間に宿命的な〈限界状況〉のカオスを克服する力はまだない。だから、現代人は、依然として〈故郷喪失者〉（Homeless Mind）であり、実存的に不安と混乱の状況におかれているとバーガーはいう。

正直に言って私の関心からのバーガー理解は、この程度である。しかもこの点でもルックマンとバーガー、両者の〈世俗化〉論、または宗教指標のどちらに賛意を表するかさえ、決めかねている。

ただ、聖俗二元論で〈世俗化〉を論じる場合、少なくとも非西欧社会、たとえば日本のように聖書宗教を伝統にもたない社会の〈宗教〉と〈世俗化〉の問題はやや質を異にするか、あるいは複雑だといわざるを得ない。その意味では、バーガーもルックマンも、その論点はきわめて西欧的であるとともに、それだからこそ非西欧的立場から見れば、ある意味で両方とも捨てがたい魅力がある。

たとえば、例のイザヤ・ベンダサンなる自称ユダヤ人が、日本には西欧の宗教に匹敵する意味では、日本社会全体を指した、いうなれば「日本教」だけしかないと言う（『日本教について』山本書店）。日本には宗教がないのではなくて、聖と俗の明確な区別がないという意味で、西欧的な「宗教」がないだけだと論じている。この指摘は、たしかに一考に値すると思う。私の見方からすれば、日本の伝統的な社会には、聖と俗の区別よりも、ハレとケ、つまり非日常と日常（場合によっては公と私）の交替の方が明確だったと思う。西欧的には聖のなかにも卑俗が共存し、また俗のなかにも聖が潜在するということになる。もっと言えば、同じ聖にも浄（sacré pur）と不浄（sacré impur）とがあって、ケの日常では汚聖（ケガレ）と浄聖が分明でなく、しかし、ハレに当って両聖が分明となり、その異常な対抗と融合が一種神聖なソシオ・ドラマとなる。それが祭である。

ところが、日本の近代化は同時に西欧化でもあった。導入された近代的制度には、たしかにタテマエ上、西欧的な聖と俗の分離が伴ってきている。だから、そのレベルではたしかに近代化は〈世俗化〉の様相を呈する。だが、同時に実質的にはハレとケの交替が根強く残り、現代にいたってようやく伝統的な両者のケジメがはっきりしなくなってきたというところではなかろうか。だとすれば、たしかに一面では〈俗化〉ではあっても、一元的に〈世俗化〉とは言い切れず、したがってまた、西欧的な意味の神聖が見られないからといって、〈宗教〉が終ったとも言い切れないのである。

いずれにせよ、こうした問題からすると、西欧世界における聖俗論や世俗化はともかくとして、非西欧社会の、とりわけ日本社会の〈宗教〉に接近するには、もう一度シュッツ理論に立ち戻って、社会的現実の日常性と非日常性の構成から再出発する必要があるのかも知れない。その意味からすると、バーガーが近年、第三世界に視野を拡大して新しい展開を示してきているので、今後、この視点からじっくりと彼の近刊書を読んでみたいと思っている。

なお、バーガー理論のもう一つの魅力は、社会規範のレベルに総体的意味づけを果たす日常的な秩序を見てこれをノモス（nomos）と捉え、そのノモスを超越的に正当化する象徴的世界（ユニバース）として宗教的な神聖宇宙（コスモス）を位置づけることによって、実はもうひとつ、宗教だからこその神話的範疇としてカオス（混沌）を考慮している、という点である。彼によれば、日常的な意味秩序としてのノモスにはその現実規定力の限界があって、その境界をはみ出すと、デュルケームの言うアノミー（規範喪失）になる。そのぎりぎりのところが、人間の死に代表されるようなヤスパースの言う「限界状況」（Grenzsituationen）あるいは「境界況位」（marginal situation）である。神話的範疇としてのカオスは、このアノミー状況に対応し、創造神話においてカオスから生まれ、カオスに対抗するコスモスは、同時にノモスのアノミー化というたえざる危機を防衛する。彼によれば、現代の世俗化した社会は、この神聖コスモスを喪失したことで、ノモスに内在するアノミーの危機に直接さらされてしまっている。トルストイの有名な小説『イワン・イリッチの死』を例にとれば、激痛のなかで死に直面するイリッチが、自分の死にほとほと合点がゆかずに意味の問題で苦しみ抜くのである。宗教には、この意味秩序のカオスから人間と社会を守るためにこそ、神聖コスモスがある。元来、社会のノモスはアノミーの危機にさらされているからこそ、神聖コスモスを超越的に投射し、それに内応するミクロ・コスモスに収まってきた、というわけである。いわば社会の日常的な意味秩序であるノモスは、非日常的なコスモスとカオスの対抗に挟まれた格好で、内在するアノミーの危機を克服しながら、辛うじて〈当り前〉の現実世界を構成していると言えよう。ウェーバーが宗教社会学理論でとり上げた、いわゆる、神義論（theodicy）概念をバーガーが本書で採用するのもこの構想にもとづくからである。この図式は、一見、非宗教的に見える日本社会の宗教性を明らかにする枠組みとして大変、魅力的である。ただ、やはり一考を要するのは、バーガーのカオス論はエリアーデのそれと同様、西欧的発想に囚われているという感を免がれない点である。もう詳論する余裕はないので指摘するだけにとどめるが、カオスを徹底的に忌避する聖書的伝統とは異なり、カオスとコスモスの交替というか、カオスに触れることによってコスモスが再生する構図を基本的にもつ宗教の伝統もある。日本のように祝祭を中心文化としてきた社会では、カオス自体にもっと神義論的な意味をもたしめているといったら言いすぎであろうか。本来の祝祭世界はカオスを拒まない。そういう眼からみると、本書には決定的に祝祭論を欠いている。

どうやら自分だけの行き届かない本書の理解で、勝手な評価をしすぎたようである。『日常世界の構成』の訳者、山口節郎氏をはじめ、すでに他の数冊を翻訳し解説されている方々が、よりすぐれて正確なバーガー理論の紹介をされているので、私の至らない部分はそこで補っていただきたいと思う。

ただ最後に訳語の問題で、私自身、不安を感じながら、あえて我流を通させていただいたものをいくつかあげておいてご了解を得たい。

(1) まず1章に頻出する externalization は、やはり山口氏の指摘されるように従来の知識社会学からすれば〈外化〉と訳すべきかも知れない。だが、それとの弁証法的契機として捉えられている objectivation と internalization を、それぞれ〈客体化〉と〈内在化〉と訳したため、それとの調和をとって〈外在化〉としたにすぎない。強いて言えば、日常的意識には素朴な原信憑として、客観的に在るものとみなされるというニュアンスで objectivation を存在論的に〈客体化〉と訳したために、〈外在化〉とも〈内在化〉とも訳すことになったということであろうか。

(2) 同じく1章の主要概念であるノモス(nomos)を〈規範秩序〉とした理由は、訳注でも言ったように、著者の意図を酌《く》めば、デュルケームのアノミー(anomie)概念に対応して作られた造語である。何よりも機能主義理論における、やや実体的な規範(norm)概念ととられることを避けた意味秩序の総体であって、しかも、ミクロ・コスモスとして超越的なコスモス（宇宙秩序）との内応が考えられているものである。そこで、アノミーを〈規範喪失〉とする関係をも考慮して、あえて〈規範秩序〉と訳してみた。

(3) 2章の中核概念として頻出するplausibility（structure）も、また厄介な言葉である。他の訳書では、「もっともらしさ」とか「妥当性」とされているようである。前者の訳語は、たしかにニュアンスとして近いが、やや不安定であり、その点では後者の方が安定した訳語かも知れない。ただ、「妥当性」というと、やはり機能概念めいて、当事者たちが相互主観的にリアリティを構成し、維持し合っているという現象学的ニュアンスに欠けていると思う。そこで、難解で生硬さを免れないけれども、これもあえて〈信憑性（の構造）〉とすることにした。

(4) 本書の全般にわたって使われているidentityなる概念も、ここではすでに自明のものとして原注さえ設けられていない。おそらくは、E. H. Eriksonが精神分析の概念として採用してから、すでに一般化して久しいからであろう。日本でも、そのまま、「アイデンティティ」と仮名書きにして多用されている。だが、本当にこのままで邦文になじんでいるのだろうか。哲学では「同一性」とし、心理学では「自己同一性」、生物学では「個体識別」とする場合もある。ともかく一般的に日本語として妥当なものは、まだどれも定着していないと言ってよい。そこで、訳者は、それぞれの文脈の中でできるだけふさわしいと思う言葉に変えて、それぞれにルビをつけるという便宜的な手法をとらざるを得なかった。

(5) 最後に、K・ヤスパースのGrenzsituationenに対応させたmarginal situationという言葉がある（1章、原注(28)、本文四七―四八ページ参照）。哲学概念としては、「極限状況」とか「限界状況」あるいは「境界況位」、心理学や社会学では「境界状況」と訳しているようである。これもまた訳語が安定せず、最近では「マージナルな状況」とか「マージナルな人間」という仮名書きが目立つ。ひとつには、ハイデッガー流の死の不安のような実存主義概念を風化させた当世風の文化概念として気軽に使うためであろう。だが一方では、文化人類学や民族学で部族社会の宗教論、たとえば、ファン・ジェネップの通過儀礼論やこれを受けた最近のヴィクター・ターナーの儀礼過程論でも、そのmarginalityという場面を重視する。この場合には「境界性」とか「周縁性」とも訳し、要するに辺境的な状況を言う。著者の場合には、とくにシュッツ理論にもとづいて、日常の「支配的現実」と「他の現実」とのあいだを移行する段階で人間経験に生じる「境界状況」が重視されている（2章、原注(17)、本文八一ページ参照）。そこで実存的な意味の文脈の場合は「限界状況」を、現実構成上の意味の場合には「境界状況」とし、また時には「周辺的状況」とも訳して、使い分けることにした。

以上が、訳語の上で問題を感じるもののほんの一部である。なお、訳出するにあたって、原書中でイタリックの部分は訳語に傍点を付し（ラテン語の慣用語句は除く）、〝……〟囲みの部分は訳語を〈……〉のように囲った。また、原書では注を巻末にまとめた形になっているが、本書では訳者の判断により、本文と合わせて読むことが必要と考え、あえて該当する文節の末尾に配分する体裁をとっている。

ともかくも翻訳だけはすまいと心に決めてきた訳者だけに、いかにも不慣れで拙劣な訳稿をお詫びするしかない。少なくとも原文よりは平明にしようと考えながら、充分な推敲もできないのが心残りである。

末尾になってしまって恐縮だが、心からお礼を申し上げたい方が四人ほどおられる。まず東京大学の高橋徹、柳川啓一の両先生である。そもそも本書が宗教社会学に属するということで、高橋先生が柳川先生に訳者の人選を相談され、柳川先生が私を推薦されたわけである。たぶん私が生半可なシュッツ理解をひけらかしたのが災いのもとらしい。ともあれ、あまり能力的にふさわしくない私に訳業をすっかりお任せ下さったお二人の寛大なご配慮に深く感謝するとともに、実はこの拙劣な結果にお叱りをこうむるのではないかと密かに恐れている次第である。

それにしても、本書の出版にあたられた新曜社の方々、とくに代表の堀江洪氏と編集担当の土屋博嗣氏のご尽力にはお礼の言葉もない。土屋氏などは訳稿作成のここ三年あまり、辛抱づよく督励の労を惜しまれなかった。気長で怠慢な訳者にしてどうやら訳了に漕ぎつくことができたのも、土屋氏のご尽力の賜物と言ってよい。紙面を借りて心からのお礼をのべさせていただく。

なお、國學院大學大学院生の大井鋼悦君には、参考文献の邦訳の有無についてご面倒をおかけした。併せてお礼を申し上げたい。

終わりにあたって、本書の完成をまだかまだかと促してくれた友人、学生の諸氏にこれでやっと責任を果たしたと言える喜びを嚙みしめながら、この稿を閉じさせていただく。

一九七九年六月

薗田　稔

文庫版訳者あとがき

本書が実に三九年ぶりに再版されることになった。ひとえに筑摩書房編集部の渡辺英明氏のお蔭であある。初版は昭和五四年七月二〇日に新曜社からであったから、ほぼ四〇年の歳月を経ての復刊になる。訳者として望外の喜びを感じている。昨年物故された原著者ピーター・L・バーガー博士にもその学恩に再度報いることが叶い、二重の喜びといえよう。

打ち合わせのなかで渡辺氏が評していたように、原著書はたしかに不朽の名著であると思う。ただし邦訳した本書が正しく名著の本領を表し得たか、はなはだ心もとない。その理由は、もちろん訳者の力量不足にあるのだが、やはり専門書であることから、立論上の諸概念が比較的斬新な現象学的発想に立脚するものであるだけに、その邦訳がとかく生硬な用語となり、したがって訳文が平明さを欠くことになってしまったからでもある。初版のあとがきにもすでに告白しているが、学術書の翻訳は原書よりも難解になるのが落ちなのでそれだけは引き受けまいと念じていたのに、たまたま原著者の恩師であったアルフレッド・シュッツ（Alfred Schütz, 1899-1959）の現象学的社会学の理論に傾倒していたことが縁で、東大の高橋徹、柳川敬一両先生の勧めをお断りできなかった次第であった。ともかくも敢えなく信条を曲げて原書の訳業を果たした成果が本書の初版であったが、渡辺氏のご好意で今回はほぼ原訳を生かして復刊して頂けることは、これまた三重の光栄と謝意を表したい。

実は、その後すぐに新曜社からの勧めもあって、やはりバーガー先生の当時近著でもあった *The Heretical Imperative——Contemporary Possibilities of Religious Affirmation* (Doubleday, 1979) の邦訳も手掛け、当時東大の金井新二助教授との共訳で『異端の時代——現代における宗教の可能性』(新曜社、一九八七年) をも刊行したのだが、これは今絶版の憂き目にあるようである。

バーガー先生には直接教えを受ける機会には恵まれなかったが、個人的には学恩を享けた懐かしい思い出がある。それは、今から三五年ほど前の昭和五八年当時、奉職していた國學院大學が創立一〇〇年を迎えての記念行事に、兼任していた日本文化研究所主催で国際シンポジウム「アジアの近代化と民族文化の発見 (*Cultural Identity and Modernization in Asian Countries*)」を企画開催し、国内の専門家をはじめ韓国やインド、タイ、フィリピン、インドネシア、シンガポールなどの七人の学者に加えて、米国からこの課題に詳しいロバート・ベラー教授 (カリフォルニア大) と当のバーガー先生 (ボストン大) とを首尾よく基調講演者として招待することができたことである。今は両先生ともに鬼籍に入られたが、当時は米国内でも双璧を成す高名な社会学者を両人共に招待できたことが国内の関係学界でも好評を博したものであったけれども、期待にたがわず当該のお二人による公開講演会は明治神宮の広壮な会場を聴衆が埋め尽くすほどの大盛況であったことが懐かしく思い出される。

いかにも精力的な風貌の持ち主であったバーガー先生を、シンポジウム期間中に都内を案内し、特にインド思想の国際的権威で東西の比較思想の大家である中村元先生の自宅を訪ねる機会にも同道して親しく会話を交わしたが、記憶に残る先生の談話では、都内をはじめ日本の都会には何処にもスラム（貧民窟）が見当たらない、という感慨深い発言が心に残る。

ともあれ当時は、先生の多数の著作を追うことで精一杯でしかなかったが、本書を読み解くことで訳者なりの学的視野も深まり、専攻する宗教文化の特にコミュニティの神話と祭礼に解釈を深めることができたことを心より感謝して、先生のご冥福を祈りたい。

二〇一八年一一月

薗田　稔

人名索引

事項索引

本書は一九七九年七月、新曜社より刊行された。

ちくま学芸文庫

聖《せい》なる天蓋《てんがい》 神聖世界《しんせいせかい》の社会学《しゃかいがく》

二〇一八年十二月十日 第一刷発行

著 者 ピーター・L・バーガー

訳 者 薗田 稔（そのだ・みのる）

発行者 喜入冬子

発行所 株式会社 筑摩書房

東京都台東区蔵前二―五―三 〒一一一―八七五五

電話番号 〇三―五六八七―二六〇一（代表）

装幀者 安野光雅

印刷所 星野精版印刷株式会社

製本所 株式会社積信堂

ISBN978-4-480-09903-7 C0114